易学今昔

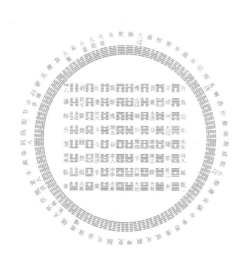

余敦康 著

中华书局

图书在版编目(CIP)数据

易学今昔/余敦康著. —北京:中华书局,2016.9
ISBN 978-7-101-11877-3

Ⅰ.易… Ⅱ.余… Ⅲ.《周易》-研究 Ⅳ.B221.5

中国版本图书馆 CIP 数据核字(2016)第 125900 号

书　　名	易学今昔
著　　者	余敦康
责任编辑	申作宏
出版发行	中华书局
	(北京市丰台区太平桥西里 38 号　100073)
	http://www.zhbc.com.cn
	E-mail:zhbc@zhbc.com.cn
印　　刷	北京天来印务有限公司
版　　次	2016 年 9 月北京第 1 版
	2016 年 9 月北京第 1 次印刷
规　　格	开本/700×1000 毫米　1/16
	印张 16½　插页 2　字数 210 千字
印　　数	1-6000 册
国际书号	ISBN 978-7-101-11877-3
定　　价	25.00 元

目　录

引言：《周易》与中国传统文化的关系 …………………… 1

一　先秦文化的发展与《周易》的形成 ………………… 13

二　《周易》的思想精髓与价值理想 …………………… 29

三　《周易》在中国文化中的特殊功能 ………………… 50

四　《周易》与中国政治文化 …………………………… 64

　（一）《易》为拨乱反正之书 …………………… 64

　（二）论政治得失和治民之道 …………………… 73

　（三）论治乱兴衰的规律 ………………………… 82

五　《周易》与中国伦理思想 …………………………… 92

　（一）《易》为性命之书 ………………………… 92

　（二）易学与社会伦理规范 ……………………… 98

　（三）易学与道德基本原则 ……………………… 106

　（四）易学中的人性论 …………………………… 112

　（五）易学中的义利、理欲之辨 ………………… 115

　（六）易学与道德修养 …………………………… 121

六　《周易》的涉世妙用智慧 …………………………… 125

七　《周易》的太和思想 ………………………………… 132

八　易学中的管理思想 …………………………………… 142

　（一）《易》为管理之书 ………………………… 142

　（二）管理的最高目标 …………………………… 146

（三）管理的操作原则 ……………………………… 150

（四）易学与现代经营管理 ………………………… 154

九　汉代易学 ………………………………………… 159

十　魏晋易学 ………………………………………… 191

十一　宋代伊川易学的形成及发展 ………………… 227

（一）伊川易学的形成 ……………………………… 227

（二）伊川易学的核心思想 ………………………… 231

（三）朱熹对伊川易学的发展 ……………………… 236

（四）伊川易学的现代意义 ………………………… 238

十二　回到轴心时期 ………………………………… 242

引言：《周易》与中国传统文化的关系

　　《周易》这部书对传统文化的影响至深且巨，在中国文化史上占有极为重要的地位，人们普遍承认这是一个无可置疑的历史事实。但是，怎样来解释这个事实，如何估价它在文化史上的地位和作用，却是见仁见智，众说纷纭。就主要倾向而言，有四种看法是具有代表性的。一种看法认为，《周易》本是卜筮之书，其中所蕴含的巫术文化的智慧就是中国文化的基因，因而应从卜筮的角度来解释；第二种看法认为，虽然《周易》由卜筮演变而来，但它的宝贵之处不在卜筮，而在于卜筮里边蕴含着的哲学内容，卜筮不过是它的死的躯壳，哲学才是它的本质，因而应从哲学的角度来解释；第三种看法认为，《周易》是一部讲天文历法的书，也就是一部科学著作，其中所蕴含的科学思维不仅对古代的科技产生了深刻的影响，而且与现代自然科学的基本思想相吻合，因而应从自然科学的角度来解释；第四种看法认为，《周易》是一部史学著作，其中保存了多方面的古代珍贵史料，特别是反映了殷周之际的历史变革，因而应从史学的角度来解释。

　　可以看出，研究者对《周易》的性质问题有什么样的看法，便会选择什么样的解释角度。为了对《周易》与传统文化的关系作出合理

的说明，首先必须讨论一下这部书的性质问题。

应该承认，以上四种看法都能在《周易》本文以及后人的论述中找到自己的根据，持之有故，言之成理，可以立一家之言。实际上，《周易》作为中外历史上的一种奇特的文化现象，性质十分复杂，巫术、哲学、科学、史学这几个层面的性质全都具有，也全都对中国文化产生过影响。如果我们尊重历史事实，按照历史演变的顺序把这些复杂的性质整合在一起，分清它们的主次本末，区别它们的正传与别传，从文化精神的生成角度来解释，而不是各执一端，以偏概全，那么我们就可以使以上四种彼此分歧的看法达成某种共识，从而较为全面地把握《周易》的性质，更好地来探索它与传统文化的关系了。

《周易》的复杂性质归根到底是由它的复杂的历史所造成的。按照传统的说法，《周易》成书的过程是"人更三圣（或四圣），世历三古"，即上古伏羲氏画八卦；中古周文王重为六十四卦、作卦辞，周公作爻辞；下古孔子作十翼以解经。现代多数学者认为，尽管"人更四圣"未必实有其人，"世历三古"却是大体上符合实际的。这就是承认，《周易》的成书是一个历时数千年的漫长的历史演变过程，并非一蹴而就。既然如此，它就会在这个过程中分别受到上古、中古和下古几个不同时期的文化的影响，反映不同文化的特色，而它的性质也就会变得十分复杂，不可能是那么纯粹单一了。

据考古发掘，人类早在新石器时代晚期就利用占卜来预测吉凶了。《周易》的发生史可以追溯到这个时期，相当于传说中的伏羲时期。当时尚未发明文字，人们的思维水平极为低下，所掌握的知识也很贫乏，不仅不可能从哲学的高度去理解世界，甚至上神的观念也没有产生，而普遍奉行着一种原始的巫教。龟卜、筮占以及其他一些古老的占卜形式，都是这个时期的产物。由于筮占的特点是根据蓍草排列所显示的数与形的变化来预测吉凶，所以与其他的占卜形式相比，具有一种潜在的优越性，可以通过无数次的排列，逐渐把数与形的变化推演成一个整齐有序而又稳定规范的符号体系。《周易》的那一套由六十四卦、三百八十四爻所组成的符号体系，反映了这个时期受原始思维支配的巫术文化的特色。如果说这套符号体系蕴含着某种智慧，至多也只能肯定其中蕴含着一种神人交感的观念，表现了人类试图掌握客观事物因果联系的努力，除此以外，不会再有什么更高深的意义，因为处于蒙昧状态的原始人是不可能产生高深的哲学思想和科学思想的。

大约于殷周之际编纂成书的《易经》，则是反映了这个时期的文化背景与思维水平，实际上是继承了原始的巫术文化传统，把它推进到一个新的发展阶段。拿《易经》来与原始的筮占相比，最显著的差别就是《易经》除了那套并无高深意义的抽象的卦爻符号以外，又增加了一套由卦辞和爻辞所组成的文字表意系统，其卦爻符号是继承了原始的筮占而来的，其文字表意系统则是一个创造性的发展。虽然这套文字表意系统的素材不过是一些筮占的记录，但是经过一番整理分类、加工改造的工作，提炼成为卦辞和爻辞而系于卦爻符号之下，就具备了多方面的功能，容纳了更大量的信息，启迪了更丰富的思路，而原始筮占的意义和性质也就从此开始逐渐变得复杂起来。

首先，《易经》用确定的文字对六十四卦题了卦名，用九六奇偶之数对三百八十四爻题了爻名，这就在巫术文化的发展上起到了影响极为深远的承先启后作用。当时的占卜巫术，形式多种多样，所谓"筮短龟长"，龟卜受人尊重的程度又远远超过了筮占。由于《易经》给卦爻符号题了确定的卦名与爻名，不仅充分发挥了筮占的潜在的优越性，使得它的那套符号体系变得更加规范、更加稳定，在与其他占卜形式的竞争中后来居上，而且可以借助文字的提示作用，给那套符号体系赋予某种意义，引发出一种象数的思维模式。就《易经》本文而论，六十四卦的卦名尚未出现天、地、雷、风、水、火、山、泽之类的象征意义，其爻名也没有提炼出阴、阳、刚、柔的概念。但是，由于中国象形文字的特点，其造字条例如象形、指事、会意、形声、转注、

假借，本身就是以联想律与类比律的思维为基础的，人们受象形文字的启发，从八卦的卦形推演出一套卦象，如乾☰为天，坤☷为地，坎☵为水，离☲为火等等，是十分容易的，这就为尔后发展起来的象数思维模式提供了前提，而扬弃了原始筮占的那种单纯根据蓍草的排列去窥探神的意旨的幼稚低级的思维模式。

其次，《易经》凭借它的一套文字表意系统，充分反映了殷周之际人们的精神风貌，记录了当时人们所掌握的历史知识、科学知识、政治伦理知识以及哲理性的生活知识，从而扩大了《易经》内容，具有多方面的性质，这是原始筮占的那种抽象的卦爻符号所不具有的。关于殷周之际的史实，顾颉刚先生在《周易卦爻辞中的故事》一文中已作了很好的考证，指出有王亥丧牛羊于有易、高宗伐鬼方、帝乙归妹、箕子明夷、康侯用锡马蕃庶等故事。关于天文历法的知识，《丰卦》的"日中见斗"、"日中见沫"；《明夷卦》的"不明晦，初登于天，后入于地"；《复卦》的"七日来复"等等，都是明显的例证。关于政治伦理知识，如《临卦》的"知临，大君之宜，吉"；《益卦》的"有孚惠心，勿问元吉"；《谦卦》的"谦谦君子"；《恒卦》的"不恒其德，或承之羞"等等。关于哲理性的生活知识，如《泰卦》的"无平不陂，无往不复"。但是，从总体来看，《易经》所记录的这些知识，其意义不在于这些知识的本身，而是为了卜筮的参考，因而我们不能把它归结为一部科学著作或史学著作，而只能看作是一部卜筮之书。

第三，从《易经》的文字表意系统还可以看出，它反映了殷周之际宗教思想的变革，接受了当时发展起来的以德配天的天命神学观念，并且把这个观念与卜筮相结合，构成一个以天人之学为理论基础的巫术操作体系。在卦爻辞中，"天"是一个最高的概念，如《乾卦》的"飞龙在天，利见大人"；《大有卦》的"自天祐之，吉，无不利"；《大畜卦》的"何天之衢，亨"；《姤卦》的"含章，有陨自天"。这个"天"既有自然之天的含义，也是一个主宰人事的至上神，人们可以通过合乎道德的行为获得天的福祐，天与人相互感应。很显然，这是由原始巫术的神人交感的观念发展而来，但是，理性的成分是大大提高了，系统性的程度也更为增强了。原始巫术的神人交感的观念，其世界图式是混乱无序的万物有灵论，而以德配天的天命神学则把世界看作是一个井然有序的统一整体。因此，在这两种观念支配下的卜筮巫术，无论是就思维水平还是就文化意义而言，都是大不相同的。从原始的卜筮到《易经》的卜筮，经历了长时期的演变，中国的文化也由此而从蒙昧状态进入了文明状态。如果我们对这种文化发展阶段的性质差异视而不见，把《易经》的卜筮简单地等同于原始的卜筮，不严格区分蒙昧状态与文明状态所产生的两种不同类型的巫术文化，那是很难得出符合实际的结论的。

殷周之际宗教思想的变革，使中国文化的发展产生了一次重大的转折。这种转折，一方面表现在它对以往的巫术文化作了一次系统的总结，并且熔炼成为一种以天人关系为核心的整体之学；另一方面表现在它以曲折的形式反映了许多前所未有的理性内容，为后来人文文化的发展开辟了一条通路，提供了必要的前提。我们应该把《易经》的性质问题放在这个总的文化背景中作全面的考察。

《易传》包括十翼，是对《易经》的一部解释性的著作，大约于战国末年经多人之手陆续写成。就其思想内容的基本性质而言，诚然是一种博大精深的哲学，与《易经》本文的那种卜筮巫术大异其趣，但是，作为一部解经之作，它又不能不把用于卜筮的卦爻符号与卦爻辞奉为神圣，力图从象数与义理方面来阐发其中的意蕴，这就使得它的哲学思想具有一种特殊的性质，形成了一种哲学思想与卜筮巫术的奇妙的结合。有人强调它的卜筮的一面，其实它的卜筮经过哲学的改造，是一种哲学化了的卜筮，与《易经》本文中的那种卜筮有很大的不同。有人强调它的哲学的一面，其实它的哲学是在卜筮的基础上建立起来的，带有相当浓厚的巫术文化的色彩，而不同于其他的那些较

为纯粹的哲学。因此,如果我们把《易传》的性质简单地归结为卜筮,或者简单地归结为哲学,都是失之于偏颇,不能确切地把握它的特殊性质。

《周易》是由《易经》和《易传》两部分组成的。在经学传统中,向来是经传不分,把《周易》看作是一部完整的著作,并且追溯到上古时期的伏羲,提出了"四圣一揆"的说法,这就把《周易》的性质问题弄得更加混乱不堪。由于它具有多重结构,既包括《易经》的卦爻符号与卦爻辞,又包括《易传》的十翼,在内容上反映了上古、中古与下古三个不同时期的文化,容纳了卜筮、哲学、科学、史学等各种复杂的成分,所以人们可以各执一端,根据自己的所见把它的复杂性质归结为某种单一的性质。后来易学研究中派别的分歧都是由此而来的,《四库全书总目》在描述这种情况时,把它归纳为两派六宗。所谓两派,是指象数派与义理派。象数派分化为三宗,即汉儒的卜筮,京房、焦延寿的禨祥,陈抟、邵雍的图书;义理派也分化为三宗,即王弼的"说以老庄",胡瑗、程颐的"阐明儒理",李光、杨万里的"参证史事"。加起来就是两派六宗。除此以外,《四库全书总目》还指出:"又易道广大,无所不包,旁及天文、地理、乐律、兵法、韵学、算术,以逮方外之炉火,皆可援《易》以为说,而好异者又援以入《易》,故《易》说愈繁。"

所有这些派别分歧都是由对《周易》性质问题的不同看法所引起的。这种分歧在历史上早已存在,并且一直延续到当代。尽管每一个派别都对易学研究作出了贡献,扩大了易学在传统文化中的影响,但是关于《周易》性质问题的研究也由此而增加了更大的难度,因为除了需要仔细分辨它所固有的复杂性质,还需要花费气力来克服各种历史上沿袭下来的顽固的门户之见。

鉴于目前的研究所面临的困境,我们觉得,那些由历史所造成而又各有其合理内核的门户之见不能再重复了,有必要对它们抱一种超越的态度，从广义的文化的角度对这个问题进行新的探索。所谓广义的文化，这个概念可以通过其外延与内涵之间的逻辑关系来把握，如果其外延无所不包，广泛涉及各个文化领域，那么其内涵则必然缩小为某种本质的核心的层次。其实《四库全书总目》所说的"易道广大，无所不包"，早就把《周易》看作是一种广义的文化现象了，虽然它的外延广大到无所不包，而居于本质核心层次的内涵却收缩为一种很小很小的易道。这个易道就是《周易》的思想精髓或内在精神，从根本上规定了《周易》的本质属性。就《周易》所容纳的内容而言，诚然是广泛涉及卜筮、哲学、科学、史学以及其他的许多文化领域，但是所有这些都只是文化分支而不是广义的文化。从逻辑上来看，文化分支的属性与广义文化的属性，二者是不能等同的。只有当我们从所有这些文化分支中找到了一种可以称之为易道的东西，才能真正看出《周易》在外延上的扩展以及在内涵上的渗透。因此，我们对《周易》的性质问题的研究可以摆脱以往的那些门户之见，而转化为一种广义的文化史的研究。如果我们结合这种在外延上无所不包的广义的文化，侧重于研究《周易》的内涵，极力弄清究竟什么叫作易道，把它的本质的核心层次发掘出来，那么我们将不仅可以据此而较为准确地判定它的基本性质，使目前的各种分歧获得一定程度的会通整合，而且可以加深我们对传统文化精神的理解，为中国文化史的研究提供一个新的视角。

《周易》的外延与内涵主要是通过《易传》而后确定的。《易传》反映了春秋战国时期人文主义高涨的文化背景，与《易经》所反映的那种宗教巫术的文化背景有很大的不同。在从《易经》到《易传》的长达七八百年的历史长河中，中国文化经历了一次从巫术文化到人文文化的重大转化，走过了一段从合到分再从分到合的曲折过程。人们称春秋战国时期为世界历史上的轴心期，西方、印度、中国这三大文化圈几乎都是同时在这个时期形成的。轴心期打破了古代文化数千年

长期保持的宁静，使精神领域变得喧闹沸腾，众多的哲学家在三个地区首次涌现，反映出人类意识的觉醒。轴心期的特点，一方面是产生了激烈的精神冲突和思想分裂，另一方面是通过不断的讨论、争辩和相互交流，三个地区的人类都开始意识到整体的存在，创造了历史全景中的共同因素。这是人类历史的突破期，人类自觉地迈出走向普遍性的步伐，树立最高的追求目标，就是以轴心期为真正的起点的。（参阅雅斯贝斯《历史的起源与目标》第一章《轴心期》）如果我们把春秋战国时期的中国文化放在这种世界历史的宏观背景中来考察，它的特点和意义将会变得更加显豁。

在这个时期，西周的那种统一的无所不包的天命神学解体了，精神领域的那种沉寂停滞的局面被打破了，诸子蜂起，百家争鸣，学术由原始的统一走向分裂，正如《庄子·天下篇》所描述的："天下大乱，贤圣不明，道德不一，天下多得一察焉以自好。"但是，这种分裂实际上是一次意识的觉醒、思想的启蒙、文化精神的再生。尽管当时的诸子百家彼此对立、相互争辩，但是由于他们都是怀抱着伟大的理想，把整体性的存在作为自己的思考对象，所以也都对中国文化的发展作出了贡献，从不同的角度扩展了它的外延，深化了它的内涵，并且创造了许多共同因素，为下一个阶段多样性的统一准备了条件。到了战国末年，学术融合的局面形成了，于是人们通过各种形式来总结这个时期的文化创造，有的派别性较强，比如儒家的《荀子》和法家的《韩非子》；有的派别性较弱，比如杂家的《吕氏春秋》。至于《易传》，更是自觉地顺应这种大融合的趋势，提出了"天下同归而殊涂（途），一致而百虑"的著名命题，不仅比其他各家更为全面地总结了这个时期的文化创造，而且接上了自伏羲以至《易经》的文化源头，把上古、中古、下古的文化连接成一个完整的系列，以浓缩的形式反映了中国文化的起源、演变和发展的轨迹，特别是反映了从巫术文化向人文文化转化的轨迹。因此，由《易经》与《易传》所共同组成的

《周易》，它的"世历三古"的成书史，本身就相当于一部中国文化发展史，或者相当于一部中国文化精神的生成史。如果说中国文化在轴心期产生了具有世界历史意义的第二次伟大转折，那么在先秦典籍中，最能全面体现这次转折意义的，除了《易传》以外，再也找不出什么其他的著作来。秦汉以后中国文化的发展往往要回到先秦来寻找精神的原动力，而找来找去，又往往归结为由《易传》所奠定的易学传统。这种情形绝不是什么历史的误会，而主要是由于《周易》的那一套八八六十四卦的符号体系以及囊括天、地、人三才之道的整体之学，仿佛一个巨大的海绵体，把这个时期诸子百家所创造的共同成果都吸收容纳进来，并且综合总结成为一种卷之则退藏于密的易道，因而理所当然地被后世公认为代表了中国文化的根本精神。

拿轴心期文化来与古代文化相比，最显著的差别在于前者属于立足于理性的人文文化，后者属于受原始思维支配的巫术文化，两者完成了一次质的飞跃。所谓质的飞跃，从哲学的角度来看，并不是简单的否定，而是一种扬弃。古代文化的某些成分通过这种扬弃而被保存下来，纳入到轴心期文化之中，但是也由此而赋予了迥然不同的文化价值与文化意义。在《易经》与《易传》之间，就存在着这样一种复杂微妙的关系。因此，我们对蕴含于《周易》之中的易道的探索，既不能把经、传等量齐观，也不能把二者彼此割裂。虽然就实际的情况而言，所谓易道属于轴心期的产物，如果没有诸子百家的文化创造，绝不可能积淀凝聚出一种代表中国文化根本精神的易道；但是，它与古代巫术文化有着一种若即若离、或隐或显的联系，这也是不容否认的事实。

既然如此，那么究竟什么叫作易道呢？这是易学研究中的一个永恒而常新的问题。自从《周易》成书以来，在二千多年的历史中，以易学名家者盖以千百数，他们都把这个问题当作最高的追求目标，都有一套自己的易道观。如果我们把所有这些看法都胪列出来，并加以

梳理和比较分析，应该是一件饶有兴味的学术工作。为了节省篇幅，我们把这件工作留待读者自己去做，只从古人的一些有代表性的看法中归纳出三个方面的内容：第一是思维模式；第二是价值理想；第三是实用性的操作。虽然由于时代环境的不同和学派立场的差异，每个人的说法不大一样，但是在古人的心目中，都把易道看作是一个三位一体的完整结构，既不能归结为单纯的思维模式，也不能归结为单纯的价值理想或者实用性的操作，必须同时包含此三者，才能把握它与其他之道相互区别的本质属性。这个易道是由轴心期文化创造中的共同因素积淀凝聚而成的，我们可以结合当时的文化背景对它三方面的具体内容作一点粗略的考察。

就易道的思维模式而言，显然是一种统贯天人的整体思维。这种思维把世界的统一性看作是一个自明之理，着重于探索天与人、主与客、自然与社会之间的关系，以便从整体上把握其中的规律，用来指导人事，特别是政治。先秦儒、墨、道、法各家普遍利用这种思维模式来构筑自己的体系，尽管各家的基本范畴命题及思想内容的侧重点互不相同，但都毫无例外地以天人关系为主轴，视天人为一体。易道的特征在于利用这种思维模式构筑了一个以阴阳哲学为内容、以卦爻符号为形式的体系，从而在先秦各家中独树一帜。《说卦》所谓"立天之道曰阴与阳，立地之道曰柔与刚，立人之道曰仁与义"，这个囊括天、地、人的三才之道是通过六十四卦、三百八十四爻的象数关系表现出来的。形式与内容、象数与义理的奇妙结合，这是易道的思维模式区别于其他各家的根本所在。

就易道的价值理想而言，则是追求一种以"太和"为最高目标的天与人、自然与社会的整体和谐。在先秦各家中，道家对自然的和谐仰慕钦羡，极尽赞美之能事。比如老子曾说："万物负阴而抱阳，冲气以为和。"（《老子》四十二章）庄子曾说："天地有大美而不言，四时有明法而不议，万物有成理而不说。"（《庄子·知北游》）儒家则侧重于追求社会人际关系的和谐。比如《论语·学而》："礼之用，和为贵，先王之道斯为美。"实际上，先秦各家普遍地把天人和谐作为自己的价值取向，他们一方面援引天道来论证人道，把天道的自然规律看作是人类社会合理性的根据；另一方面又按照人道来塑造天道，把人们对合理的社会存在的主观理想投射到客观的自然规律之上。只是各家对这种整体和谐的论述，有的比较侧重于天道，有的比较侧重于人道。《周易》在《乾卦·象传》中提出了"太和"的思想，认为"乾道变化，各正性命，保合太和，乃利贞。首出庶物，万国咸宁"。这是先秦各家中对整体和谐的最完美的论述，集中体现了中国文化的最高价值理想。

易道实用性的操作层面是直接继承了原始的卜筮巫术转化而来的。在人类文化发展的蒙昧阶段，人们为了实践上的需要，迫切关心自己的行动所带来的后果，于是把某一种占卜道具奉为神灵，企图通过巫术的操作来预测吉凶，进行决策。《周易》的那一套卦爻符号体系就是巫术操作的产物。后来人类文化进入了轴心期，卦爻符号变成了表现哲学思维的工具，但是其操作层面却完全保存下来了。人们称《周易》为变经，即一方面研究客观的天道人事的变化，另一方面又联系人们的行动来研究主观的应变能力。因而《周易》也是一部"开物成务"之书，具有强烈的实践功能。就客观的变化而言，是无思无为，对人类的命运漠不关心，但就主观的应变能力而言，却是从忧患意识出发，立足于人文主义的价值理想，强调发扬自强不息的刚健精神，力图趋吉避凶，转祸为福，使客观形势朝着有利于人类目的的方向转化。《系辞》指出："是故形而上者谓之道，形而下者谓之器，化而裁之谓之变，推而行之谓之通，举而错之天下之民谓之事业。"这就是明确告诉人们，《周易》的主旨在于把对道、器、变的客观认识用于实际生活，推而行之以成就一番事业。如果我们忽视其实用性的操作层面，是无从窥见一个完整的易道的。

由此可以看出，关于易道的研究，只有结合中国广义的文化史进行全面考察，而不是单纯局限于《周易》本身，才能获得一个较为准确的理解。近来人们常说《周易》为中国文化之根，意思是中国的文化都是从《周易》这个根上生长出来的，只要懂得了《周易》，也就懂得了中国文化。其实这个说法并不准确，因为它脱离了文化史的发展，把伏羲、《易经》与《易传》所反映的三种不同的文化背景混为一谈，特别是把人文文化归结为巫术文化。应该承认，中国确有一个文化之根，但是这个文化之根是在春秋战国时期由诸子百家所共同创造的，《周易》仅仅是以其特有的形式对轴心期的文化创造进行了一次综合总结。所以我们为了消除种种误解，有必要提出一个相反的说法：如果不从宏观的角度全面了解春秋战国时期人文主义高涨的文化背景，就根本不可能懂得《周易》。汉代以后，《周易》被奉为群经之首、六艺之原，其影响广泛地扩展到哲学、政治、伦理、美学、科学等各个文化层面，看来似乎可以说是一种文化之根。其实《周易》在传统文化中的地位和作用始终是保持着一种张力，既有发散的一面，也有收敛的一面，如果历代的研究者不按照时代的需要对《周易》作出新的解释，不利用《周易》对当时的文化创造进行新的综合总结，它也就只能成为死去的糟粕，而不能成为活着的精华，从而对当时的文化产生影响了。至于易学的发展尚有正传与别传、主流与末流之分，继承发扬轴心期所形成的易道精神的固然占了主导地位，牵强附会使之流入迷信卜筮者亦复不少，如果我们不作这种区分而笼统地强调《周易》为文化之根，从而导致对传统文化精神根本性的误解，那就对当代文化的发展大大不利了。

一　先秦文化的发展与《周易》的形成

　　《周易》这部书包括《易经》与《易传》两部分。《易经》大约形成于殷周之际，《易传》则形成于战国后期，二者的时间差距长达七八百年，反映了不同的文化背景，体现了不同的思想内容。但是，古人往往根据"四圣一揆"的说法，只见其同而不见其异，习惯于认为"伏羲氏始画卦，而天人之理尽在其中矣"，《易经》的思想为原始的卦画所固有，《易传》的思想为《易经》所固有，把经、传看作是一部完整的著作。这种看法抹杀了文化发展阶段的性质差异，不符合历史的真相，如果用之于易学研究，必然是以传解经，牵经合传，殚思竭虑，穿凿附会，极力去寻找经、传之间本来并不存在的逻辑联系。到了现代，顾颉刚、郭沫若、闻一多、李镜池、高亨等学者着重于二者内容上的差别，把经、传分开来进行研究，以经观经，以传观传，从历史发展的角度考订出它们属于不同的制作时代，反映了不同的思想意识。他们的研究扫除了笼罩在《周易》这部书上的神秘的迷雾，使人们比较容易地接近历史的真相。但是，由于过分强调其异而不见其同，易学研究也就失去了它在文化史上所具有的那种整体性的意义以及绵延不衰的强大生命力，而变质为一种以单纯追求历史真相为目

的的历史考据学了。当然，关于八卦起源问题、《易经》的成书年代问题、《易经》中的古史资料问题、十翼的作者问题等都是易学研究中的重要问题。但是，如果通过这种研究而把经、传完全割裂开来，忽视《周易》在文化史上的影响，关键在于它历来被人们看作是一部经、传合一的完整著作，那就是矫枉过正，只见树木，不见森林，陷入另一种片面性之中了。

我们曾经指出，在《易经》与《易传》之间，存在着一种复杂微妙的关系，既有联系，又有差别。其差别表现为前者是巫术文化的产物，后者是人文文化的产物。其联系则表现为《易传》站在人文文化的立场对《易经》所反映的巫术文化进行了创造性的转化，以传解经，牵经合传，使经、传共同体现一种易道，而这种易道也就代表了轴心期所形成的中国文化的根本精神。如果有传而无经，则所谓易道就失去了依附的对象，无从见出其生成的过程；如果有经而无传，则经部的卦爻符号与卦爻辞就始终停留于巫术文化的水平，根本不可能有什么易道了。由于历史是连续与中断的对立统一，不能只有连续而无中断，也不能只有中断而无连续。古代的学者经、传不分，只看到连续而看不到中断，固然是不符合历史的真相的，但"五四"以后，以古史辨派为代表的疑古辨伪的考据学者割裂经、传，只看到中断而看不到连续，特别是看不到其中蕴含着一种曾经在文化史上产生过重大影响的易道，同样也是不符合历史真相的。

在中国文化史上，先秦是一个极为重要的发展阶段，中国文化的根本精神及其中坚思想就是在这个时期形成的。《周易》的经、传合一的成书史以浓缩的形式反映了这个形成的过程，因而易学研究既不能把经、传等量齐观，也不能把二者彼此割裂，而应该立足于文化史的整体意义，着重去探索从《易经》到《易传》的历史，弄清《易传》究竟是怎样对《易经》进行创造性的转化，如何促使体现中国文化根本精神及其中坚思想的易道得以形成的过程。

就《易经》本文而言，它由卦爻符号与卦爻辞所组成，如果严格遵循以经观经而不是以传解经的原则，我们无论如何也不能从中找到一种可以称之为易道的东西。因为第一，卦画的两个基本符号"－－"、"－"，不具有哲学中阴阳范畴的意义，也不具有原始阴阳概念的意义。在卦爻辞中，我们找不到阴阳对举的字样，甚至连一个"阳"字也找不到，只在《中孚卦》九二爻辞中找到一个"阴"字（"鸣鹤在阴，其子和之"）。这个"阴"字和"－－"这个符号并无意义上的关联。第二，八卦不具有象征八种物质元素的意义。八卦的卦名是有了，但是根据卦爻辞，不能断定乾、坤、震、巽、坎、离、艮、兑就是代表天、地、雷、风、水、火、山、泽。《乾卦》九五爻辞中有一个"天"字（"飞龙在天，利见大人"），这并不能说明乾代表天。其他七卦的卦爻辞中，连"地、雷、风、水、火、山、泽"的字样都没有出现。虽然如此，《易经》的卦爻符号与卦爻辞并不是毫无意义可言的，我们曾经列举了三点予以说明：第一，它给卦爻符号题了确定的卦名与爻名，可以借助文字的提示作用，从中引发出一种象数的思维模式。第二，在卦爻辞中，记录了当时人们所掌握的各种知识，这些都是直接来源于现实生活的经验总结，带有一定程度的人文主义色彩。第三，它接受了当时发展起来的以德配天的天命神学观念，使之与卜筮相结合，构成了一个以天人之学为理论基础的巫术操作系统。以上三点也可以简约地概括为象数与义理两个方面，其卦爻符号就是象数，天命神学观念以及某些人文主义的知识内容就是义理，二者相互依存，不可或缺，共同构成为一个巫术操作系统，这就是《易经》所显示出来的文化意义。

《易传》和《易经》一样，也是由象数与义理两个方面共同构成的，但是《易传》的象数与义理却显示出了和《易经》完全不相同的文化意义。就象数方面而言，《易经》的象数是由蓍草排列所形成的数与形的变化定型规范而来，既没有用阴阳学说对九六奇偶之数作出哲学的解释，也没有从各种杂取之象中提炼出八卦的基本卦象。至于其义

理方面，虽然比原始巫术的神人交感观念前进了一步，把世界看作是一个井然有序的统一整体，但却根据当时占绝对统治地位的天命神学观念，把它看作是在天神支配下的统一，而不是在阴阳规律支配下的统一。拿《易传》来和《易经》相比，最显著的不同就是它对《易经》的象数与义理两个方面都进行了创造性的转化，使二者在阴阳哲学的基础上形成了新的结合。照《易传》看来，天道有阴阳，地道有柔刚，人道有仁义，天、地、人三才各有两种相互对立的势力，合起来说就是"一阴一阳之谓道"。如果阴阳相应，协同配合，就是达到了中和境界，中和的极致名曰太和，这既是宇宙秩序的本然，也是人类所追求的最高理想。可以看出，《易传》的这种义理内容是《易经》所不具有的。此外，在象数方面，《易传》把卦爻符号改造成为一种表现阴阳哲学的必不可少的形式。照《易传》看来，数有奇偶，卦分阴阳，爻主刚柔，这些都是圣人观察了天地万物阴阳的变化特意画出来进行仿效的。一卦六爻，上两爻象征天道，下两爻象征地道，中间两爻象征人道，六爻之间所结成的承、乘、比、应、时、位、中等各种关系，则表现了阴、阳两种相互对立势力的交错联结、斗争消长的复杂情况。卦爻符号的这些意义，也是《易经》所不具有的。因此，《易经》和《易传》在象数与义理方面的区别，关键在于前者只有天命神学观念以及数卜、象占的巫术思维，后者则建构了一个阴阳哲学的体系。

但是，由于《易传》作为一部解经之作，不能脱离《易经》而单独存在，它必须按照以传解经、牵经合传的原则，把自己所建构的阴阳哲学说成是为《易经》所固有的，并且力图在《易经》本文的卦爻符号与卦爻辞之间建立一种逻辑上的联系。《易传》的这种做法不仅从根本上改变了《易经》的象数与义理原有的文化意义，而且长期以来使人们误认为《周易》是一部经、传合一的完整著作，其中蕴含着一种以阴阳哲学为基础的高深奥妙的易道。实际上，所谓易道是《易传》于战国末年总结了诸子百家共同的文化创造才形成的，并不是《易经》所固有的。从《易经》的天命神学到《易传》的阴阳哲学，走过了一段漫长曲折的道路，它的各个发展阶段和基本线索，从总的方面来说应该与先秦文化史的发展阶段和基本线索相符合，而不能与之相背离。如果说《易传》为了提高易道的神圣性和权威性，把阴阳哲学说成是伏羲氏仰观俯察而来，有其历史的合理性，那么我们今天在脱离先秦文化史的背景下，仍然想从原始的卦画中来寻找阴阳哲学的起源，就不大恰当了。

从《易经》到《易传》的这一段历史，相当于一部先秦文化发展史，可以大体上划分为西周、春秋、战国三个不同的发展阶段，从人类意识觉醒的角度来看，可以说其中贯穿着一条人文主义的文化由萌芽、兴起到高涨的基本线索。易学的演变与阴阳哲学的形成是和这个总的发展趋势相适应的。

殷周之际，中国文化经历了一次宗教思想的变革，周人根据当时社会变革的需要，把殷人的置鬼神于首位而贬抑人事的宗教思想改造为强调尽人事的宗教思想。这次变革标志着先秦文化史上的一个重要发展阶段，表现了人们的思想从早期的宗教蒙昧主义中获得了一定程度的解放，为开展自觉的理性活动争得了一席地盘。因此，周人对卜筮巫术的看法与殷人相比也就有了很大的改变。殷人事无大小都要求神问卜，把鬼神看作是以盲目的必然性统治人们的神秘威力，放弃人事的自主活动。周人则可以根据一定的理性原则来处理神人关系，而不必像殷人那样完全依赖卜问，盲目地迷信鬼神。比如《尚书·洪范》指出：

> 立时人作卜筮，三人占则从二人之言。汝则有大疑，谋及乃心，谋及卿士，谋及庶人，谋及卜筮。汝则从，龟从，筮从，卿士从，庶民从，是之谓大同，身其康强，子孙其逢，吉。汝则从，龟从，筮从，卿士逆，庶民逆，吉。卿士从，龟从，筮从，汝则逆，

庶民逆，吉。庶民从，龟从，筮从，汝则逆，卿士逆，吉。汝则从，
龟从，筮逆，卿士逆，庶民逆，作内吉，作外凶。龟、筮共违于人，
用静吉，用作凶。

这就是说，在周人的决策活动中，卜筮巫术只是作为一种参考因素发
挥作用。为了作出最佳决策，除了征求龟卜和筮占的赞同以外，还要
加上君主本人赞同，卿士赞同，庶人赞同，才能称之为"大同"。至
于对卜筮的解释，"三人占则从二人之言"，在不同的解释中取其多数。
可以看出，周人对卜筮的看法是和他们那种强调尽人事的宗教思想完
全一致的，这就为巫术文化向人文文化转化开辟了一条通路。

但是，在整个西周时期，以德配天的天命神学占了绝对统治地位，
我们除了这种唯一的意识形态之外，看不到有其他的异端思想，思想
领域停滞沉闷，平静得像一潭死水。这种情形一方面是因为天命神学
是当时的国家宗教，带有强烈的政治性，周天子为了树立自己的政治
权威，不得不压制其他的异端思想，把它奉为唯一的意识形态；另一
方面是因为这种天命神学作为一种宗教世界观，把世界置于天神观念
的全面支配之下，这就垄断了对世界的解释，禁锢了人们的思想，如
果不破除天神观念，就根本无法在思想领域取得新的进展。易学受这
个时期总的形势的影响，处于停滞沉闷状态，也没有提出一种阴阳哲
学的世界观来取代或者动摇天命神学的世界观，这是完全可以理解的。

易学的进展与阴阳哲学的孕育是在春秋时期才开始起步的。春秋
时期的三百年间，各个方面都呈现出新旧交替的特点。春秋介于西周
和战国之间，和西周相比，确实是打破了那个时期沉闷停滞的局面，
开始动荡起来，但是和战国相比，却完全不像后一时期的喧闹沸腾，
变化剧烈。这种历史特点反映到思想上，就是既要求摆脱传统文化的
束缚而独立思考，又不能和传统文化完全决裂；虽然提出了一些零星
片断的崭新观点，却没有形成与天命神学相对立的完整体系，传统与

创新、理性与信仰的斗争错综交织。春秋时期在文化史上的意义，在于它为战国时期的百家争鸣准备了思想条件，是中国古代一次伟大的思想解放运动的前奏曲。在这个时期，易学虽然取得了一定的进展，但尚未实现从巫术文化到人文文化的转化；阴阳哲学虽然开始孕育，但只是量的积累，尚未建构成一个新型的世界观。特别值得注意的是，易学和阴阳哲学属于两个不同的发展系列，双峰对峙，两水分流，并没有汇集合流为一个统一的易道。下面我们分别就这两个方面作一点粗略的考察。

就易学方面而言，首先是人们对卜筮的看法和西周相比，人文的理性的因素有了显著增长。比如《左传》桓公十一年记载，楚国的鬭廉说："卜以决疑，不疑何卜？"《左传》僖公十五年记载，晋惠公被秦国俘虏，后悔说：如果先君晋献公听从史苏的占卜，不把伯姬嫁给秦国，我不至于到这个地步。韩简却认为："先君之败德，及可数乎？史苏是占，勿从何益？"《左传》昭公十二年记载，鲁国的南蒯打算叛变，占得《坤卦》六五爻辞"黄裳元吉"，以为大吉大利，但是，子服惠伯却作出了完全相反的解释，认为"《易》不可以占险"，只有具备善良品德的人用来占问忠信之事才会有灵验，否则，即使筮得吉兆，也一定会失败。《左传》襄公九年记载，鲁国的穆姜被迫迁于东宫，占得《随卦》，太史劝其出走。但是穆姜本人却认为，《随卦》卦辞"元亨利贞无咎"，意思是只有具备元、亨、利、贞四种品德才能无咎，而我作为女人参与动乱，并不合于《随卦》卦辞，自取邪恶，岂能无咎？通过这些例子可以看出，虽然春秋时期人们仍用卜筮来解决重大疑问，但并不盲目信赖《易》占的筮兆，而着重于以清醒的理性来探索行为主体与客体之间的内在联系。这种态度上的改变，对于推动巫术文化向人文文化转化起了极大的作用。这是一个具有重大意义的进展，说明当时一些人已开始摆脱宗教巫术的束缚，从理性的角度对《易经》这部卜筮之书进行批判和改造了。

其次，人们对《易经》的义理也提出了一系列立足于人文主义的新解。比如《左传》宣公十二年记载，晋国的彘子违反中军统帅桓子的部署擅自出兵，知庄子不通过占卜而直接引用《师卦》初六爻辞进行分析。这条爻辞说："师出以律，否臧，凶。"意思是，军队行动必须有纪律，否则就会失败。因此，知庄子得出结论说："此师殆哉！"《左传》襄公二十八年记载，郑国派大夫游吉到楚国聘问，被楚王拒绝，要郑国国君亲自来。游吉也没有占卜，而是直接引用《复卦》上六爻辞"迷复凶"来分析楚王本身的行为。他认为，政德是国君应该抓住的根本，作为一个国君竟然抛弃了根本，还要恃强凌弱以满足自己的权势欲，就好比一个人迷失了道路而想回来，却不知道回到何处，这就必然导致不吉的后果，所以楚王活不长久了。这些解释可以说是开了后世义理派易学的先河。《左传》襄公九年穆姜对"元亨利贞"所提出的新解是具有典型意义的。这四个字的本义，据李镜池、高亨先生的研究：元，大也；亨，即"享祀"之"享"；利，即"利益"之"利"；贞，即"贞卜"之"贞"也。合起来说，犹言大享利占。（参阅李镜池《周易探原》中之《周易筮辞考》；高亨《周易古经今注》中之《元亨利贞解》。）但是穆姜却对它们进行了创造性的转化，解释为四种最崇高的品德。她说："元，体之长也；亨，嘉之会也；利，义之和也；贞，事之干也。体仁足以长人，嘉德足以合礼，利物足以和义，贞固足以干事。"穆姜的新解后来为《易传》的《文言》完全袭用，就这一点而言，说明巫术文化业已转化为人文文化了。表面上看来，穆姜的新解似乎是对本义的一种歪曲，但是，这种新解符合中国文字本来具有的多义性的特点，而且适应当时人们推进文化向前发展的普遍需要，所以能为人们所认同，并不是毫无根据的。

第三，春秋时期人们对象数关系的解释也有了很大的进展。西周时期，对卦画的意义作了某种说明的，只有《尚书·洪范》中的一条材料。这条材料说："稽疑。择建立卜筮人，乃命卜筮。曰雨，曰霁，曰蒙，曰驿，曰克，曰贞，曰悔，凡七。卜五，占用二，衍忒。"这是说，龟兆有五种，筮兆仅有贞、悔二种。贞是内卦，悔是外卦，占问吉凶以卦画所呈现的内卦和外卦的交错关系为据。到了春秋时期，才有文字说明材料证明这个时期出现了卦象说，把卦画解释成具有象征性的意义。据李镜池先生的研究，综计《左传》、《国语》的记载，八卦的卦象有下列几种：

《乾》——天、光、玉、君、天子、父。

《坤》——土、马、帛、母、众、顺、温、安、正、厚。

《坎》——水、川、众、夫、劳、强、和。

《离》——火、日、鸟、牛、公、侯、姑。

《震》——雷、车、辕、足、兄、长、男、侄、行、杀。

《巽》——风、女。

《艮》——山、男、庭、言。

《兑》——泽、旗、心。

它的范围，包括自然之象与社会之象，有象征具体事物的，也有象征抽象观念的。（参阅李镜池《周易探原》）根据或本于卦爻辞，或本于卦画。方法则用类推对比。关于对象数关系的解释，朱伯崑先生概括为三说，即：一变卦说，二取象说，三取义说。（参阅朱伯崑《易学哲学史》上册）所谓取象即取其具体事物之象，取义即取其抽象观念之义。前者，后世称之为"卦象"；后者，称之为"卦德"。所谓变卦是一种新的占法，强调应根据"本卦"和"之卦"的变化来决断吉凶，与原来局限于重卦中贞悔内外关系的占法不相同。所有这些新的解释虽然目的都是为了用于卜筮，且大多是牵强附会、胡乱类比，但是其中贯穿着一种推天道以明人事的思想，混杂有根据现实的生活经验进行推论的成分，曲折地反映了当时人们思维水平的提高和理性的觉醒。

在春秋时期，已有人用卦象来表示对天道的新看法。《左传》昭公三十二年记载，赵简子问史墨说：季氏赶走他的国君，而百姓顺服，诸侯亲附他，这是为什么？史墨回答说："鲁君世从其失，季氏世修其勤，民忘君矣，虽死于外，其谁矜之？社稷无常奉，君臣无常位，自古以然。故《诗》曰：'高岸为谷，深谷为陵。'三后之姓，于今为庶，主所知也。在《易》卦，雷乘乾曰《大壮》，天之道也。"史墨认为，《大壮》的卦象是雷在天之上，雷本来在天之下，现在转化为天之上，这种对立面的相互转化是自然和社会的普遍规律，是"天之道也"。从社会现象来看，"社稷无常奉，君臣无常位"，贵族和平民的地位并不是永恒不变的。从自然现象来看，高岸可以变成深谷，深谷也可以变成山陵。因此，《大壮》的卦象就是对这些自然和社会现象的变化规律的反映，蕴含着对立面相互转化的哲学道理。史墨的这种解释完全立足于人文主义的理性而毫无宗教巫术的色彩，带有鲜明的时代特征，可以把这种解释看作是一次重大的突破，因为它表明在当时理性觉醒和思想解放的时代潮流的推动下，人们已经开始把用于卜筮的卦象改造为表现哲学观点的工具了。

总起来说，春秋时期对易学的象数与义理的解释虽然取得了很大的进展，但只是停留于提出一些零星片断的创新的观点，而没有形成一个与传统的天命神学相对立的思想体系。这种情形除了受外部历史条件的制约以外，还有一个内部的思想上的原因，即没有引进阴阳学说，无法使象数与义理在阴阳学说的基础上形成新的结合。因为如果不引进阴阳学说而只是解释八卦的卦象，就不能把八卦构成一个完整的如同《易传》那样的八卦哲学系统，使之具有乾坤六子的意义。同时，由"--""—"这两个基本符号推演而成的那一套卦爻结构也不能得到全面的解释，使之构成如同《易传》那样的承、乘、比、应的交错联结关系。在春秋时期，阴阳学说属于另一个发展系列，和易学一样，也是经历了一个量的积累的过程，尚未形成为完整的思想体系。如果二者仍然处于对峙分流的阶段，就根本不可能有一个统一的易道。

据戴琏璋先生的研究，"阴阳"两字的原始意义，主要是指日光的有无或日光能否照射的地区，由此引申，常用以指阴寒与温暖的气候。如《尚书·禹贡》："南至于华阴"，"至于岳阳"，阴指山之北，阳指山之南。《诗经》"阴"字十见，其中六次指天气阴暗，用以指方位的一次，用为"荫"的借字一次，其余两次都与阴暗有关。《诗经》"阳"字二十见，其中十三次用阳的本义，指方位，一次用以指日光，一次用以表示明朗，三次用以表示温暖，还有两次则用为叠字复词，用以形容舒展自得的样子。（参阅戴琏璋《易传之形成及其思想》中之《阴阳观念的发展》）

直到西周末年，伯阳父才把阴阳作为天地之气来解释地震的成因。《国语·周语上》记载：

> 幽王二年，西周三川皆震。伯阳父曰：周将亡矣。夫天地之气，不失其序，若过其序，民乱之也。阳伏而不能出，阴迫而不能蒸，于是有地震。今三川实震，是阳失其所而镇[于]阴也。阳失而在阴，川源必塞，源塞，国必亡。

伯阳父一方面把阴阳二气的对立斗争看作是发生地震的原因，认识到自然界存在着两种互相对抗的力量，但是另一方面又把阴阳失序看作是人事干扰的结果，由此引起的地震是天神要灭亡一个国家的征兆，甚至预言不过十年就要亡国。可以看出，伯阳父虽然推进了阴阳观念的发展，使之具有一定的哲学意义，却没有割断天神与人事之间的幻想的联系，冲破自西周以来传统的天命神学思想的束缚。

春秋时期，随着人文理性思潮逐渐兴起，阴阳观念也相应地发生了很大的变化。《左传》僖公十六年记载：

陨石于宋五，陨星也。六鹢退飞，过宋都，风也。周内史叔兴聘于宋。宋襄公问焉，曰："是何祥也？吉凶焉在？"对曰："今兹鲁多大丧，明年齐有乱，君将得诸侯而不终。"退而告人曰："君失问，是阴阳之事，非吉凶所生也。吉凶由人。吾不敢逆君故也。"

叔兴认为，陨石和六鹢退飞这种自然现象，"是阴阳之事，非吉凶所生也。吉凶由人"。叔兴的这种阴阳观念与伯阳父相比，有了明显的进展。因为叔兴的说法割断了自然与社会、天神与人事之间的幻想的联系，力图按照自然与社会的本来面貌去认识它们，就其思想倾向而言，是与传统的天命神学相对立的。

《左传》昭公二十四年记载：

夏，五月乙未朔，日有食之。梓慎曰："将水。"昭子曰："旱也。日过分而阳犹不克，克必甚，能无旱乎？阳不克，莫将积聚也。"

梓慎认为日食是阴胜阳，将要引起水灾。昭子不同意这种看法，认为只会引起旱灾。因为过了春分，阳还不能胜阴，将要积聚起来，恶性膨胀，这就不是引起水灾，而是旱灾了。梓慎和昭子的说法都缺乏科学的根据，日食和水旱灾害并无必然的联系。但是他们两人都摆脱了天神观念的束缚，纯粹从理性的角度运用阴、阳这对范畴进行推论，这就有可能根据实际的结果来检验推论的正确与否，使阴阳学说逐渐完善精密，发展成为自然哲学的理论基础。

春秋末年，范蠡把阴阳范畴提到天道的高度来论述，使之具有更为普遍的哲学意义，代表了当时阴阳学说所达到的最高水平。他说：

天道盈而不溢，盛而不骄，劳而不矜其功。
因阴阳之恒，顺天地之常，柔而不屈，强而不刚。

臣闻古之善用兵者，赢缩以为常，四时以为纪，无过天极，究数而止。天道皇皇，日月以为常，明者以为法，微者则是行。阳至而阴，阴至而阳。日困而还，月盈而匡。(《国语·越语下》)

范蠡认为，天道是非常明显的，它就是日月更迭和四时代谢所表现的规律。日走到尽头，第二天又周而复始，月到盈满之时，就开始一点点亏缺，四时也是这样循环交替，发展到顶点，就要向它的反面转化。这种运动发展的过程，虽盈满而从不过度，虽盛大而从不骄傲，虽勤劳而不自以为功。究其内在的根本原因，就是阴、阳两种对立势力的变化，因为阳发展到极点就变成阴（阳至而阴），阴发展到极点就变成阳（阴至而阳）。这种阴阳变化的规律叫作"阴阳之恒"。"恒"即"恒常"之意，也就是变中之不变。范蠡的这个思想和《易传》所说的"一阴一阳之谓道"是完全相通的。

但是，范蠡的阴阳学说和当时的易学并不相干，而且也无意于把它发展成为一种与天命神学相对立的思想体系。这种情形是和春秋时期新旧交替的总的历史特点相适应的。当时"学在官府"的局面没有打破，掌握一定文化知识、具有精神生产能力的只有两类人，一类是祝宗卜史，另一类是卿大夫，这两类人和战国时期的思想家不同，本身并没有制造思想体系的需要。他们只是就事论事，对一些个别的具体问题发表议论，提出看法。但是，由于他们身居高位，许多现实的问题和新出现的情况纷至沓来，逼得他们去思索去处理，也最容易感受到时代的气息，所以也往往在他们身上表现出某些创新的思想。这种创新虽然客观上曲折地反映了人文理性因素的成长，不同程度地动摇了传统的天命神学的统治地位，但是就提出创新观点的本人来说，主观上却没有自觉意识到这一点。因此，这个时期没有出现与传统的天命神学相对立的思想体系，而只有一些零星片断的创新观点，是一个可以理解的合乎规律的历史现象。

易学的彻底改造，阴阳学说的孕育成熟，以及统一的易道的形成，都是通过战国时期的思想家长期艰苦的努力才得以实现的。战国时期的思想家具有另一种特殊的性格，和春秋时期的那种身居高位而与传统习惯势力有着千丝万缕联系的祝宗卜史、卿大夫完全不同。他们属于士阶层，即普通的知识分子，在那个天下无道、礼坏乐崩的动乱时代，脱离依附状态而游离于传统的意识形态与权力结构之外，因而获得了祝宗卜史、卿大夫所无法想象的思想上的自由与人格上的独立。他们都是一些伟大的理想主义者，以整体性的存在作为自己思考的对象。他们力图凭借自己的理性来为人类寻找一个新的统一性的原理，使当时分崩离析的社会重新凝聚起来，建立在更加合理的理论基础之上。为了达到这个目的，他们就不能像春秋时期的祝宗卜史、卿大夫那样，局限于头痛医头，脚痛医脚，就某些个别的现实问题发表自己的看法，而必须制造一个完整的思想体系。

所谓思想体系，它有两个显明的特征：第一是在外延上周延于自然与社会的各种现象，是一种囊括天人的整体之学；第二是在内涵上有一个核心观念，有一个可以解释各种现象的一以贯之的总的思想原则。就这两个特征而言，宗教与哲学都是同样具有的，都可以称之为思想体系，只是从内涵的理论基础来看，一个是立足于神学的信仰，一个是立足于人文的理性。由于西周的天命神学是中国文化史上最早成型的唯一的思想体系，战国时期的思想家不能不把它作为自己唯一可以依据的思想来源，所以他们为了制造自己的思想体系，大多同时从两个方面着手，即一方面继承了它的那种囊括天人的整体之学，另一方面则极力把它的核心观念从神学的信仰转化为人文的理性。这个转化的过程进行得相当艰苦，因为它实际上就是哲学与宗教、理性与信仰的斗争过程，我们从先秦的每一个重要的哲学流派身上都可以看出这种斗争的伤痕。儒家的创始人孔子当然没有完成转化的任务，墨家的创始人墨子也没有完成。所谓孔墨显学，不过是介乎哲学与宗教之间的思想体系。直到道家的创始人老子第一次把道凌驾于天之上，这场斗争才算取得了初步胜利。

正是通过道家的努力，阴阳才从具有哲学意义的概念发展成为重要的哲学范畴，在他们的思想体系中起着支撑点的作用。比如《老子》第四十二章说："万物负阴而抱阳，冲气以为和。"《庄子·田子方》说："至阴肃肃，至阳赫赫。肃肃出乎天，赫赫发乎地，两者交通成和而物生焉。"道家的最高哲学范畴是道而不是阴阳，但是他们援引阴阳这对范畴描绘了自然的和谐，揭示了自然的规律，从而建立了一个与传统的天命神学相对立的思想体系。这种做法对其他的一些哲学流派产生了极为深远的影响。《管子·乘马》说："春秋冬夏，阴阳之推移也；时之短长，阴阳之利用也；日月之易，阴阳之化也。"《荀子·礼论》说："天地合而万物生，阴阳接而变化起。"

易道的思想体系与上述的这些流派不相同，它的特征是以阴阳哲学为内容，以卦爻符号为形式，包括象数与义理两个方面。就义理方面而言，它不仅用阴阳范畴来表述天道，而且用来表示地道和人道，也就是说，它并不停留于用阴阳范畴来建立一个自然哲学，而是进一步把阴阳范畴发展为一个核心观念、一个总的思想原则，用来建立一个统贯天、地、人三才之道的整体之学。只有当它成功地建立起了这种整体之学，才有可能转过头来对卦爻符号进行哲学的改造，使之成为表现义理内容的象数形式。《说卦》指出：

> 昔者圣人之作《易》也，将以顺性命之理，是以立天之道曰阴与阳，立地之道曰柔与刚，立人之道曰仁与义。兼三才而两之，故《易》六画而成卦。分阴分阳，迭用柔刚，故《易》六位而成章。

这一段材料是结合象数与义理两个方面对易道所作的最完整的表述，其义理就是以阴阳为核心观念的三才之道，其象数就是一卦六爻中的

阴阳刚柔的位次变化，二者共同构成为统一的易道。由此可以看出，卦爻符号具有阴阳哲学的意义，完全是《易传》解释的结果。原始的卦画并不具有这种意义，《易经》也不具有这种意义，春秋时期虽然出现了关于八卦的卦象说，但由于阴阳学说与易学处于对峙分流阶段，也没有人用阴阳来解释易学的象数关系。一直到战国末年，《易传》综合总结了各家共同的思想成果，建立了一个阴阳哲学的体系，才对象数关系作出了全面的哲学解释。

　　《易传》在天道观方面接受了道家思想的影响是显而易见的。陈鼓应先生曾作了细致的研究，列举了一系列确凿可信的证据。（参阅陈鼓应《易传与道家思想》）但是，由于《易传》的思想体系本质上是一种统贯天、地、人三才之道的整体之学，就其人道观方面而言，不能排除儒家思想的影响。如果细加分辨，还可以找到管仲学派以及其他各家思想的影响。我们在引言中曾经指出，易道致力于追求一个以太和为最高目标的天人和谐的理想。在先秦各家中，道家侧重于追求自然的和谐，儒家侧重于追求社会人际关系的和谐，《易传》则是适应战国末年学术大融合的趋势，消除了争鸣时期所形成的学派成见，根据殊途同归、一致百虑的包容原则，对儒、道两家进行了综合总结，为中国文化树立了一个天人整体和谐的价值理想。《易传》不仅根据这个包容原则综合总结了轴心期各家的文化创造，而且作为一部解经之作，自觉地接上了中国文化的发展源头，融汇为一种代表中国文化根本精神的统一的易道。既然如此，我们就用不着去追究它的学派属性，勉强地去把它归结为某一个学派的作品。

二 《周易》的思想精髓与价值理想

——一个儒道互补的新型的世界观

表面上看来，在《周易》的结构形式中，传是解经之作，依附于经而存在，应该是经为主体而传为从属；但是就思想内容的实质以及所体现的文化意义而言，经却是依附于传而存在的，正好颠倒过来，传为主体而经为从属。自从《易传》按照以传解经、牵经合传的原则对《易经》进行了全面解释之后，《易经》原来所具有的那种宗教巫术的思想内容和文化意义便完全改变了，其卦爻符号与卦爻辞只是作为一种思想资料依附于传而存在，被《易传》创造性地转化成为具有人文理性特征的思想内容和文化意义。由于《易经》的卦爻符号与卦爻辞含义模糊，暧昧不明，相互之间本无内在的逻辑联系，《易传》的解释往往不能自圆其说，矛盾牴牾、扞格难通之处甚多，这就产生了不少的歧义，为后人进一步的解释留下了大量的余地。其实，后人的解释也往往陷入不能自圆其说的困境，无论怎样殚思竭虑，耗费毕生的精力，也难以弥合经、传之间的纰漏，从文字上和逻辑上把《周易》全书的内容讲通。但是，在二千多年来的易学研究中，除了个别的例外，如南宋的朱熹，几乎所有的人都遵循着《易传》的思路，从来没有考虑到应当摆脱传为经所涂的粉墨脸谱，去阐明《易传》的本义，

恢复历史的真相。这是一个很值得注意的文化现象,说明人们研究《周易》的目的和兴趣所在主要是传文的解释而不是经文的本义,传文受到重视的程度要超过经文。其所以如此,是因为在传文的解释中蕴含着一种立足于人文理性的易道,贯穿着一种代表中国文化根本精神的思想精髓与价值理想,人们遵循《易传》的思路去作进一步的解释工作,主要是为了把这种思想精髓与价值理想完整地继承过来,作为在新的历史条件下进行思考的精神的原动力。

现代哲学家金岳霖先生曾经指出,每一个文化区有它的中坚思想,每一中坚思想有它的最崇高的概念、最基本的原动力。现在这世界的大文化区只有三个:一是印度,一是希腊,一是中国。它们各有它们的中坚思想,而在它们的中坚思想中有它们的最崇高的概念与最基本的原动力。中国的中坚思想似乎儒、道、墨兼而有之,其最崇高的概念似乎是道,思想与情感两方面的最基本的原动力似乎也是道。关于道的思想属于元学的题材而与知识论不同。研究知识论可以站在知识的对象范围之外,用冷静的态度去研究它。研究元学则不仅在研究对象上求理智的了解,而且在研究的结果上求情感的满足。知识论的裁判者是理智,而元学的裁判者是整个的人。不道之道,各家所欲言而不能尽的道,国人对之油然而生景仰之心的道,万事万物之所不得不由、不得不依、不得不归的道才是中国思想中最崇高的概念、最基本的原动力。道可以合起来说,也可以分开来说。自万有之合而为道而言之,道一,自万有之各有其道而言之,道无量。(参阅金岳霖《论道》)

金岳霖先生这一段精辟的言论,对于我们准确地理解《周易》的思想精髓与价值理想,把握中国文化的根本精神,具有极大的启发意义。按照金岳霖先生的看法,在世界的三大文化区中,中国文化之所以不同于印度文化和希腊文化的特色,关键在于它形成了一个以道为最崇高的概念与最基本的原动力的中坚思想。这个中坚思想是儒、道、墨兼而有之的,尽管他们对道的理解存在着很大的分歧,各道其所道,因而此道非彼道，但都普遍地致力于追求行道、修道、得道，以道为最终的目标。如果分开来说，道无量，有关于自然层面的天道、地道，也有关于社会人事层面的人道，如果合起来说，则道为一，即把天、地、人三才之道囊括而为一个统一的整体。这个道一之一，其准确的含义就是"天地与我并生，万物与我为一"之一，是把作为主体的整个的人包容其中的，因而金岳霖先生称之为元学的题材，使之与知识论严格地区别开来。知识论虽然同样是以宇宙整体作为思考的对象的，但是这种思考是站在知识的对象之外，撇开了整个的人，采取了主客对立、天人分离的形式进行的，是一种纯粹理智的冷静的思考。至于对道的思考则不仅求理智的了解，而且求情感的满足。就这种思考是以外在的宇宙整体为对象求理智的了解而言，其中必然蕴含着一种思想精髓，一种核心观念，一种对宇宙整体全面而深刻的把握。就这种思考同时为了求情感的满足而言，其中也必然贯注了思考主体的内在价值理想，否则就不能动我的心，怡我的情，养我的性。由于这种思考的最终目标是追求行道、修道、得道，即不仅通过个人的践履把自己由特殊性提升到道的普遍性层次，使自己的全身心渗透着一种深沉的宇宙意识，而且把自己对道的理解推行于天下，使之成就一番事业。所以总起来说，这种思考完全打破了天与人、主与客、知与行的界限，也完全打破了特殊与普遍、内在与外在、个体与全体的界限，它既是整个的人把握世界的方式，也是整个的人在世界之中的唯一的生存方式，本体论、知识论、行为论浑然不分，思想精髓与价值理想合而为一。这种以道为最崇高的概念与最基本的原动力的中坚思想是在先秦儒、道、墨各家共同努力之下形成的，如果不把这种中坚思想提到世界文化史的高度进行宏观考察，就无从理解中国文化的根本精神及其薪火相传的强大的生命力，也无从理解中国文化区别于印度文化与希腊文化的本质所在。

体现在《易传》之中的易道当然也是以道作为自己的中坚思想，

但是由于它形成于学术大融合业已蔚然成风的战国末年，而且自觉地超越学派成见，根据殊途同归、一致百虑的包容原则对儒、道、墨各家的文化创造进行综合总结，所以它所表述的中坚思想与其他各家相比具有更大的普遍性，更能全面地代表中国文化的根本精神。汉代以后，人们一直遵循着《易传》的思路，以传解经，牵经合传，对《周易》进行再解释，这种表面上看来似乎不足为训的研究方法，实际上是在新的历史条件下继承和发扬了中国文化的中坚思想，反映了古人关于研究《周易》的共识。在古人的心目中，从来没有人把《周易》看成一堆上古的史料，也从来没有人抱着纯粹理智的冷静态度，像研究古董似的"折戟沉沙铁未销，自将磨洗认前朝"，去恢复历史的真相，而是把它看成一种富有活力的精神资源，一种神圣权威的思想原则。人们之所以对它产生莫大的兴趣，孜孜不倦地去研究，是因为他们切身地感到，这部古代的典籍与自己有着一种内在的超时代的精神联系，唯有把自己作为整个的人完全置身于其中，带着浓厚的感情色彩沉潜玩味，把它的精神资源和思想原则化为己有，才能把自己把握世界的方式提到易道的高度，为自己确立一种合理的生存方式。正是由于古人对《周易》具有这种共识，所以由《易传》所开创的易学传统才得以绵延不绝，久而弥新，而中国文化的中坚思想也在历代易学家的共同努力之下发展为一道生命洋溢、奔腾向前的洪流，在世界文化体系中占据了不可动摇的地位。

从这个角度来看，古人的那种研究方法是无可厚非的。如果反其道而行之，以经观经，以传观传，致力于从事疑古辨伪的工作，把《周易》改变成历史考据学或文字训诂学的研究对象，那么体现在《周易》之中的文化意义和中坚思想便完全失落了。我们现代人当然不会同意古人的那种"四圣一揆"的说法，文化发展的层次历然的阶段性是必须弄清的，而且我们生活在中西文化冲撞和融合的时代，也不可能像古人那样把《周易》奉为唯一的神圣权威，用来对我们所面临的挑战作出有效的回应。但是，贯穿于其中的那种代表中国文化根本精神的思想精髓与价值理想仍然是值得我们珍视的，古人的那种不以理智而以整个的人为裁判者的沉潜玩味的研究方法仍然是值得我们继承的。由于蕴含于《周易》之中的易道本来不属于知识论的题材，而是元学的题材，所以我们不应该用研究知识论的方法，以纯粹理智的冷静态度来研究它，而应该像古人那样当作一个精神上的追求，把研究《周易》当作一件继承和发扬中国文化根本精神的大事。

关于易道的特征，在《易传》中有一系列经典的论述。古代的易学家往往是结合自己的切身体会对这些论述进行逐字逐句的训释，创立新解，通过这种经学的方式来发掘其中的意蕴，汲取精神的营养，推动易学的发展。我们曾从古人的一些有代表性的看法中归纳出三个方面的内容：第一是思维模式；第二是价值理想；第三是实用性的操作。这是个三位一体的完整结构。实际上，在西周的天命神学以及儒、道、墨各家的思想体系中，也全都包含着这三个方面的内容，从世界史的宏观角度来看，可以说是中国思想不同于印度思想与希腊思想的共同特征，而不仅仅是易道的特征。《庄子·天下篇》描述了中国思想的这种共同的特征：

> 古之所谓道术者，果恶乎在？曰："无乎不在。"曰："神何由降？明何由出？"曰："圣有所生，王有所成，皆原于一。"
> 古之人其备乎！配神明，醇天地，育万物，和天下，泽及百姓，明于本数，系于末度，六通四辟，小大精粗，其运无乎不在。

这就是说，中国思想最古老的源头，其外延"无乎不在"，是一种囊括天人的十分宏阔的整体之学；其内涵则收缩而为一，这个一，即道一之一，天人合一之一。因而这种天人整体之学一方面"明于本数"，同时也"系于末度"，前者称之为"道"，后者称之为"术"，合称"道

术"。所谓"明于本数",是说对天人整体有一个根本的理解,并且从中抽绎出一个统一的原理、一个核心的观念。由于这个统一的原理或核心的观念是统贯天人的,与人性的本质有着内在的联结,所以"本数"也就很自然地包含着思想精髓与价值理想两个层面。所谓"系于末度",是指实用性的操作层面而言的,即把对天人整体的根本理解用于"育万物,和天下,泽及百姓",处理各种各样具体实际的问题,参与运化而无所不在。《庄子·天下篇》认为,诸子百家的思想都是继承这个最古老的源头即"古之道术"发展而来的,但只是各执一端,而没有窥见"道术"之全体。按照这个说法,中国思想的共同特征就是这种天人整体之学,各家普遍致力于追求"明于本数"与"系于末度"的有机结合,来建立一个天人合一的思想体系。但是,由于各家对天人合一有不同的理解,对天人关系的处理有不同的倾向,所以尽管他们的思想都属于天人整体之学的范畴,其互不相同的理论形态与学派特征仍然清晰可辨。先秦时期,中国思想经历了一个由合到分又由分到合的曲折过程。如果我们联系中国思想的这个总的发展线索及其共同的特征,对儒、道、墨三家和《易传》的思想作一番比较分析,也许会对易道的特征把握得更为具体,理解得更为全面。

就基本思路而言,这种天人整体之学一方面援引天道来论证人道,另一方面又按照人道来塑造天道,实际上是一种循环论证。照古人看来,这种循环论证是合情合理的。因为他们对天道的研究,目的并不在于建立一种以天道为对象的纯粹的自然哲学,而是为人道寻找合理性的根据,所以往往按照人道来塑造天道,极力使天道符合人道的理想;但是另一方面,为了证明人道的理想不是主观臆想,而是符合天道的自然法则,所以往往援引天道来论证人道,极力使人道具有如同天道那样的客观确实性的根据。因此,这种天人整体之学所论述的天道往往包含着人道的内容,其所论述的人道也往往包含着天道的内容,天与人的界限是很难划分的。古人把这种循环论证的思路叫作

"天人合一"，意思是通过"以人合天"与"以天合人"这两个过程不断的循环往复来把握天人整体。这种天人合一的思路是由西周天命神学首先确定下来的，后来为儒、道、墨各家普遍继承。但是，各家在建立自己的思想体系时，往往割断了这种思路的循环往复而偏于一端，有的偏重于以人合天，有的偏重于以天合人。大致说来，道家的思想属于偏重于以人合天的类型，虽然他们也研究人道，但是重点却是研究天道，极力使关于人道的主观理想符合天道自然无为的客观规律。儒、墨两家的思想恰恰相反，偏重于以天合人，他们主要关心的是社会政治伦理问题，往往是根据关于人道的主观理想去塑造天道，反过来又用这个被塑造了的天道来为关于人道的主观理想作论证。因而这三家的思想各有所蔽。荀子站在儒家的立场批评道家，认为庄子"蔽于天而不知人"（《荀子·解蔽》）。如果我们站在道家的立场，也可以批评儒、墨两家是蔽于人而不知天。

以墨家的思想为例，他们对人道的理想主要是兼相爱、交相利。为了给这种理想作论证，他们塑造了一个能赏善罚恶的有意志的天神，认为天志是喜好兼相爱、交相利而憎恶别相恶、交相贼的。这是一种典型的以天合人的思路。其所谓天志，不过是一种主观的投影、宗教的信念，缺乏任何客观确实性的根据，在传统的天命神学业已解体的历史条件下，是不可能为这种人道的理想作出令人信服的论证的。

儒家的思想与墨家同样偏重于人道，他们也是按照以天合人的思路来塑造天道的。比如孔子保留了天的有意志的属性而使之伦理化，反过来用这个天来为自己的伦理思想作论证。孟子强调由尽心知性以知天，其所谓天并不是指称客观的自然之天，而仅仅是人性本质的外化。孟子曾说："诚者，天之道也。思诚者，人之道也。"（《孟子·离娄上》）为什么"诚"这个伦理范畴能成为天道的本质，其客观确实性的根据究竟何在，孟子并没有作出令人信服的论证。因此，用天人整体之学的标准来衡量，儒、墨两家的思想都是蔽于人而不知天，在

天道观方面有着明显的缺陷，不是十分完整的。

道家的思想主张因任自然，认为人道应当效法天道的自然无为的法则。人们通常把这种思想归结为自然主义，其实并不准确，因为道家的思想和儒、墨两家一样，也是围绕着天人关系这根主轴而展开的，同属于天人整体之学的范畴，其区别之点关键在于道家所遵循的思路偏重于以人合天。比如老子说："天地不仁，以万物为刍狗；圣人不仁，以百姓为刍狗。"（《老子》五章）庄子说："畸人者，畸于人而侔于天。"（《庄子·大宗师》）"忘己之人，是之谓入于天。"（《庄子·天地》）由于道家这种独特的思路，所以尽管他们对天道作了大量的研究，提供了一系列具有客观确实性的见解，但在人道观方面却表现出明显的缺陷，蔽于天而不知人，不是一种完整的天人整体之学。

《易传》的思想是战国末年学术大融合的产物。就其天道观而言，显然是接受了道家的思想，但却避免了道家的那种蔽于天而不知人的缺陷，而与人道的主观理想紧密结合起来。就其人道观而言，显然是接受了儒家的思想，但却避免了儒家的那种蔽于人而不知天的缺陷，而使之建立在对天道客观理解的基础之上。因而与其他各家相比，《易传》在处理天人关系问题上，没有割断"以天合人"与"以人合天"的循环往复的过程而陷于一偏，更为彻底地贯彻了天人合一的思路，更为全面地体现了中国思想的共同特征。

我们可以设想，如果按照道家的那种以人合天的思路继续向前发展，是可以逐渐排除对人道的关怀而转向对天道的客观理智的研究，从而形成一种类似于西方的科学传统。如果按照儒、墨的那种以天合人的思路继续向前发展，也是可以逐渐减少对天道的兴趣而集中研究人道的问题，从而把社会政治伦理思想从天道观中分离出来，使之形成为独立的人文学科。但是，就中国思想总的发展线索而言，这两种倾向都受到了抑制，天与人的关系始终是纠缠扭结在一起，难舍难分。其所以如此，固然是为天人合一的共同的思路所决定，但是根本原因却在于中国各家思想都以天人合一的整体作为共同的研究对象。《庄子·大宗师》指出："庸讵知吾所谓天之非人乎？所谓人之非天乎？""故其好之也一，其弗好之也一。其一也一，其不一也一。"这就是说，由于天人本来结为一体，所以不管研究者的主观喜好以及所遵循的思路如何，其所谓天必然包含人的内容，其所谓人也必然包含天的内容，天人合一的关系是根本无法强行分开的。

虽然如此，天与人在中国思想中仍然是可以分开来说的。天指称自然，人指称社会。就整体而言，二者固然是合而为一，但就部分而言，却是分属于两个不同的领域。《老子》二十五章："故道大，天大，地大，王亦大。域中有四大，而王居其一焉。"《系辞下》："《易》之为书也，广大悉备，有天道焉，有人道焉，有地道焉。"正是因为中国思想的这种共同的研究对象既可以合起来说也可以分开来说，所以由此而形成的中国的中坚思想与印度、希腊的中坚思想相比，也就有了很大的不同。金岳霖先生曾根据情感与理智方面的不同感受进行了宏观的比较。他指出，印度思想中的"如如"最本然，最没有天人的界限。我们既可以随所之而无不如如，在情感方面当然最舒服。中国思想中的"道"似乎不同，它有由是而之焉的情形。有"是"有"由"就不十分如如。可是"道"不必太直，不必太窄，它的界限不必十分分明，在它那里徘徊，还是可以怡然自得。希腊的逻各斯（Logos）似乎非常之尊严；或者因为它尊严，我们愈觉得它的温度有点使我们在知识方面紧张；我们在这一方面紧张，在情感方面难免有点不舒服。（参阅金岳霖《论道》）

照金岳霖先生看来，中国的"道"既不像印度的"如如"那样最没有天人的界限，在情感方面最舒服，也不像希腊的"逻各斯"那样高踞于人之上，使我们在知识方面紧张，而是介乎二者之间，在理智与情感方面取其中道。中国的"道"有由是而之焉的情形。所谓"是"，是指多少带一点冷性的自然律。为了求得这种自然律，必须以冷静理

智的态度对外在于人的整体作一番客观的研究。所谓"由",是指把这种自然律与整个的人的生存方式联系起来,用以安身立命,作为行道、修道、得道的最高依据,在情感方面多少感到一点自在。因此,中国思想对由是而之焉的"道"的追求,使理智与情感两方面都受到了抑制。如果说道家的以人合天的思路偏重于研究冷性的自然律,但一当落实到人,就有了一个升温的过程,不致于冷到像希腊的"逻各斯"那样,变成一个纯粹的知识论的对象。如果说儒家的以天合人的思路偏重于阐发渗透着热烈情感的人文理想,但一当去寻求这种思想的客观依据时,就有了一个降温的过程,不致于热到像印度的"如如"那样,完全抹杀天人界限,随所之而无不如如。从这个角度来看,中国思想在世界文化体系中走的是一条中间的道路,它的自然主义的倾向总是受到人文主义的抑制,它的人文主义的倾向也总是受到自然主义的抑制。它所追求的最高境界是自然主义与人文主义的内在联结,合天人,通物我,只有达到了这个境界,才能较为全面地把握那个由天人所共同构成的整体,对由是而之焉的"道"有所言说。中国思想与印度、希腊思想的这种区别是具有本体论意义的。由于这种区别,所以中国思想在理智与情感方面产生了一种相互制约的作用,使得道家的思想没有发展成为一种纯粹的自然主义,儒家的思想没有发展成为一种纯粹的人文主义,虽然两家不免各有所偏,但也不会偏得过远,都没有摆脱天人关系这根主轴。就总的发展趋势而言,儒家往往要从道家那里汲取自然主义的营养来补充自己,道家也往往要从儒家那里汲取人文主义的营养来补充自己,从而在中国思想中逐渐形成了一种儒道互补的基本格局。这种儒道互补也许就是中国思想发展的普遍规律或必然的归宿,因为只有把儒、道两家各有所偏的倾向结合起来,相互补充,才能使天人合一的思路得以全面地贯彻,通过以人合天与以天合人的不断地循环往复来把握那个天人整体。

早在先秦时期,这种儒、道互补的基本格局就已经开始形成了。

《易传》的思想体系就是一个显明的例证。人们常说《易》、《老》互通，这就是承认《易传》与道家的思想有着内在的联结，二者的核心观念是可以互通的。但是另一方面，人们也常把《易传》说成孔子所作，或者儒家后学的作品。这种说法虽然查无实据，却也事出有因。因为就其关于社会政治伦理的价值理想而言，《易传》与儒家的密切关系确实是不容否认的。实际上，在《易传》的思想体系中，儒、道两家思想的成分都兼而有之。如果我们从以儒补道的角度来看，把《易传》的学派属性归结为道家，固然是持之有故；但是反过来，如果从以道补儒的角度来看，把它归结为儒家，也未尝不是言之成理。庄子曾说："以道观之，物无贵贱；以物观之，自贵而相贱。"（《庄子·秋水》）我们今天研究《易传》，没有必要再重复由历史所造成的种种"以物观之"的学派成见了，而应该学习庄子的那种"以道观之"的超越态度，站在中国文化根本精神的宏观角度，把它看作是儒、道两家思想不分轩轾的互补，是先秦思想发展的必然归宿，它非道非儒，亦道亦儒，是一种自然主义与人文主义有机结合的新型世界观。如果我们从这个角度来看，或许可以排除一些外在的干扰，对蕴含于《易传》深层结构之中的思想精髓与价值理想能有一番更为亲切的体会。

　　《易传》的思想体系完全是围绕着"一阴一阳之谓道"这个命题而展开的。这是一个合天人、通物我的命题，是自然主义与人文主义的有机结合，《易传》的思想精髓与价值理想集中体现在这个命题之中。《系辞上》第五章：

　　　　一阴一阳之谓道，继之者善也，成之者性也，仁者见之谓之仁，知者见之谓之知，百姓日用而不知，故君子之道鲜矣。显诸仁，藏诸用，鼓万物而不与圣人同忧，盛德大业至矣哉！富有之谓大业，日新之谓盛德。生生之谓易，成象之谓乾，效法之谓坤，极数知来之谓占，通变之谓事，阴阳不测之谓神。

仔细体会《易传》的这一段论述，我们可以看出易道与儒、道两家思想的一系列同中之异及异中之同的复杂微妙的关系。

第一，儒家的孔孟对人性作了大量的研究，并把人性的本质归结为天命，但却没有认识到天实际上是一个受一阴一阳的规律所支配的自然运行的过程，所以在孔孟的思想中，找不到丝毫阴阳学说的痕迹。道家的老庄把阴阳提升为一对重要的哲学范畴，但只是用来论述天道而未涉及人道，没有把阴阳和人性的本质联系起来。《易传》认为，"一阴一阳之谓道，继之者善也，成之者性也"，用阴阳范畴来贯通天人，并且依据这对范畴建成了一个天人合一的完整体系。这在先秦思想史上可以说是独树一帜，既不同于儒家，也不同于道家的。但是，这个命题显然是对儒、道两家的综合总结，也可以说是既有儒家的影响，也有道家的影响。老子曾说："万物负阴而抱阳,冲气以为和。"(《老子》四十二章）这个思想与《易传》的"一阴一阳之谓道"是完全相通的。如果把这个思想进一步与人性的本质联系起来，就可以得出"继之者善也，成之者性也"的结论了。孔子在探索人性本质的最高依据时经常追溯到天，他曾说："天何言哉？四时行焉，百物生焉。"(《论语·阳货》）如果孔子再进一步探索支配这个自然运行的内部规律，也是可以得出"一阴一阳之谓道"的结论的。由此看来，只要全面地贯彻天人合一的思路，把以人合天与以天合人这两个过程结合在一起，就必然呈现出一种儒、道互补的发展趋势。《易传》的思想就是这种发展趋势的必然归宿，所以它非道非儒，亦道亦儒，如果勉强把它归结为某一家，就不是它的本来面目了。

第二，《易传》通过"一阴一阳之谓道"这个命题展开了一个"生生之谓易"的整体观，这是一个天人合一的整体观，是自然主义与人文主义相结合的整体观。照《易传》看来，这个整体阴阳推移，变化日新，化育万物，生生不已，但又无思虑，无作为，无好恶，"鼓万物而不与圣人同忧"。就这个整体不与圣人同忧而言，显然是接受了道家的影响，带有自然主义的色彩。老子曾说："故道生之，德畜之，长之育之，成之熟之，养之覆之。生而不有，为而不恃，长而不宰，是谓玄德。"（《老子》五十一章）但是另一方面，由于这个整体是把人包容其中的，与人的生存方式息息相关，因而从人的观点来看，其生生不已可谓之"盛德"，其化育万物可谓之"大业"，"显诸仁，藏诸用"，又与老子所说的那种"天地不仁"的冷性自然主义不相同，而具有较为浓郁的人文主义色彩。这显然是接受了儒家的影响，把客观外在的自然伦理化了。

第三，《易传》认为，"一阴一阳之谓道"与人的认识论的关系是一个主客契合的过程。所谓"仁者见之谓之仁，知者见之谓之知，百姓日用而不知"，是说道统天、地、人物，是一个既仁且智的全体，人以这个全体作为客观外在的认识对象。由于各人的禀赋有偏厚，志趣有歧异，只能认识全体的某一个局部，甚至茫然不知。虽然如此，道之全体流行于百姓日用之间，无论人们认识与否，始终是客观存在的，这也是衡量人的认识是否全面的一个客观标准。为了使自己的认识能与道之全体契合无间，必须一方面以圣人为榜样，对天地之道作一番冷静理智的仰观俯察；另一方面，还必须在提高主体的认识能力上下功夫，不断充实发挥自己所禀赋的善性，把自己的志趣扩展到与道相契合的全面性的程度。可以看出，《易传》的这种认识论既不同于儒家，也不同于道家，实际上是对儒、道两家思想的综合总结。严格说来，按照儒家的那种以天合人的思路，是很难发展出一套真正的认识论的思想来的。孟子认为"万物皆备于我"，把客观外在的认识对象完全纳入主观之中，因而所谓认识仅仅是一种主观内省的活动。他所主张的由尽心以知性，由知性以知天，就是从这种思想出发的。道家与儒家恰恰相反，主张人法地，地法天，天法道，道法自然，完全排除人的主观志趣、期望和理想，以客观外在的自然为法。这是一种把主观完全纳入客观之中的思想，虽然可以使人的认识具有较多客

观确实性的根据，但却过分地强调了理智的了解，而忽视了情感的满足。《易传》的认识论思想似乎是力求在儒、道两家之间取其中道。就其天道观而言，它否定了孟子的"诚者天之道也"的说法，从道家的自然主义那里汲取了营养，提出了"一阴一阳之谓道"的命题。这个道是客观外在的，与孟子的那种主观投影的天道有着根本性的区别。但是，就其人道观而言，它又否定了道家的那种忘己、无情的说法，而接受了孟子的"思诚者人之道也"的思想。因为客观外在的道与人性的本质有着内在的联结，"继之者善也"，所谓"继"就是天人接续之际，人所禀赋的善性本身就是从天道而来的。因此，一个完整的认识过程既不能像儒家那样把客观完全纳入主观之中，也不能像道家那样把主观完全纳入客观之中，而应该是主与客的契合，内与外的沟通。《易传》的这种认识论主张照顾了理智的了解与情感的满足两个方面，其实就是以人合天与以天合人两个过程的结合，是自然主义与人文主义的结合，是取儒、道之所长而去其所短的一种儒道互补的思想。

《易传》的这种儒道互补的思想，就其研究的对象与追求的目标而言，不仅与儒、道两家相通，而且与其他各家也是相通的。先秦时期，包括儒、道、墨在内的各家都以天人整体作为共同的研究对象，都力求用自己的体系来把握这个天人整体的根本原理，作为行道、修道、得道的最高依据。《系辞下》指出："天下同归而殊涂（途），一致而百虑。"这就是说，由于各家的研究对象是共同的，所以虽"百虑"而"一致"；由于各家的追求目标是相通的，所以虽"殊涂"而"同归"。《易传》这个关于先秦各家思想的总的看法，代表了中国文化的根本精神，体现了中国思想的共同特征，可以说是一种远见卓识，比与它同时进行综合总结工作的荀子和《吕氏春秋》要高出一筹。荀子站在儒家的立场，学派成见过于强烈，尽管他明显地接受了道家的自然主义思想，提出了"天行有常，不为尧存，不为桀亡"的命题，把天看作是自然之天，但又认为，"唯圣人为不求知天"（《荀子·天论》），用儒家的人文主义来排斥道家的自然主义。虽然如此，当荀子探索礼之所本时，又援引道家的自然主义作论证，认为礼有三本："天地者，生之本也；先祖者，类之本也；君师者，治之本也。"（《荀子·礼论》）这就使得荀子的天人之学不能自圆其说，陷入了自相矛盾的困境。《吕氏春秋》不固守某一学派的门户之见，在这一点上与《易传》是相同的，但它对各家学说的兼收并蓄，却没有形成一个完整的体系，特别是没有形成自然主义与人文主义的有机结合，提炼为类似于易道的那种《吕氏春秋》之道，所以历来被人们视为杂家。《易传》的综合总结之所以高出这两家，是因为它所提炼而成的"一阴一阳之谓道"这个命题紧紧抓住了天人关系，把各家探索这个问题所呈现的自然主义倾向与人文主义倾向结合在一起，对天人整体的外延与内涵作了完整的表述。

"一阴一阳之谓道"，这个"道"是可以合起来说也可以分开来说的。如果分开来说，有天道、地道、人道。专就天道、地道而言，研究的对象是人的生存环境，即客观外在的自然。由于中国古代社会建立在农业经济的基础之上，对自然环境有着强烈的依赖，所以不论具有何种倾向的学派都十分关注自然的和谐。因为只有自然处于和谐的状态，才能有一个适合于人的生存环境，才能为社会政治伦理的各种操作提供必要的条件。从这个角度来看，对天道、地道的研究，实质上就是一个如何理解和论证自然的和谐的问题。比较起来，这种研究以具有自然主义倾向的道家占有绝对的优势。道家把天地之道看作是由阴、阳两大势力相反相成的作用所构成的和谐。比如老子所说的"万物负阴而抱阳，冲气以为和"，强调的是一个"和"字。道家的这种自然和谐的思想是颇具说服力的，对各家都产生了影响。《说卦》所说的"立天之道曰阴与阳，立地之道曰柔与刚"，显然是继承了道家这种自然和谐的思想发展而来的。再就人道而言，研究的对象是社会人际关系。先秦时期，天下大乱，礼坏乐崩，社会人际关系受到了严

重破坏，面临着一个如何重新整合使之归于和谐的问题。各家都提出了自己的整合方案，墨家的方案是兼爱尚同，道家的方案是无为而治，儒家的方案是礼乐仁义，方案虽互不相同，整合的目的却是一致，都是围绕着社会和谐问题所进行的探索。《说卦》所说的"立人之道曰仁与义"，显然是选择了儒家的整合方案，继承了儒家的社会和谐的思想。因此，《易传》的天、地、人三才之道包括了自然和谐与社会和谐两个方面。如果合起来说，"一阴一阳之谓道"这个命题所表述的就是天与人的整体和谐，自然与社会的整体和谐。《易传》的这种整体和谐的思想是以天人关系为主轴从两方面来展开的：一方面是通过人道来看天道，把天道看作一个客观外在而又与人的生存息息相关的自然运行的过程，其中贯穿着一条自然和谐规律；另一方面是参照天道来看人道，强调人应效法天地，根据对客观外在的自然和谐规律的准确理解，来谋划一种和谐自由舒畅的社会发展前景，使得社会领域的人际关系能够像天地万物那样调适畅达，各得其所。可以看出，这就是中国思想所普遍追求的那种由是而之焉的"道"，既有理智的了解，也有情感的满足，思想精髓与价值理想、自然主义与人文主义是紧密结合、融为一体的。

《易传》对卦辞"元亨利贞"的解释，也集中体现了这种天与人、自然与社会的整体和谐的思想。如果说"一阴一阳之谓道"这个命题是侧重于表述天人整体的内在的运行规律，那么"元亨利贞"则是侧重于表述天人整体外在的生生不已、变化日新的总体特征。《易传》在解释乾卦卦辞"元亨利贞"时指出：

> 大哉乾元，万物资始，乃统天。云行雨施，品物流行。大明终始，六位时成。时乘六龙以御天。乾道变化，各正性命。保合太和，乃利贞。首出庶物，万国咸宁。（《乾卦·彖传》）
>
> 元者善之长也，亨者嘉之会也，利者义之和也，贞者事之干

也。君子体仁足以长人，嘉会足以合礼，利物足以和义，贞固足以干事。君子行此四德者，故曰：乾，元、亨、利、贞。（《乾卦·文言》）

《易传》在解释坤卦卦辞"元亨利牝马之贞"时说：

至哉坤元，万物资生，乃顺承天。坤厚载物，德合无疆，含弘光大，品物咸亨。牝马地类，行地无疆，柔顺利贞。君子攸行。（《坤卦·彖传》）

仔细体会这几段解释，可以看出，其中也是贯穿了一条天人合一的思路，一方面是通过人道来看天道，另一方面又参照天道来看人道，既论述了自然的和谐，又论述了社会的和谐。就自然的和谐而言，元者万物之始，亨者万物之长，利者万物之遂，贞者万物之成。"元"相当于春时万物之发生，"亨"相当于夏时万物之长养，"利"相当于秋时万物之成熟，"贞"相当于冬时万物之收藏，因而元、亨、利、贞不仅表现了自然界万物生成的全过程，而且通过贞下起元的周而复始的运动，表现了自然界的蓬勃生机。支配这种运动过程的内部机制是阴与阳的协调配合及和谐统一。独阳不生，孤阴不长，阴阳必相互交合而始生。乾为纯阳，坤为纯阴，故乾元"万物资始"，坤元"万物资生"。万物生长有赖于阴阳之交合，故乾之亨为"品物流行"，坤之亨为"品物咸亨"。阴阳交合而达到如同老子所说的"冲气以为和"的境地，则万物成形，各得其性命之正，这就是"利贞"。如果万物长久保持自己的性命之正，使之调适畅达、融洽无偏，这就是"太和"了。"太和"是一种最高的和谐，是阴、阳两种相反相成势力的最完美的结合。照《易传》看来，这种自然的和谐既无神灵的主宰，也不需要人为的干预，它按照"元亨利贞"的自然程序运行，"鼓万物而

不与圣人同忧"。但是，由于人道必须效法天道，天道的自然和谐是人道的社会和谐的最高依据和效法的榜样，所以"元亨利贞"也给人们启示了四种行为的美德："元"给人启示仁，"亨"给人启示礼，"利"给人启示义，"贞"给人启示智。君子效法天道而行此四德，"足以长人"，"足以合礼"，"足以和义"，"足以干事"，这就可以进一步去参与天地的化育，谋求社会的和谐，做到"首出庶物，万国咸宁"了。

就"元亨利贞"所表述的自然和谐而言，是与道家的思想相通的，清代易学家惠栋在《易例》中曾对此作了很好的论证。《庄子·田子方》说："至阴肃肃，至阳赫赫。肃肃出乎天，赫赫发乎地，两者交通成和而物生焉。或为之纪，而莫见其形。"惠栋解释说：

> 至阴，坤也。至阳，乾也。肃肃出乎天，坤之乾也。赫赫发平地，乾通坤也。至阴、至阳，乾坤合于一元也。两者交通，亨也。成和而物生，利也。六爻得正，贞也。元亨利贞，既济定也。或为之纪，而莫见其形，易也。故曰：易无体。（惠栋《易例》）

惠栋在《易例》中还指出，"元亨利贞，乃二篇之纲领"。"元亨利贞，皆言既济。卦具四德者七，乾、坤、屯、随、临、无妄、革，皆言既济"。这就是说，既济卦的象数结构，最为完美地体现了"元亨利贞"的义理，表述了自然和谐的思想。既济卦☵坎上离下，是由乾坤两卦升降交合变化而成的。坤五降居乾二而成离，乾二升居坤五而成坎。坤之乾相当于庄子所说的"肃肃出乎天"，乾通坤则相当于庄子所说的"赫赫发乎地"。天地交通，乾坤合一，这就是元、亨。卦中六爻的配置，初与四、二与五、三与上，阴阳相应，协调配合，成和而物生，这就是利。阳居阳位，阴居阴位，六爻得正，这就是贞。《杂卦》说："既济，定也。""定"就是稳定，唯有和谐才能稳定。既济卦的象数结构之所以稳定，就是因为乾坤两卦按照元亨利贞的程序升降交合而形成了高度的和谐统一，所以惠栋认为，"元亨利贞，既济定也"。

但是，《易传》自然和谐的思想毕竟与道家大不相同。道家偏重于站在自然本身的角度来看自然，力求用一种冷静理智的态度对自然进行客观的观察，因而他们的思想多少带一点冷性，虽然把自然看作是一个和谐的统一体，但是，"天地不仁"，其本身并不蕴含任何与人的价值理想相关的伦理意义。《易传》与道家不同，它力求把自然主义与人文主义结合在一起，既要观乎天文，也要观乎人文，随时随地从自然的和谐中来探寻其所蕴含的伦理意义，谋划社会的和谐。《贲卦·象传》说："贲亨，柔来而文刚，故亨。分，刚上而文柔，故小利有攸往。刚柔交错，天文也。文明以止，人文也。观乎天文以察时变，观乎人文以化成天下。"《易传》的这个思想显然是用儒家的人文主义补充了道家的自然主义，反过来说也一样，用道家的自然主义补充了儒家的人文主义，是一种儒道互补的思想。

另一方面，《易传》的社会和谐思想虽然继承了儒家，但也不尽同于儒家。照《易传》看来，为了谋划社会的和谐，必须效法天道，顺应物理之固然，尊重客观规律性，而不能像儒家那样，"知其不可而为之"，片面地强调发挥主观能动性。因此，《易传》从不就人事而论人事，往往是推天道以明人事，力求把人的行为准则建立在对天道客观理解的基础之上。《易传》的这个思想实际上是把人文价值理想提高到深沉的宇宙意识层次，援引道家的自然主义对儒家的人文主义进行了一次理论上的升华。如果我们把《易传》的这个思想和儒家的典型代表人物孔子、孟子的思想作一番比较，是可以明显地感觉到这种深沉的宇宙意识的。比如：

> 天地交，泰。后以财成天地之道，辅相天地之宜，以左右民。
>
> （《泰卦·象传》）

豫，顺以动，故天地如之，而况建侯行师乎？天地以顺动，故日月不过，而四时不忒。圣人以顺动，则刑罚清而民服，豫之时义大矣哉。(《豫卦·彖传》)

天地养万物，圣人养贤以及万民，颐之时大矣哉。(《颐卦·彖传》)

天地感而万物化生，圣人感人心而天下和平。观其所感，而天地万物之情可见矣。(《咸卦·彖传》)

天地之道恒久而不已也。利有攸往，终则有始也。日月得天而能久照，四时变化而能久成，圣人久于其道而天下化成。观其所恒，而天地万物之情可见矣。(《恒卦·彖传》)

天地睽而其事同也，男女睽而其志通也，万物睽而其事类也，睽之时用大矣哉。(《睽卦·彖传》)

天地革而四时成，汤武革命，顺乎天而应乎人，革之时大矣哉。(《革卦·彖传》)

归妹，天地之大义也。天地不交而万物不兴。归妹，人之终始也。(《归妹卦·彖传》)

日中则昃，月盈则食，天地盈虚，与时消息，而况于人乎，况于鬼神乎？(《丰卦·彖传》)

天地节而四时成。节以制度，不伤财，不害民。(《节卦·彖传》)

我们曾经指出，先秦时期，中国思想经历了一个由合到分又由分到合的曲折过程。所谓由合到分，是说诸子蜂起，百家争鸣，学术由原始的统一走向分裂。《庄子·天下篇》对这个阶段的思想作了总的评价："判天地之美，析万物之理，察古人之全，寡能备于天地之美，称神明之容。是故内圣外王之道，暗而不明，郁而不发，天下之人各为其所欲焉以自为方。"这是一个不带学派成见的客观评价，对儒、道、墨各家都是适用的。虽然如此，各家都以天人整体之学作为共同的研究对象，都能窥见"古之道术"的某一个局部，因而他们的文化创造也都有值得肯定之处，只是由于各执一端，往而不返，缺乏一个全面的观点，这才造成学术的分裂。究竟怎样才能把各家的文化创造综合总结在一起，建立一个完整的体系，使之与"古之道术"全面相符呢？当先秦思想发展到由分到合的阶段，各家都对这个问题进行了紧张的探索。有站在道家的立场吸收了儒家、法家思想的，如黄老之学；有站在儒家的立场吸收了道家、法家思想的，如荀子；有站在法家的立场吸收了道家以及法、术、势三派思想的，如韩非；有站在墨家的立场而抛弃了天志的概念，转向自然科学研究的，如后期墨家；有站在杂家的立场兼收并蓄的，如《吕氏春秋》。至于《易传》的立场，则很难归结为哪一家，它所持的那种殊涂同归、一致百虑的包容原则，实际上是超越各家的，如果勉强说它有一个立场，可以认为，它是站在"古之道术"的立场、中国文化根本精神的立场对各家的文化创造进行综合总结的。按照《庄子·天下篇》所说，"古之道术"皆原于一。这个"一"就是道一之一、天人合一之一。《易传》不仅把儒、道两家的人文主义与自然主义的思想结合在一起，用"一阴一阳之谓道"这个命题概括了这个道一之一、天人合一之一，而且作为一部解经之作，接上了自伏羲以至《易经》的中国文化的古老源头，所以它的综合总结具有更大的普遍性，其中所蕴含的思想精髓与价值理想更能代表中国文化的根本精神。自从《易传》形成以后，人们一直是经、传不分，把《周易》看成是一部完整的著作，习惯于认为"伏羲氏始画卦，而天人之理尽在其中矣"，这种看法虽然与历史的真相不符，但却把《周易》置放在一个至高无上的超越的地位，既具有神圣的权威而又能为各家所接受，儒家认为它是儒家的经典，道家也认为它是道家的经典，甚至佛教学者也为《周易》作训解，从未进行排斥。这确实是一种十分奇特的文化现象，值得我们去反复地研究。

三 《周易》在中国文化中的特殊功能

——一个立足于和谐的操作系统

《易传》反复强调，《周易》的阴阳哲学不仅是对客观世界的一种纯粹理性的认识，而且与人们的决策管理活动紧密相连，具有强烈的实践功能。《系辞上》说：

> "夫《易》何为者也？夫《易》开物成务，冒天下之道，如斯而已者也。"是故圣人以通天下之志，以定天下之业，以断天下之疑。

所谓"开物"就是开达物理，"成务"就是成就事务。由于一阴一阳之道囊括了天地万物之理，所以认识掌握了这个易道，就能启发人们的智慧，开通人们的思想。把这个易道用于处理实际的事务，就能通权达变，决断疑惑，进行有效的决策，采取正确的行动，做成一番事业。《系辞》进一步阐述这个思想说：

> 夫《易》，圣人之所以极深而研几也。唯深也，故能通天下之志；唯几也，故能成天下之务；唯神也，故不疾而速，不行而至。

所谓"神"，即"阴阳不测之谓神"的意思，指阴阳变化神妙不测的客观规律。"几"即阴阳变化的苗头，吉凶祸福的先兆。《易传》认为，《周易》这部书，其根本之点在于"极深而研几"，教人深刻地掌握阴阳变化的客观规律，用来指导主体的行为，使之达到随机应变、应付自如的神化境界。由于"极深"，故能通天下之志。由于"研几"，故能成天下之务。当人们有所行动，有所作为，面对着复杂变幻的客观形势而举棋不定、犹豫不决之际，只要向《周易》请教，就能得到满意的回答。因而《周易》这部书把认识客观规律和人们对客观规律的利用结合起来，指导人们根据形势的变化采取正确的决策，实质上是一部"开物成务"、"极深研几"之书。由此可以看出，所谓易道，除了天人合一的思维模式与整体和谐的价值理想以外，还有着用于决策管理的实用性的操作层面。如果我们忽视这个层面，是无从窥见一个完整的易道的。

从发生学的角度来看，易道的实用性操作层面是直接利用了《易经》的象数和筮法发展而来的。《易经》本为卜筮之书，属于巫术文化范畴。卜筮巫术带有强烈的实用性、操作性。在人类文化发展的蒙昧阶段，人们为了实践上的需要，迫切关心自己的行动所带来的后果，于是把蓍草奉为神灵，企图通过一套操作程序，根据蓍草排列所显示的象数来预测吉凶，进行决策。因此，《易经》的象数和筮法实际上是一套巫术操作系统，其用在告人以休咎，而且着眼于实用性的功利目的，对休咎有着极为精确的计算。据高亨先生研究，《周易》一书，所用表示休咎之字凡七：曰利、曰吉、曰吝、曰厉、曰悔、曰咎、曰凶。利者，利益也；吉者，福祥也；吝者，艰难也；厉者，危险也；悔者，困厄也；咎者，灾患也；凶者，祸殃也。吉与利均表示其有好前途、好结果，属于"休"之范围，两字之含义不殊。吝、厉、悔、咎、凶均表示其有坏前途、坏结果，属于"咎"（广义）之范围，五字之含

义有差异。具体说来，咎（狭义）比悔为重，比凶为轻。悔乃较小之困厄，凶乃巨大之祸殃，咎则较轻之灾患。（见高亨《周易古经今注》中之《吉吝厉悔咎凶解》)《易传》作为一部解经之作，并没有否定卜筮，也没有否定象数和筮法，只是站在阴阳哲学的高度对它们进行了创造性的转化，因而巫术文化中那种实用性的操作系统和功利性的思想倾向，是完全继承下来了。

照《易传》看来，象数作为一种表现义理的形式，不仅"广大悉备"，"弥纶天地之道"，把天下所有的道理都包括进去，而且可以根据一套操作程序推演象数来预测未来的吉凶，作出类似于巫术文化的那种精确计算。就其前者而言是"彰往"，就其后者而言是"察来"。这种源于卜筮巫术的"彰往而察来"的功能，是为儒、道、墨、法各家所不具备而为《周易》所独有的。《周易》之所以是一部"开物成务"、"极深研几"之书，关键在于它有一套六十四卦、三百八十四爻的操作系统，可以"彰往而察来"，帮助人们进行有效的决策管理。因此，《易传》十分重视象数，对象数的这种功能极尽赞美。比如《系辞》说：

夫《易》彰往而察来，而微显阐幽。

是故蓍之德圆而神，卦之德方以知，六爻之义易以贡。圣人以此洗心，退藏于密，吉凶与民同患。神以知来，知以藏往，其孰能与于此哉！

极数知来之谓占，通变之谓事，阴阳不测之谓神。

是以君子将有为也，将有行也，问焉而以言。其受命也如响。无有远近幽深，遂知来物。非天下之至精，其孰能与于此。参伍以变，错综其数。通其变，遂成天地之文；极其数，遂定天下之象。非天下之至变，其孰能与于此。《易》无思也，无为也，寂然不动，感而遂通天下之故。非天下之至神，其孰能与于此。

这些夸张的辞句虽然表现了一种对象数的神秘崇拜之心理，但就其根本的思想倾向而言，却是贯穿了一种立足于阴阳哲学的易道精神，而不同于卜筮巫术。卜筮巫术把象数看成是体现了鬼神的意旨，《易传》则把象数解释为一套由阴阳规律所支配的符号系统，象征着天道人事的变化。这套符号系统是可以操作的，由蓍以生爻，由爻以成卦。通过"参伍以变"、"错综其数"的操作程序而形成的象数，穷尽了天下极为复杂的变化，所以称之为"天下之至变"。变中自有不变，变的是现象，不变的是规律。当阴阳规律凝结而为卦的象数结构，这就形成了卦所特有的性质与功能。"卦之德方以知"，卦有定体，止而有分，它的功能在于"知以藏往"，即把以往天道人事的变化规律藏于象数结构之中，使之定型化，给人以哲理性的启发。由于规律是变中之不变，作为一种反映事物本质联系的常道支配变化的全过程，所以"藏往"必然蕴含着"知来"。《易传》认为，"知来"是蓍所特有的功能。"蓍之德圆而神"，"神以知来"。圆者，唯变所适，运而不滞。神者，感而遂通，妙用不测。这种"神以知来"的功能，其实就是卜筮的预测功能。但是，《易传》所说的卜筮是一种哲学化了的卜筮，和《易经》的那种只是为了窥探鬼神意旨的卜筮巫术有很大的不同。它是基于理性的思考由已知推出未知，根据对以往阴阳规律的深刻理解来预测未来事态的发展趋向。《系辞》指出："知变化之道者，其知神之所为乎！"这就是说，如果不深知以往的变化之道，便无从预测未来，"知来"是以"藏往"为前提的。这种卜筮仍然由揲蓍开始。揲蓍的目的在于决疑。人们在实践中常常会碰到一些既不知其所以然又不明其所应然的疑难问题，为了解答这些疑难问题，通过揲蓍去向《周易》请教，《周易》就会以其凝结于象数结构之中的变化之道，由"藏往"以"知来"，告知人们应变之方。就其"藏往"而言，它是无思无为，寂然不动；就其"知来"而言，则是穷极精微，感而遂通。所以《周易》的象数不仅是"天下之至变"，而且是"天下之至精"，"天下之至神"。

由此可以看出，《周易》是中外思想史上的一种绝无仅有的特殊现象，它把源于卜筮巫术的象数形式和阴阳哲学的义理内容结合为一个矛盾的统一体。象数是义理的形式，义理是象数的内容，由于形式与内容不可分，所以在《周易》的体系中，象数与义理乃是相互依存不可割裂的。如果我们扫落象数而孤立地研究它的义理，就会抹杀易道的特征而使之混同于一般的哲学思想。反之，如果我们排斥义理而孤立地研究它的象数，就会取消其中所凝结的阴阳变化之道而把象数变为抽象空洞的形式。事实上，《易传》在论述象数时，总是联系到义理；在阐发义理时，总是借助于象数。尽管《易传》处理象数与义理的关系常常左支右绌，顾此失彼，有时把象数置于首位，表现了一种象数派的倾向，有时又把义理置于首位，表现了一种义理派的倾向。但是，就其根本的指导思想而言，却是始终把象数与义理看成是一个矛盾的统一体，着眼于二者的结合的。《系辞》指出：

> 是故形而上者谓之道，形而下者谓之器，化而裁之谓之变，推而行之谓之通，举而错之天下之民谓之事业。是故夫象，圣人有以见天下之赜，而拟诸其形容，象其物宜，是故谓之象。圣人有以见天下之动，而观其会通，以行其典礼，系辞焉以断其吉凶，是故谓之爻。极天下之赜者存乎卦，鼓天下之动者存乎辞，化而裁之存乎变，推而行之存乎通，神而明之存乎其人，默而成之，不言而信，存乎德行。

这是《易传》关于象数与义理关系的经典性表述。一阴一阳之道的义理内容无形可见，是为形而上；象数形式有形有器，是为形而下。道器不离，结为一体，如同现代的电脑一样，既有硬件，也有软件。硬件与软件的结合，这就是一个可以操作的系统了。所谓"化而裁之"，"推而行之"，"举而错之天下之民"，都是指利用这个道器不离的系统进行具体的操作。在中国文化思想中，儒、墨、道、法各家的哲学缺乏一个如同《周易》这样的表现其义理内容的象数形式，只有软件而无硬件，不便于进行具体的操作。从这个角度来看，《周易》的那一套由有形有器的象数所组织的硬件系统值得我们认真地研究，这是《周易》的体系之所以能囊括天、地、人三才之道，并作为一种认识的模型，用于"彰往而察来"的具体操作的关键所在。

象指的是八卦的卦象，数指的是爻的奇偶。揲蓍生爻，就有了七、八、九、六奇偶之数。爻排列组合而成卦，就有了八卦与六十四卦的确定卦象。《易传》对这种源于卜筮巫术的象数进行哲学的改造，使之成为表现天道人事变化的工具，大致说来，可分为宏观、中观、微观三个层次。所谓宏观层次，是说利用奇偶之数和八卦卦象来建构一个"范围天地之化而不过"的宇宙图式；所谓中观层次，是说利用六十四卦的卦爻结构来象征事物发展过程中的某一个特定阶段；所谓微观层次，是说以爻变来表示受具体处境所支配的人们的行为选择。这三个层次，由宏观、中观以至于微观，一环套一环，整体统率部分，部分从属于整体，构成了一个无所不包而又层次分明、条理清楚的网络系统。下面我们就此分别作一点粗略的考察。

关于宏观层次，《易传》首先是利用"大衍之数"来建构宇宙图式。《易传》认为，古代筮法演卦所用的五十五根蓍草代表了天地之数。一、三、五、七、九，这五个奇数为天数，加起来等于二十有五；二、四、六、八、十，这五个偶数为地数，加起来等于三十。天数和地数相加等于五十有五，它们的错综变化是一切事物变化的根本原因。《系辞》指出：

> 天数五，地数五，五位相得而各有合。天数二十有五，地数三十。凡天地之数五十有五。此所以成变化而行鬼神也。

后来人们发挥《易传》的这个思想，把天地之数排列成为河图、洛书两个宇宙图式。河图的排列是"一六居下，二七居上，三八居左，四九居右，五十居中。"以图示之：

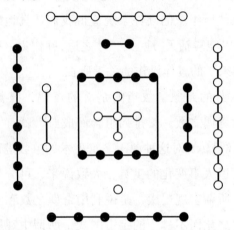

洛书的排列是"戴九履一，左三右七，二四为肩，六八为足，五居中央。"以图示之：

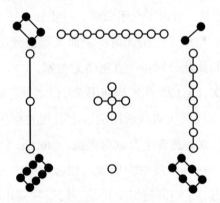

朱熹在《易学启蒙》中解释说："图、书之位与数，所以不同者何也？河图以五生数统五成数，而同处其方，盖揭其全以示人而道其常，数之体也。洛书以五奇数统四偶数，而各居其所，盖主于阳以统阴而肇其变，数之用也。"所谓"河图以五生数统五成数"，是说自五以前，为方生之数；自五以后，为既成之数，阴生则阳成，阳生则阴成，天以一生则地以六成之，地以二生则天以七成之，天以三生则地以八成之，地以四生则天以九成之，天以五生则地以十成之。阴阳二气，相为终始，未尝相离。数至十而始全，缺一则不全，故河图为数之体。所谓"洛书以五奇数四偶数，而各居其所"，是说四正之位，奇数居之，四维之位，偶数居之，阴统于阳，地统于天，天地同流，而定分不易。由于天地万物的变化主于阳以统阴，由奇数以肇其变，所以洛书为了表示此数之用，其排列始于一而终于九，参伍错综，迭为消长，纵横皆为十五，无适而不遇其合。

其次，《易传》利用八卦的卦象来建构宇宙图式。《说卦》指出：

天地定位，山泽通气，雷风相薄，水火不相射，八卦相错。数往者顺，知来者逆，是故《易》逆数也。

后来人们发挥《易传》的这个思想，排列成为伏羲八卦图，也叫先天八卦图。以图示之：

《说卦》还指出：

万物出乎震，震，东方也。齐乎巽，巽东南也。齐也者言万物之絜齐也。离也者明也，万物皆相见，南方之卦也。圣人南面而听天下，向明而治，盖取诸此也。坤也者地也，万物皆致养焉。……兑，正秋也，万物之所说也。……乾，西北之卦也，言阴阳相薄也。坎者，水也，正北方之卦也，劳卦也，万物之所归也。……艮，东北之卦也，万物之所成终而所成始也。

后来人们发挥《易传》的这个思想，排列成为文王八卦图，也叫后天八卦图。以图示之：

中观层次与宏观层次不同。如果说宏观层次利用象数所建构的宇宙图式，是象征阴、阳两大势力流转变化的全过程所形成的天人整体的和谐，那么中观层次则是利用一卦六爻所结成的网络关系来象征这个动态过程所达到的某一个特定阶段。六十四卦代表六十四个特定的阶段。由于阴、阳两大势力在每一个特定的阶段中有不同的排列组合，有时统一的一面占了上风，刚柔相济，阴阳协调，呈现为一种和谐的状态，有时却是斗争的一面占了上风。或者阳刚过头，或者阴柔太甚，使得和谐的状态受到破坏而转化为冲突和危机。因此，虽然天人整体是一个和谐的全过程，但是就某一个特定的阶段而言，却是或顺或逆，或吉或凶，有时君子道长、小人道消，有时小人道长、君子道消。《易传》把这种特定的阶段称之为"时"或"时义"。"时义"也就是卦义，这是一卦的主旨。六十四卦，每卦都有一个主旨，因而每卦都代表一个特定的"时"。"时"是中观层次中的一个极为重要的概念，历代的易学家都十分重视"时"的研究。比如王弼说："夫卦者，时也。"王通说："卦也者，著天下之时也。"程颐说："看《易》且要知时。"吴澄说："时之为时，莫备于《易》。程子谓之随时变易以从道。夫子传六十四象，独于十二卦发其凡，而赞其时与时义、时用之大。一卦一时，则六十四时不同也。"薛瑄说："六十四卦，只是一奇一偶，但因所遇之时、所居之位不同，故有无穷之事变。"蔡清说："有随时而顺之者，有随时而制之者。易道只是时，时则有此二义。"（均见李光地《周易折中》卷首纲领二、三）

六十四卦的卦爻结构在《易经》中即已定型，但是《易经》却没有根据这种卦爻结构提炼出"时"的概念。这是因为，《易经》属于巫术文化范畴，尽管卦爻结构在巫术文化中有着预测吉凶休咎的功能，但是它所预测的对象并不是客观事物的变化，而是鬼神的意旨，人们用不着对卦爻结构进行理性的分析。"时"的概念是《易传》把卦爻结构改造为表现阴阳哲学的工具而后形成的。照《易传》看来，卦以六爻为成，爻分奇偶，位有阴阳，由初爻以至上爻，从它们相互之间的承、乘、比、应的关系可以看出阴、阳两大势力的不同的配置情况。这种配置情况是由客观形势的推移变化所结成的关系网，它总揽全局，对六爻起支配作用，是不以六爻的意志为转移而必须生活于其中的具体处境，从而构成六爻所遭逢的一种时运或时机，简称为时。由于阴、阳两大势力的配置情况错综复杂，千变万化，有的配置得当，有的配置不当，有的形成了优化组合，有的发生了矛盾对抗，因而六十四卦之时显示了某一个特定阶段事物的存在状态，是一种认知的模型，人们可以通过对卦爻结构进行理性的分析来预测事物的发展前途。

关于六十四卦之时，历代易学家作了各种各样的分类。孔颖达在《周易正义·豫卦》中从冲突与和谐相互转化的角度分为四类，他说：

"然时运虽多，大体不出四种者，一者治时，颐养之世是也；二者乱时，大过之世是也；三者离散之时，解缓之世是也；四者改易之时，革变之世是也。"李觏在《易论》中从时有小大的角度将其分为两类，他说："是故时有小大。有以一世为一时者，此其大也；有以一事为一时者，此其小也。以一世为一时者，否、泰之类是也，天下之人共得之也；以一事为一时者，讼、师之类是也，当事之人独得之也。"李光地在《周易折中》则根据时之所指分为四类，他说："消息盈虚之谓时，泰、否、剥、复之类是也。又有指事言者，讼、师、噬嗑、颐之类是也。又有以理言者，履、谦、咸、恒之类是也。又有以象言者，井、鼎之类是也。四者皆谓之时。"

通过"时"这个概念，人们对阴阳变化的认识更为深化了，对事物的存在状态及其发展趋向的把握更为具体了。其实，"时"这个概念既不是《易经》的卦爻结构所本有，也不是《易传》的独创发明。先秦时期，儒、道、墨、法各家都对"时"的问题作了大量的研究，普遍地不把"时"当作一个单纯的时间概念，而与天道人事的具体存在状态及其发展趋向联系起来，使之上升为一个重要的哲学范畴。《易传》只是总结吸收了各家研究的成果，把"时"的义理内涵纳入卦爻结构的象数形式之中，而显示了自己的特色。所谓"卦之德方以知"，"知以藏往"，卦之所以具有这种认知功能，关键在于其中蕴含着"时"的哲学义理。《易传》的这种"卦以存时"、象数与义理相结合的做法，开创了一个伟大的易学传统，不仅以严整有序的符号系统为人们提供了六十四种关于"时"的认知模型，帮助人们把"时"的概念广泛地扩展应用到中国文化的各个领域，而且揭示了爻变引起卦变的原理，启发人们立足于和谐的价值理想对客观形势进行调整与控制，或随时而顺之，或随时而制之，把认识转化为行动以"开物成务"。这就由中观层次进入到微观层次来了。

微观层次着眼于爻的研究。爻由蓍生。"蓍之德圆而神"，"神以知来"。人们怀着强烈的忧患意识，带着实践中所碰到的疑难问题，揲蓍生爻，去向《周易》请教，目的是为了对形势的发展作出预测，以决定自己的行为选择，实际上是一种决策活动。因此，爻的功能与卦的功能不相同。王弼在《周易略例》中指出："夫卦者,时也。爻者,适时之变者也。"所谓"适时之变"，包括适时与应变两个方面，适时是对总的形势以及自身的具体处境有一个清醒的认识和恰当的估计；应变是发挥主观能动性，采取正确的行动，推动形势朝着有利的方向转化。从这个角度来看,爻所代表的是行为的主体。尽管爻服从于卦，行为主体受"时"的支配，为客观形势与具体处境所制约，但却具有一定的自由度，可以根据自己的价值理想来选择自己的行为。

《系辞》说："爻也者，效天下之动者也，是故吉凶生而悔吝著也。""吉凶悔吝者，生乎动者也。""吉凶者，言乎其失得也；悔吝者，言乎其小疵也；无咎者，善补过也。"人们的行为有得有失，得为吉，失为凶。由于行为是一个动态的过程，所以吉凶也在不断地转化。如果行为不当，犯了错误，导致凶的后果，那么由此而生悔，就有可能把凶转化为吉。反之，在行为得当而暂时获吉的情况下，如果骄傲自满，得意忘形，就会由此而生吝，使吉转化为凶。人们不能保证自己的行为一贯正确，只能要求自己少犯错误，犯了错误能及时改正，所以说"无咎者，善补过也"。为了善于补过，使自己的行为既能适时又能应变，人们应该对仿效天下之动的爻变进行仔细的研究。

所谓"六爻之义易以贡"，"易"是变易，"贡"是告知，一卦六爻的意义在于通过变化来告知人们以吉凶。究竟何者为吉,何者为凶，不能根据某种抽象的价值标准来判断，而应联系爻位的变化来确定。《系辞》指出：

> 《易》之为书也，原始要终，以为质也。六爻相杂，唯其时物也。其初难知，其上易知，本末也。初辞拟之，卒成之终。若

夫杂物撰德，辨是与非，则非其中爻不备。噫亦要存亡吉凶，则居可知矣。知者观其彖辞，则思过半矣。二与四同功而异位，其善不同，二多誉，四多惧，近也。柔之为道不利远者。其要无咎，其用柔中也。三与五同功而异位，三多凶，五多功，贵贱之等也。其柔危，其刚胜邪？

这是说，客观事物都有一个由始至终的发展过程，每一卦的六爻就象征着这个过程。初爻是始，上爻是终，中间四爻是事物发展的中间阶段。在事物的发展中，开始难以预料后来的结果，有了结果，才容易了解事物的全局，决定事物的存亡吉凶在于中间阶段。所以每一卦的六爻，初爻拟议其始，上爻决定其终，中间四爻详尽辨别其是非，而卦辞是总论一卦的吉凶的。中间四爻，第二爻和第四爻为偶数，是为阴位。但二四远近不同，二多誉，四多惧。因为第二爻以柔顺居下卦之中位，具有正中的美德；第四爻则接近君位，必有所戒惧；第三爻和第五爻为奇数，是为阳位。二者贵贱不同，第三爻居下卦之偏位，第五爻居上卦之中位，故三多凶，五多功。但因三五皆阳位，故柔爻居之则危，刚爻居之则胜。

这是就爻位变化的一般情况而言的，如果联系到六十四卦之时来看爻位的变化，就有了三百八十四种互不相同的具体情况。因此，《易传》"以爻为人"，利用爻在卦中所处之地位及其变化建构了三百八十四种行为的模型，这些模型涉及到社会生活的各个方面，包括了各种可能出现的具体情况，人们在安居无事时去研究它们，可以提高自己的认知水平，增强自己的决策能力；在有所行动时去体会玩味，则可以从中找到应变之方，帮助自己去趋吉避凶。《系辞》指出："是故君子居则观其象而玩其辞，动则观其变而玩其占。"这就是说，对人们的行为实践进行具体指导的功能，是由六十四卦中之三百八十四爻的爻位变化来承担的。

后世的易学家对《易传》所建构的这三个层次作了大量的发挥。有的侧重于天象，吸收融会了自然科学研究的新成果，把它们充实到宏观层次的宇宙图式之中，使之更加丰满完备。有的侧重于人事，依据中观层次与微观层次的结构原理来观察当时的社会政治形势，用于拨乱反正、经世济民。由此可见，《易传》的这种经过了哲学改造的象数形式，作为一种立足于和谐的操作系统，在中国文化中是产生了十分深远影响的。

四 《周易》与中国政治文化

（一）《易》为拨乱反正之书

《易传》根据以阴阳哲学为核心的易道来观察、解释政治领域的问题，形成了一种追求社会整体和谐的政治思想。这种政治思想受到历代许多著名哲学家和政治家的重视，用于拨乱反正，克服由君主专制体制所造成的危机，变无序为有序，化冲突为和谐，对中国二千多年的政治文化产生了深远的影响。

就实际的政治体制而言，中国自秦以后一直是奉行君主专制的中央集权制。这种体制是根据法家的一套专制主义的理论建立起来的。法家对社会整体的看法与《易传》不同，不是立足于和谐，而是立足于冲突。他们把君臣、君民之间的关系看成是利害相反、矛盾对立、"上下一日百战"（《韩非子·扬权》）、相互进行不可调和的斗争的。为了使社会不在斗争中陷入解体，他们主张加强君主专制，强化中央集权，反对臣民凭借文化道德因素参与政治，运用严刑峻法的手段来建立一种独裁统治的秩序。比如商鞅就把社会中的文化道德因素称为"六虱"，韩非则归结为"五蠹"，认为它们危害君权，必须彻底铲除。法家的这种思想把君权置于至高无上的地位，适应了专制政治的需要，因而在中国的政治文化中，专制主义一直是居于主流地位。

但是，在实际的操作过程中，专制政治有着内在的不可克服的矛盾，总要不断地出现各种偏差。偏差之一表现在处理君民关系上。专制政治强调君主享有绝对的权力，殊不知这种绝对权力实际上是不存在的。如果君主因迷信权力的绝对性而胡作非为，不顾人民的死活，推行反人民的暴政，这就会激起人民的反抗，从而反过来否定专制政治本身；偏差之二表现在处理君臣关系上。专制政治强调君为臣纲，君主享有对臣下的绝对支配权力，臣下必须服从君主，殊不知君主在各个具体的领域都必须依赖于臣下。如果君主不懂这种依赖关系而独断专行，拒谏饰非，或偏听偏信，重用宠佞，势必上下堵塞，大权旁落，从而也否定了专制政治本身。

究竟怎样纠正偏差，克服专制政治所造成的危机呢？从指导思想上来看，唯一的途径就是像《易传》那样，把君臣、君民之间的关系看成是刚柔相济、阴阳配合的统一体，强调君权的相对性而否定其绝对性，运用社会长期积淀而成的文化道德因素对君权进行某种程度的限制。因此，历代有识之士为了治理乱世，使之恢复正常安定，往往抱着强烈的忧患意识，从《易传》中寻找拨乱反正的理论根据。这就在中国的政治文化中形成了一种以《易传》的和谐思想为主导的传统。尽管这种思想并未否定君权，也没有达到近代民主主义的水平，但在中国历史上却是一股站在文化道德的立场与专制主义思想相抗衡的强大力量。

《易传》的这种立足于和谐的政治思想与儒家所主张的德治仁政、道家所主张的自然无为息息相通，实际上是从阴阳哲学的角度综合总结了儒、道两家思想的产物。儒家的德治仁政思想强调政治应该服从道德的制约，认为社会是由体现了血缘亲情的道德因素凝聚而成的和谐的共同体，主张在君臣上下之间提倡礼让精神，奉行相对性的

伦理，而极力反对"上下一日百战"的斗争意识。孔子曾说："能以礼让为国乎？何有？不能以礼让为国，如礼何？"（《论语·里仁》）道家把人类社会看成宇宙整体的一个组成部分，其存在的状态是自满自足、完美和谐，不需要国家权力的外来干预，因而最理想的政治是一种顺应社会的自然本性的无为之治。《老子》五十七章说："我无为而民自化，我好静而民自正，我无事而民自富，我无欲而民自朴。"道家反复强调"贵以贱为本，高以下为基"，不是人民依赖君主，而是君主依赖人民，君主应"以百姓心为心"，不可滥用权力，自取灭亡。儒、道两家虽然在具体的政治主张上互不相同，但在对社会整体的基本看法以及如何处理政治与文化道德的关系上却存在着很多的共通之点，与法家的专制主义思想形成鲜明的对照。

《易传》的作者适应于战国末年学术大融合的趋势，根据"天下同归而殊涂（途），一致而百虑"的原则，对儒、道两家的思想进行了综合总结，由此而形成的追求社会整体和谐的思想也就具有更大的普遍性，既有儒家浓郁的人文情怀，也有道家深沉的宇宙意识，总的精神是站在文化道德的立场反对暴政，使政治权力能够符合植根于广大民众之中的深厚的价值理想。由于《易传》的思想本来与儒、道相通，所以在后来的发展中，能为儒、道两家学者所普遍接受，儒家学者在解释《易传》时"阐明儒理"，着重发挥德治仁政的思想；道家学者则"说以老庄"，着重发挥自然无为的主张。从这个角度来看，研究中国的政治文化，发掘其中所蕴含的民主性精华，应该以《易传》的思想作为重要的突破口。

《易传》把自然和社会看作一个整体，适用于自然界的原则同样也适用于人类社会，其根本主旨在于推天道以明人事。也就是说，根据对支配着自然界的那种和谐规律的认识和理解，来谋划一种和谐的、自由的、舒畅的社会发展前景，使得社会领域的君臣、父子、夫妇的人际关系能够像天地万物那样调适畅达，各得其所。照《易传》

看来，"一阴一阳之谓道"，是适用于自然界和人类社会的一条总的原则。阳的性质为刚，阴的性质为柔。阳代表天象与人事中起着创始、施予、主动和领导作用的势力。阴代表起着完成、接受、被动和服从作用的势力。就天象而言，天是最大的阳，地是最大的阴。就人事而言，君臣、父子、夫妇也相应地区分为阴阳，阴是"地道也，妻道也，臣道也"（《坤卦·文言》），阳则与此相反，应该是天道、夫道、君道。阴阳有尊卑地位之不同，阳为尊，阴为卑。但是，阴与阳的关系是相互依存、不可分割的，缺少一方，另一方也不能存在，因而必须互相追求，阴求阳，阳求阴。如果这种追求得以顺利实现，则称之为通，反之，则为不通。"通"是由刚柔相济、阴阳协调所形成的一种畅达的局面，"不通"是阴阳刚柔形成对立而不配合交往。只有"通"才能促进万物化生和社会发展；"不通"则形成否结，阻碍化生和发展的过程。因此，就阴阳这两大势力的本性而言，既有统一的一面，也有斗争的一面。如果阳尊阴卑，协同配合，统一的一面占了上风，就会有一种和谐的秩序。反之，如果斗争的一面占了上风，阴阳互相伤害，这就破坏了和谐，造成秩序的混乱。

由于现实处境在阴阳不测规律的支配之下，有时和谐，有时冲突，和谐之时少，冲突之时多，而且即令暂时呈现和谐状态，也常常因决策的失误、行为的不当，很快转化为冲突。所以《易传》强调指出，《周易》是圣人怀着忧患意识写成的一部拨乱反正之书。《系辞》说：

> 《易》之兴也，其于中古乎？作《易》者，其有忧患乎？
>
> 《易》之兴也，其当殷之末世，周之盛德邪？当文王与纣之事邪？是故其辞危。危者使平，易者使倾。其道甚大，百物不废。惧以终始，其要无咎。此之谓《易》之道也。

《易传》的这种忧患意识集中反映了处于暴政统治之下的人们对和谐

秩序的向往，以社会的整体利益为重，忧国忧民，力求克服事实与价值、现实与理想的背离，谆谆告诫统治者在决策活动中应该自始至终保持危惧警惕之心。因为只有知所危惧，才能减少失误，不犯错误，在冲突之时可以促使向和谐转化，在和谐之时可以安而不忘危，存而不忘亡，治而不忘乱。如果不懂这个道理，在决策活动中不从忧患意识出发而任意妄为，掉以轻心，则身不安而国不保，必然导致倾覆。

《易传》用形象化的说法把拨乱反正、安邦定国的决策活动比喻为"经纶"。"经纶"的本义是指治理乱丝，理出头绪，使之由紊乱无序的状态变为井井有条的有序状态。《易传》认为，治理国家大事也和这种治理乱丝的活动类似。《屯卦·象传》："云雷，屯。君子以经纶。"屯卦的卦象☵坎上震下，坎为云，震为雷，云在雷之上，将雨而未雨，表示刚柔始交，阴阳尚未和洽，象征屯难之世。就天象而言，这是天地造始之时，雷雨之动充盈于宇间，冥昧混沌，万物萌动，艰难丛生，整个世界呈现出一片紊乱的无序状态。就人事而言，情形也同样如此。君子观此卦象，推天道以明人事，应该发扬刚健有为的精神，像治理乱丝那样，拨乱反正，来建立一种正常的安定的社会秩序。

究竟怎样在屯难之世来拨乱反正，建立秩序呢？《易传》认为，关键在于作为最高决策者的君主能够"以贵下贱"，居贞守正，争取民心，促使社会人际关系中的阴、阳两种对立势力的双向追求得以顺利实现。王弼在《周易略例·卦略》中根据《易传》的这个思想解释屯卦说：

> 此一卦，皆阴爻求阳也。屯难之世，弱者不能自济，必依于强，民思其主之时也。故阴爻皆先求阳，不召自往；马虽班如，而犹不废，不得其主，无所冯也。初体阳爻，处首居下，应民所求，合其所望，故大得民也。

从卦体来看，屯卦都是阴爻主动追求阳爻，不招自往，有如马在排班前进。这就象征在屯难之世，阴求于阳，弱求于强，人民迫切需要一个君主来领导他们，保护他们，如果不得其主，则失去荫庇，无所凭依。初九为阳爻，在此屯难之世的开始，安静守正，盘桓不进，而且以尊贵的身份甘居于众阴之下，具有谦和的品德，应民所求，合其所望。因此，一方面是阴求阳，另一方面是阳大得民心，受到众阴的衷心拥戴，这两个方面的结合就使得社会秩序得以建立，虽然总的形势并不安宁，其发展的前景却是大为亨通的。

《易传》所设想的社会政治秩序是一种有君臣上下尊卑贵贱之分的等级秩序，但是这种等级秩序不是像法家所设想的那样，建立在强制性的统治与服从的基础之上，而是由阴、阳两大对立势力各按其本性互相追求、彼此感应自愿组合而成的。照《易传》看来，一个社会政治的整体，不能有阴而无阳，也不能有阳而无阴。如果阳得不到阴的辅助，完全孤立，就会一事无成；如果阴得不到阳的领导，散漫而无统率，也难以形成为群体。只有这种互相的追求取得成功，彼此的需要得到满足，社会政治生活才能产生功能性的协调，得以正常地运转。既然如此，阴、阳双方也必须互相适应，阴顺阳，阳顺阴，尽量克制自身某种过分的欲望，以满足社会一体化的要求。因此，一个和谐稳定的社会，其内部结构一方面具有刚尊柔卑的等级秩序；另一方面又是协调配合、相辅相成，双方紧密联系，团结一致，谁也不感到孤独，阳刚有所动作，必然得到阴柔的支持与拥护，动而无违。这种社会的结构与功能都是健全的，能够使人们心情舒畅，感到悦乐。

《易传》根据这个思想设计了许多理想的模型。豫卦就是一个典型的例子。豫卦☷☳震上坤下，震为动，坤为顺。《象传》解释说：

　　豫，刚应而志行，顺以动，豫。豫，顺以动，故天地如之，而况建侯行师乎？天地以顺动，故日月不过，而四时不忒。圣人

以顺动，则刑罚清而民服，豫之时义大矣哉！

豫卦刚上而柔下，五柔应一刚，是刚柔相应之象。既然刚为柔应，对立着的两个方面协调一致，则刚之行动必然得到柔的顺从和拥护，做任何事情都能如意，动作顺应自然，上下都悦乐。悦乐的根本条件就是"以顺动"，刚能顺柔，柔能顺刚，刚柔的动作在各自所应处的地位上协同配合。天地以顺动，所以日月运行、四时变化不发生错乱。圣人以顺动，所以刑罚清明，人民悦服。

这种刚柔相应、协同配合的状态也叫作"太和"。太和就是最高的和谐。这也就是《易传》的政治思想所追求的最高目标。《乾卦·象传》指出：

乾道变化，各正性命。保合太和，乃利贞。首出庶物，万国咸宁。

乾道即天道，天道是刚健中正的。由于乾道的变化，万物各得其性命之正，刚柔协调一致，相互配合，保持了最高的和谐，所以万物生成，天下太平。程颐解释说："天地之道，常久而不已者，保合太和也。"（《伊川易传》卷一）意思是，保持这种最高的和谐，是事物终始循环、恒久不已的必要条件。

《易传》清醒地看到，这种太和境界只是一种有待争取的目标，并非既成的事实。由于阴阳刚柔两大势力除了统一的一面，还存在着斗争的一面，在二者不断推移运动的过程中，常常出现否塞不通、阳刚过头、阴柔太甚等等复杂的情况，甚至彼此伤害，不可调和，迫使安定转化为动乱，和谐转化为冲突。就既成的事实而言，人们每日每时所体验到的大多是这种违反心愿的动乱冲突，而不是那种符合理想的太和境界。《易传》的忧患意识，就是由这种事实与价值、现实与理想的严重背离激发而成的。为了克服这种背离，《易传》必须一方面把太和境界树立为奋力追求的理想，根据理想来观察现实，评价现实；另一方面必须对现实处境进行清醒的理性分析，找出动乱冲突的根源，否则，就根本无法采取正确的决策，拨乱反正，使现实符合于理想。

大致说来，《易传》通过对现实处境的分析，把动乱冲突区分为四种不同的类型。一种情况是由阳刚势力高踞于尊位而不与阴柔配合交往所造成的否结不通。否卦就是一个典型的例子。否卦☰乾上坤下，内卦为阴，外卦为阳。就尊卑贵贱的等级秩序而言，天在上，地在下，君尊而臣卑，法家的一套专制主义的理论所追求的正是这样一种君权至高无上的政治局面。但是《易传》认为，这是一种很坏的情况，象征着"天地不交而万物不通"、"上下不交而天下无邦"。因为否卦的卦象不符合交往的原则，破坏了阴阳刚柔相互依存的关系。就天象而言，如果天气上腾而不下施，则万物不通；就人事而言，如果君主高踞尊位而不体察下情，则上下堵塞，信息交流的渠道受阻，势必小人道长、君子道消，造成国家政权全面颠覆的灾难性后果。为了拨乱反正，应该像泰卦那样，反其道而行之，以贵下贱，以尊处卑，促使上下交往得以顺利进行。泰卦☷坤上乾下，与否卦相反，也与尊卑贵贱的等级秩序相反。天本在上而居于地之下，君为尊位而甘处于臣之下。《易传》认为，这种卦象象征着"天地交而万物通"，"上下交而其志同"，既是宇宙秩序的本然，也是安邦定国的有效手段。

第二种情况是由阳刚发展得过头而造成了危机。大过卦就是一个典型的例子。大过卦☱兑上巽下，四个刚爻均集中在中间，迫使两个柔爻退居本末之地，阳刚过头而失去阴柔的辅助，象征"栋挠之世"，即屋正中之横梁不足以支持其屋盖而挠曲，大厦将倾。《大过·九三象传》说："栋挠之凶，不可以有辅也。"在此种情况下，必须以非凡的胆略克制阳刚，扶植阴柔，才能拯弱兴衰，挽救危机。

第三种情况是由阴柔过甚而破坏了社会整体生活中的阴阳平衡。

困卦是一个典型的例子。困卦☱兑上坎下，坎为水，兑为泽，水在泽之下，说明泽中之水已经枯竭，是困穷之象。卦的六爻，九二被初六、六三所围困，九四、九五又被六三、上六所围困。刚爻不能得到柔爻的支持反而被柔爻所围困，与大过卦之阳刚过头相反，这是由于阴柔太甚而陷入困境，穷而不能自振。但是，穷则思变，困则谋通，困境并不可怕，转困为亨的可能性是存在的。《困卦·象传》指出："困而不失其所，亨，其唯君子乎？贞大人吉，以刚中也。"这是说，九二、九五在处于阴柔围困的情况下，以阳刚中和的美德抑制阴柔，有可能摆脱困境，使阴、阳两大势力复归于平衡。

第四种情况最为严重，阴、阳两大势力的矛盾激化，发生了不可调和的斗争。革卦是一个典型的例子。革卦☲兑上离下，离为火，兑为水，离为中女，兑为少女。《革卦·象传》解释说："水火相息，二女同居，其志不相得曰革。……革而当，其悔乃亡。天地革而四时成，汤武革命，顺乎天而应乎人。革之时大矣哉！"从革卦的卦象看，水居于火之上而企图使火熄灭，火居于水之下而企图把水烧干，此外，二女同居，也如同水火一样不能相容。《易传》认为，在此种情况下，必须进行彻底变革，才能把关系理顺。如果变革得当，"其悔乃亡"。自然界有变革，社会也有变革，变革是事物发展的普遍规律。

至于变革的目的，《易传》认为，并不是为了使一方消灭另一方，或者建立一种像法家所主张的那种强制性的统治与服从的关系，而是要达到一种刚柔在各自所应处的地位上协同配合的局面。《易传》的这个思想在节卦中表现得最为明显。节卦☵坎上兑下，坎为刚，兑为柔，刚上而柔下。卦的六爻，三刚三柔平分均衡，而且九五、九二两刚爻又分居上下卦之中位。《易传》称之为"刚柔分而刚得中"，象征着一种合理的制度，因为刚居于领导的地位，遵循正中之道的准则，柔服从刚的领导，诚心配合，这就无往而不亨通了。所谓"节"，既是一种制度，也是一种度量的标准，总的目的是使社会上的各种人际关系趋于和谐。如果过分强调刚柔之分，以致为节过苦，这是人们所不能忍受的。相反，如果着眼于和谐，则人们就会自觉地接受制度的约束，做到"安节"、"甘节"，既能安于各自所应处的地位，又能普遍地感到心情舒畅。

由此可以看出，《易传》的这种追求社会整体和谐的政治思想，一方面是以阴阳哲学作为坚实的理论基础，同时对现实生活中的动乱冲突也有清醒理性的认识，体现了现实主义与理想主义的完美结合。它不像宗教那样空悬在一个虚无缥缈的太和境界使人们顶礼膜拜，欢喜赞叹；也不像毫无理想追求的乡愿，面对着不合理的现象，同流合污，退让妥协。在它的和谐思想中，始终是贯穿着一种经纶天下、建功立业的实践精神，力求克服现实与理想的背离，用理想来纠正现实，使现实符合于理想。由于它对冲突与和谐、动乱与稳定的转化规律作了系统的研究，蕴含着十分丰富的决策思想和管理思想，所以历代的有识之士都把它看作是一部拨乱反正之书，从中汲取"涉世妙用"的政治智慧，对专制政治所造成的各种偏差进行批判和调整。

（二）论政治得失和治民之道

先秦时期，由于各家考虑问题的角度不同，有着不同的价值观念和政治理想，因而关于政治得失和治民之道的问题也相应地产生了不同的看法。这些不同的看法可以大体上归纳为两种基本的倾向：一种倾向以法家的专制主义思想为代表；另一种倾向以儒家的德治仁政和道家的自然无为思想为代表。

法家是从维护君主专制的角度来考虑问题的，他们的政治理想是建立一种把权力完全集中于君主一人之手的独裁体制，即所谓"事在四方，要在中央，圣人执要，四方来效"（《韩非子·扬权》）。这是一种高度集权的体制，君主位于权力结构的顶端，与群臣以及广大的民

众形成了尖锐的对立。为了维护这种体制，巩固君权，法家主张以法、术、势来对付臣下，以严刑峻法来对付民众，把臣民置于君主绝对控制的服从地位。因此，法家评价政治得失就有着与儒、道两家截然不同的价值观念。比如关于处理君臣关系，韩非认为，"抱法处势则治，背法去势则乱"（《韩非子·难势》），"君无术则弊于上，臣无法则乱于下"（《韩非子·定法》）。其所谓法，是指体现君主个人意志的国家法令；术是指驾驭臣下的权术；势是指君主所掌握的权势。如果君主把这三者结合起来对付臣下，就可以造成一种"明君无为于上，群臣竦惧乎下"（《韩非子·主道》）的政治局面，这是一种最理想的政治局面，是政治的成功，否则，大权旁落，政治就失败了。关于处理君民关系，韩非认为，"夫严刑重罚者，民之所恶也，而国之所以治也；哀怜百姓、轻刑罚者，民之所喜，而国之所危也"（《韩非子·奸劫弑臣》）。根据这种价值观念，所以法家蔑视民心的向背，崇尚暴力镇压，其治民之道带有极端反人民的性质。

儒、道两家是从民心向背的角度考虑问题的，属于民本思想的范畴，而与法家的专制主义不相同。这种民本思想不等于近代的民主主义，只是强调民贵君轻，君主应该推行顺民心的政策以争取民众的衷心拥护，把民心的向背确立为评价政治得失的标准。比如儒家根据这个标准把蔑视民心向背的专制暴君称为独夫民贼，认为最好的政治是得民心的政治，最坏的政治是残民以逞的失民心的政治。道家则根据这个标准把政治区分为四个高低不同的层次，认为最好的政治是尊重社会整体和谐而无行政干预的无为之治；其次是类似于儒家的那种有意争取民心的德治仁政；再其次就是类似于法家的那种依赖威权使人畏惧的专制政治，由于这种政治完全失去民心，破坏了"贵以贱为本，高以下为基"的依存关系，必然遭到人民的侮蔑，这就发展成为最坏的政治了。

关于处理君臣关系，儒家极力反对君主的专制独裁，认为君主如果把自己的个人意志奉为至高无上，使群臣竦惧而不敢违反，就将导致"一言而丧邦"。儒家主张"为君难，为臣不易"，强调君臣应该共同以国家的整体利益为重，兢兢业业，协同配合，励精图治。道家则把君臣关系看作是一种自然的生成，"朴散则为器，圣人用之则为官长"，因而君臣应该共同维护社会整体的自然和谐，发挥其内在的自我调节功能，以善人为不善人之师，以不善人为善人之资，做到人无弃人，物无弃物，使社会整体复归于和谐。道家反对法家的那种行术用明、法令滋彰的察察之政，认为君臣之间应以相互信赖作为联结的纽带，"善者吾善之，不善者吾亦善之"，"信者吾信之，不信者吾亦信之"。如果臣下不信赖君主，那是由于"信不足焉，有不信焉"，应该归咎于君主对臣下的信赖不够。

《易传》关于政治得失和治民之道的看法，其所依据的价值观念和政治理想，和儒、道两家一样，也是属于民本思想的范畴。《易传》站在阴阳哲学的高度对这种民本思想进行了系统的论证，把它纳入广阔的天人之学的体系之中。《系辞》指出，《周易》这部书，之所以能开通天下的思想，成就天下的事业，是因为它能"明于天之道，而察于民之故"。所谓"明于天之道"，是说对自然规律有着深刻的了解；所谓"察于民之故"，是说对民众的忧患安乐有着切身的体察。就自然现象而言，天地万物在阴阳规律的支配之下，相互依存，流转变化。就社会现象而言，情形亦复如此。君民之间，相互依存，结为一体。如果不能体察民情，制订出符合民心的政策，那就根本不可能通天下之志，定天下之业。《易传》由此而树立了一个评价政治得失的确定的标准，即"吉凶与民同患"。吉为政治之得，是政治的成功。凶为政治之失，是政治的失败。政治的得失决定于君主是否以民众的吉凶为吉凶，以民众的忧患为忧患，也就是说，应该根据民心的向背来评价政治的得失。

关于君臣关系，也是相互依存，结为一体，尽管君居尊位、臣处

卑位，君为主导、臣为从属，但却是按照刚柔相济、阴阳协调的原则结成一种和谐统一的政治共同体。这种政治共同体有如人之一身，君为元首，臣为股肱，相亲相辅，互助合作。君主不可垄断权力，专制独裁，而应该委贤任能，信任臣下；臣下也不可结党营私，侵犯君权，而应该尽力辅助，志匡王室。这是一种君臣共治的思想，而与法家的那种绝对专制主义的思想判然有别。

《易传》根据阴阳哲学的原理，把君民、君臣之间的关系看成是对立的统一，既有相互依存的一面，也有相互对立的一面。但是，《易传》并不像法家那样把这种对立绝对化，主张君主必须站在臣民的对立面对他们进行强制性的控制，而是认为君主应该从对立中看到统一，把求同存异奉为指导政治的根本原则。睽卦☲离上兑下，离为火，兑为泽，火动而上，泽动而下，象征事物存在着相互对立的一面。《彖传》解释说："天地睽而其事同也，男女睽而其志通也，万物睽而其事类也。"《象传》解释说："上火下泽，睽。君子以同而异。"这就是说，天地、男女、万物虽相反而又相成，处理政治领域的君民、君臣关系，应该遵循这条支配宇宙的普遍规律，善于发挥二者之间相反相成的作用。

按照这个看法，凡是加强君民、君臣的依存关系使二者达到和谐统一的政治，就是成功的政治；反之，凡是破坏这种依存关系，使二者形成对抗局面的政治，就会身不保而国不安，是失败的政治。由于这种依存关系是政治稳定、社会和谐的基础，从根本上决定政治的得失，所以君主和臣民都应该以大局为重，根据一体化的要求来约束自己的行为，使这种关系不受到破坏，特别是处于权力结构顶端的君主更应该如此。比如《乾卦·上九》："亢龙有悔。"《文言传》认为这是君主破坏了依存关系的一种错误行为，严厉谴责说："亢之为言也，知进而不知退，知存而不知亡，知得而不知丧。""贵而无位，高而无民，贤人在下位而无辅，是以动而有悔也。"乾卦上九爻是由九五发展而来。九五飞龙在天，以龙德而居尊位，守持中道，行为不偏，深明相互依存之理，故上应于下，下从于上，同声相应，同气相求，君主与臣民结为一体。但是上九却被权力冲昏了头脑，急躁冒进，刚愎自用，不以中道来约束自己的行为，使得权力脱离了赖以存在的基础，失去了民众的支持和贤人的辅助，变成了一个名副其实的孤家寡人，这就必然会走向反面，动而有悔，落得个灭亡的下场。

为了纠正"亢龙有悔"所造成的偏差，《易传》吸取了道家的"贵以贱为本，高以下为基"的思想，主张君主应该奉行谦卑的美德，以加强君主对于臣民的依存关系。《谦卦·彖传》说：

> 谦，亨。天道下济而光明，地道卑而上行。天道亏盈而益谦，地道变盈而流谦，鬼神害盈而福谦，人道恶盈而好谦。谦，尊而光，卑而不可逾，君子之终也。

谦卦乃继大有卦之后。《序卦传》说："有大者不可以盈，故受之以谦。"谦为有大而不自居之义。君主虽拥有广土众民，掌握最大的权力，但唯有自处谦卑，甘居人下，才能争取到臣民的支持和辅助，事事亨通，保持其尊贵光荣不可逾越的地位。《老子》六十六章曾说："江海所以能为百谷王者，以其善下之，故能为百谷王。是以欲上民，必以言下之；欲先民，必以身后之。是以圣人处上而民不重，处前而民不害，是以天下乐推而不厌。"《易传》所说的"谦，尊而光，卑而不可逾"，认为天、地、人三才之道都是恶盈而好谦，是和道家的这个思想完全相通的。

《易传》把这种谦卑的美德贯彻到治民之道中，提出了一系列闪耀着民本思想光辉的具体措施。首先，《易传》强调君主应该关心人民的生活，推行"损上益下"的惠民政策，建立"不伤财，不害民"的制度，使人民能够安居乐业，衷心悦服。它说：

天地之大德曰生，圣人之大宝曰位。何以守位曰仁，何以聚人曰财。(《系辞》)

天地养万物，圣人养贤以及万民。颐之时大矣哉。(《颐卦·象传》)

山附于地，剥。上以厚下安宅。(《剥卦·象传》)

损上益下，民悦无疆。自上下下，其道大光。……天施地生，其益无方。凡益之道，与时偕行。(《益卦·象传》)

天地节而四时成，节以制度，不伤财，不害民。(《节卦·象传》)

《易传》认为，天地长养万物，其大德曰生，君主的权位虽然宝贵，但是必须体现天地之大德，以仁爱之心关怀人民，把养育万民的问题置于首位。这也是国家政权的根本职责。其所以如此，是因为"民惟邦本，本固邦宁"，只有使人民生活安定，国家政权才能巩固。如果人民的生计发生了问题，基础动摇，国家政权也必然随之而崩溃，这就如同高山剥落倾圯而附着于大地的情形一样。因此，君主为了保住自己的权位，取得人民的欢心，应该"损上益下"，"厚下安宅"，施惠于民，不可横征暴敛，擅兴徭役，应该使赋税法令有所节制，"不伤财，不害民"。

其次，《易传》认为，为了维持社会政治秩序的稳定，应该用伦理教化的方法，而不可用武力强制的手段。它说：

山下有风，蛊。君子以振民育德。(《蛊卦·象传》)

泽上有地，临。君子以教思无穷，容保民无疆。(《临卦·象传》)

风行地上，观。先王以省方观民设教。(《观卦·象传》)

山下有火，贲。君子以明庶政，无敢折狱。(《贲卦·象传》)

雷雨作，解。君子以赦过宥罪。(《解卦·象传》)

苦节不可贞，其道穷也。(《节卦·象传》)

照《易传》看来，人类的社会政治秩序不是像法家所设想的那样，建立在强制性的统治与服从的基础之上，而是在屯体不宁、刚柔始交之时，由于阳刚势力"以贵下贱"、"刚来而下柔"，受到阴柔势力的衷心拥戴，自愿组合而成的。因此，维持这种社会政治秩序，主要是依靠伦理教化以争取民心，而不是站在人民的对立面，来进行武力强制。为了实行教化，君主应该为人表率，成为道德的楷模。如果社会风气败坏，影响了秩序的稳定，君主应该反躬自省，引咎自责。《易传》的这个思想是和儒家的德治相通的。《论语·颜渊》："子欲善，而民善矣。君子之德风，小人之德草，草上之风必偃。"《易传》从自然规律的角度对德治作了进一步的论证，认为君主应该效法天道，像和煦的微风那样，"振民育德"，"省方观民设教"，像宽厚的大地那样，"教思无穷，容保民无疆"。如果不以伦理教化而以武力强制为手段，便会事与愿违，导致不稳定因素增长，由此而建立的制度就是一种使人痛苦的制度，称之为"苦节"。"苦节不可贞，其道穷也"，政治到了这种局势，就是穷途末路，不可收拾了。

第三，《易传》认为，居于尊位的君主只有以发于至诚的信任才能广系天下之心，因为诚信是国家团结的纽带、社会凝聚的动力。如果君民关系建立在彼此信赖的基础之上，君主以至诚之心对待人民，人民也会以至诚之心对待君主，至诚相感，上下交孚，于是君主就可以受到人民的衷心爱戴，能够克服一切困难，动而无违，得志于天下。它说：

> 有孚惠心，勿问之矣。惠我德，大得志也。(《益卦·九五象传》)
> 兑，悦也。刚中而柔外，悦以利贞，是以顺乎天而应乎人。
> 悦以先民，民忘其劳；悦以犯难，民忘其死。悦之大，民劝矣哉。
> (《兑卦·彖传》)

刚来而下柔，动而悦，随。大亨贞元咎，而天下随时。随时
之义大矣哉。(《随卦·彖传》)

中孚，柔在内而刚得中，悦而巽，孚乃化邦也。豚鱼吉，信
及豚鱼也。(《中孚卦·彖传》)

"孚"是诚信，"中孚"就是中心诚信的意思。中心诚信，是为至诚，
至诚可以使冥顽的豚鱼之物也受到感化，若能如此，整个国家也就笼
罩着一种发自内心的敦实笃信的气氛而同心同德，上下都感到悦乐。
这种悦乐"顺乎天而应乎人"，既合乎天道，也合乎人情，是一种天
人俱悦的境界。为了使国家政治也能达到这种境界，君主应该刚中以
正己，柔外以悦民，自处谦卑，以刚下柔，时时想到施惠于下，争取
民心，把权力当作满足人民愿望的工具。所谓"惠我德，大得志也"，
是说君主出于至诚施惠于下而取得了人民的信赖和支持，这是政治的
最大成功。这种成功的政治把君民凝聚为一个共同感到悦乐的整体，
动而悦，悦而巽，有事而与民趋之，则如禹之治水，劳而忘劳；有难
而与民犯之，则如汤之东征西怨，死而忘死。既然君民之间以诚信为
纽带结成了互惠的关系，"有孚惠心"，这种政治也就不待问而元吉了。

关于君臣关系，《易传》根据刚柔相应、阴阳协调的哲学原理，发
挥了君臣共治的思想，而与法家的那种以法、术、势为手段把权力完全
集中于君主一人之手的绝对专制主义形成了鲜明的对照。《系辞》说：

"同人先号咷而后笑。"子曰："君子之道，或出或处，或默
或语。二人同心，其利断金；同心之言。其臭如兰。"

"先号咷而后笑"，是《同人卦》九五的爻辞。九五阳刚中正，尊居君位，
本与居于臣位的六二同心相应，但因受到九三、九四两个小人的阻隔，
不能立即会合结为一体，所以先是号咷哭泣，悲愤不能自已。后来由

于六二忠而不贰，上应于九五，九五中直而不疑，下应于六二，终于克服了小人的阻隔，君臣相遇，情投意合，所以又欢欣鼓舞，破涕为笑。照《易传》看来，如果君臣之间的关系产生了隔膜，就是一种令人痛心的政治局面，相反，如果君臣同心，融洽无间，是值得庆幸的。因为"二人同心，其利断金"，君主的政治决策只有取得臣下的共识，受到他们的拥护，才能无坚不摧，无往不胜；如果独断专行，刚愎自用，就会陷入孤立无援的困境。

《易传》的这个思想强调君主对臣下的依赖，表现了臣下凭借文化道德的因素热切参政的要求，是对绝对君权的一种有力的限制。根据这个思想，《易传》主张贤人政治而反对专制政治。《大畜卦·象传》说：

> 大畜，刚健笃实，辉光日新。其德刚上而尚贤，能止健，大
> 正也，不家食吉，养贤也。

大畜☶艮上乾下，艮为山，乾为天，天藏于山中，有所畜至大之象。乾体刚健，艮体笃实，刚健则自强不息，笃实则充实盈满，故能辉光焕发，日新其德。这是一个理想的君主所应具备的美德。君主何以能具备如此的美德，关键在于他能尚贤。从爻位配置来看，六五为君，上九为臣，六五以柔顺之资奉上九阳刚之贤居于尊位之上，虚怀若谷，谦卑自处，如同周武王尊姜太公为尚父那样，这就是"刚上而尚贤"。从卦体的结构来看，艮上乾下，艮为止，乾为健，乾健欲上进而艮止之于下，象征臣对君权的限制，能止其君之不善。其所以能止健，是因为臣具备了大人正己之德，能格君心之非。所以说，"能止健，大正也"。既然贤人在国家政治生活中有如此重大的作用，君主一时一刻也离不开贤人的辅助，所以君主必须致力于养贤，使贤者在位，能者在朝，不要使其穷处而自食于家，这也是判定政治吉凶得失的一个确定标准。

《易传》把尚贤、养贤的思想提到天道自然规律的高度进行了论证。《颐卦·象传》说："天地养万物，圣人养贤以及万民。"《夬卦·象传》说："泽上于天，夬。君子以施禄及下，居德则忌。"《系辞》说："《易》曰：自天佑之，吉无不利。子曰：佑者助也。天之所助者，顺也。人之所助者，信也。履信思乎顺，又以尚贤也。是以自天佑之，吉无不利也。"

所谓"顺"，就是阴顺阳，阳顺阴，阴阳双方只有在互相适应的过程中才能产生功能性的协调，萌发生机，这是符合天道的自然规律的，可以获天之助。就社会人际关系而言，应该以相互之间的信赖作为联结的纽带。这种相互信赖同样是在阴顺阳、阳顺阴的过程中产生的。如果阴阳各行其是，彼此伤害，社会生活就不能运转，社会秩序也会解体。所以说"人之所助者信也"。君道为阳，臣道为阴，阳为主导，阴为从属，对于君主来说，应该特别强调其阳顺阴的一面，因为只有如此，才能使君主的行为不违反天人之理，"履信思乎顺，又以尚贤"，既得到天助，又得到人助。这也就是儒家所说的"得道者多助"的意思。否则，如果君主以阳居阳，用其刚壮，不去争取贤人的辅助，像法家那样把所有的臣下统统当作敌人严加防范，造成君臣之间离心离德，这就是"失道者寡助"，必然会受到天人之理的惩罚，导致政治的彻底失败。

（三）论治乱兴衰的规律

《周易》六十四卦，每一卦代表一种"时"，这种"时"是由阴、阳两大势力错综交织所形成的具体形势，象征着社会人际关系的状况和势力的消长，因而不是一个单纯的时间概念，主要是表示社会政治秩序由冲突到和谐或由和谐到冲突的动态过程。它总揽全局，从时间、地点、条件等方面制约人们的行为，不是人们所能随意左右的，但是其中蕴含着一种必然之理，可以为人们所认识，所以这种"时"又叫作"时运"、"时义"。人们对"时运"、"时义"的认识，目的是为了用，即根据客观形势来决定主体的行为，顺时而动，必获吉利；逆时而动，将导致灾难，所以这种"时"又叫作"时用"。就一时之大义而言，有时大通，有时否塞；有时正面的势力上升，君子道长，小人道消，有时反面的势力上升，小人道长，君子道消。社会政治秩序的这种动态过程呈现出一种治乱兴衰相互转化的规律。但是，人们在规律面前并不是消极无为的，如果对规律有正确的认识，行为得当，尽管形势不利，也可以化凶为吉；相反，如果估计错误，行为不当，尽管形势有利，则会带来凶的后果。因此，《易传》对规律的研究，其着眼点在于指导人们的行为，强调人们在总揽全局的治乱兴衰相互转化的过程中应该时刻警惕危惧，自觉地承担道义的责任，不可掉以轻心。北宋李觏在《易论》中曾经十分感慨地指出："噫！作《易》者既有忧患矣，读《易》者其无忧患乎？苟安而不忘危，存而不忘亡，治而不忘乱，以忧患之心，思忧患之故，通其变，使民不倦，神而化之，使民宜之，则自天祐之，吉无不利矣。"

所谓"以忧患之心，思忧患之故"，不仅是李觏通过个人切身的体会所总结出来的读《易》法，也是历史上的一些具有远见卓识的思想家和政治家普遍奉行的读《易》法。就《周易》的本文而言，它对治乱兴衰规律的研究，本身就体现了一种极为强烈的"以忧患之心，思忧患之故"的精神。这种精神是为矛盾冲突、混乱失序的现实困境所激发，焦虑不安，忧心如焚，力求通过客观冷静的研究找到摆脱困境的出路，拨乱反正，化冲突为和谐，变无序为有序。因而《周易》对治乱兴衰规律的研究，既有对客观形势理性的分析，也有对和谐理想执着的追求，是现实主义与理想主义的有机结合，蕴含着深邃的政治智慧。后世的一些思想家和政治家虽然生活在不同的历史条件之下，面临着不同的困境，但是为了寻求拨乱反正的途径，汲取摆脱困

境的政治智慧，往往是抱着如同李觏所说的"以忧患之心，思忧患之故"的精神去研究《周易》的。《周易》在后世之所以一直享有"群经之首、六艺之原"的崇高地位，主要是由于人们从政治的角度进行了认真仔细的比较，一致公认在所有的典籍中，唯有《周易》对治乱兴衰规律的研究，最能启发人们的政治智慧，最能帮助人们拨乱反正，去建立一个符合人们理想的天地交泰、政通人和的秩序。

《公羊传》哀公十四年："拨乱世，反诸正，莫近诸《春秋》。"这是"拨乱反正"一词最早的出处。汉武帝时期，由于董仲舒的提倡，"春秋公羊学"成为显学，人们都推崇《春秋》，从中寻求拨乱反正的指导思想。司马迁受这种风气的影响，也十分推崇《春秋》。他在《史记·太史公自序》中曾说："《春秋》者，礼义之大宗也。""故有国者不可以不知《春秋》。""为人臣者不可以不知《春秋》。"但是，当司马迁把《春秋》和《周易》这两部经典作了一番认真仔细的比较之后，终于承认它们在拨乱反正方面有着不同的功能。在《史记·司马相如传》中，司马迁指出："《春秋》推见至隐，《易》本隐之以显。"这就是说，《春秋》是通过一些具体的历史事例来表明其中所隐含的微言大义，《周易》则是根据抽象普遍的哲学原理来揭示具体的政治操作所遵循的规律。司马迁言下之意，可能是认为，拿《周易》来与《春秋》相比，《周易》的哲学思维水平更高，对于拨乱反正的指导功能更强，给人政治智慧的启发更大。东汉时期，班固在《汉书·艺文志》中作了进一步的比较，认为六艺之文，《乐》偏于仁，《诗》偏于义，《礼》偏于礼，《书》偏于知，《春秋》偏于信。"五者，盖五常之道，相须而备，而《易》为之原。故曰'《易》不可见，则乾坤或几乎息矣'，言与天地为终始也"。班固推崇《周易》的看法与司马迁类似，代表了汉代人的共识。自此以后，二千多年中，《周易》所享有的"群经之首、六艺之原"的地位从来没有动摇。

魏晋时期，阮籍作《通易论》，称《周易》为变经，认为《周易》

是一部"因阴阳，推盛衰"，研究变化之道的书。圣人根据这种变化之道，"建天下之位，定尊卑之制，序阴阳之适，别刚柔之节"。所谓"变化之道"，也就是治乱兴衰的规律，人们只有遵循这个规律，才能建立良好的政治秩序。"顺之者存，逆之者亡，得之者身安，失之者身危。故犯之以别求者，虽吉必凶；知之以守笃者，虽穷必通"。可以看出，阮籍推崇《周易》，也是着眼于政治，强调它的变化之道是拨乱反正必须坚持的指导思想。

唐代孔颖达对六十四卦所代表之"时"作了分类研究，归纳为四种类型。他指出，"然时运虽多，大体不出四种者。一者治时，颐养之世是也。二者乱时，大过之世是也。三者离散之时，解缓之世是也。四者改易之时，革变之世是也"（《周易正义·豫卦》）。孔颖达对时运的研究，目的是为了掌握治乱兴衰的规律，决定适时之用的对策。"时之须用，利益乃大"。照孔颖达看来，把这种规律用于指导实际的政治决策，可以少犯错误，获得很大的利益。

宋代是易学研究的繁荣时期。在这个时期，出现了一个以李光、杨万里为代表的"参证史事"学派。所谓"参证史事"，是说引史说经，用历史上成败得失的具体事例来论证阐发《周易》所揭示的治乱兴衰的规律。杨万里在《诚斋易传序》中说明了他对《周易》的根本理解。他认为，《周易》不仅讲"变"，而且讲"通变"。"变"是就客观事物的变化而言，"通变"则是指人们主观上的应变之方。客观事物的变化，有得有失，有治有乱，并不尽如人意。圣人为此感到忧虑，致力于研究使现实符合于理想的通变之道，这是作《易》的用心所在。这种通变之道能够启发人们的智慧，指导人们的决策。"得其道者，蚩可哲，愚可淑，眚可福，危可安，乱可治，致身圣贤而跻世泰和，犹反手也"。杨万里的这个看法进一步强调了《周易》拨乱反正的作用，突出了《周易》在中国政治文化中的地位，对后世产生了深远的影响。

明代的改革家张居正十分推崇《诚斋易传》。他在政务繁忙、日

理万机之际，仍然抽出时间热心地研读，从中汲取思想营养，指导自己的改革事业。他在《答胡剑西太史》的信中谈了自己的心得体会。他说："弟甚喜杨诚斋《易传》，座中置一帙常玩之。窃以为六经所载，无非格言，至圣人涉世妙用，全在此书。"（《张太岳集》卷三十五）张居正所说的"涉世妙用"，就是杨万里所说的"通变之道"，也就是《周易·系辞》所说的"开物成务"，意思都是根据社会政治秩序客观呈现出来的治乱兴衰的规律，采取正确的决策，促进事物的转化。

从以上粗略的回顾可以看出，《周易》关于治乱兴衰规律的论述在各个不同的时代一直是受到人们的重视，其中所蕴含的丰富深邃的智慧哲理具有普遍性的意义，能使人们得到很大的启迪和教益。人们之所以把《周易》尊奉为"群经之首、六艺之原"，完全是根据自己切身的体会和实际的感受，决不是一种偶然的文化现象。

究竟《周易》关于治乱兴衰规律的论述包含着哪些具体内容呢？综观前人的研究阐发，大致说来，包含着以下三个方面的内容：

第一，《周易》以和谐的价值理想为标准对社会政治秩序的客观变化作了分类。

按照孔颖达的理解，六十四卦所代表之时可以分为四类：一为治时；二为乱时；三为离散之时；四为改易之时。所谓治时，指的是阴阳协调，刚柔相济，社会政治秩序处于和谐的状态，比如颐卦之时就是这种治时；所谓乱时，指的是阴、阳两大势力斗争的一面占了上风，因而破坏了社会整体的和谐而转化为某种程度的危机，比如大过卦之时就是这种乱时；所谓离散之时，包括两种情况：一种是指险难得到暂时的缓和，如解卦所象征的解缓之世。另一种是指社会离心离德的倾向增长，如旅卦所象征的羁旅之世以及涣卦所象征的涣散之世；所谓改易之时，是指阴、阳两大对立势力矛盾激化，难以调和，革命的形势已经到来，如革卦所象征的革变之世。

关于治乱兴衰的分类，也可以用泰、否、剥、复四卦作为典型的代表。泰卦的卦象☷☰，天在下，地在上，内阳而外阴，内健而外顺，象征上下相交，政通人和，天下大治；否卦的卦象☰☷，天在上，地在下，内阴而外阳，内柔而外刚，象征上下不交，否结不通，社会政治秩序处于混乱状态；剥卦的卦象☶☷，五阴爻在下，一阳爻在上，阴为柔，阳为刚，此乃五柔之势力甚盛，一刚之势力甚微，柔正在改变刚，是衰世的象征；复卦的卦象☷☳，虽然五阴爻在上，但初爻为阳爻，象征刚者复还，可自下而上，顺序上升，象征社会政治秩序的中兴局面。

总之，六十四卦所代表的六十四种不同的时，实际上就是以象数形式构造而成的六十四种关于社会政治秩序的模型，其中有的和谐，有的冲突，虽然和谐与冲突表现为不同的程度之差，但是大体上可以归结为治、乱、兴、衰四种类型。《周易》的这种分类给人们提供了一个极为方便的认识框架，在中国政治文化中是一个伟大的创造。人们借助于这个认识框架，可以对现实的社会政治秩序的治乱兴衰进行宏观的把握，作出准确的判断。

第二，《周易》联系人们的主体行为对治乱兴衰的内在原因作了深入的研究。

照《周易》看来，社会政治秩序的变化与天地万物的变化是不相同的，天地万物的变化是一个无心的自然的运行过程，有如寒暑之推移，四时之嬗替；而社会政治秩序的变化则是在抱着不同目的、追求不同利益的人们的"爱恶相攻"、"情伪相感"的有心作为下所造成的。因此，由这种有心的作为错综交织所造成的治乱兴衰的形势虽然总揽全局，不能为人们随意左右，是每一个人必须承认接受的客观外在的时运。但是，如果进一步追究造成这种形势的内在原因，那么每一个行为主体都不能推卸道义的责任。《周易·系辞》指出：

变动以利言，吉凶以情迁。是故爱恶相攻而吉凶生，远近相

取而悔吝生,情伪相感而利害生。凡《易》之情,近而不相得则凶;
或害之,悔且吝。

在社会人际关系中,爱则相取,恶则相攻,相取为利为吉,相攻为害
为凶。所谓"近而不相得",就是彼此相恶,凶、害、悔、吝皆由此生。
如果全社会充斥着这种彼此相恶的冲突意识,就会从总体上呈现一种
衰世、乱世的迹象。反之,如果不是彼此相恶而是彼此相爱,就会把
各种关系理顺,呈现出兴世、治世的局面。所有这些变化与天地万物
的变化不同,都是由人的情伪所引起的。情即实情,伪即虚伪。情为
天之所有,伪则出于人为,以情相感则利生,以伪相感则害生。因此,
社会政治秩序之所以有治乱兴衰,其内在的原因在于支配人们行动的
这种种复杂矛盾的心态。

　　就天地万物的变化而言,阴阳、刚柔两大对立的势力虽相反而实
相成,在相互推移激荡的过程中,呈现出一种"消息盈虚"的秩序,
称之为"天行"。这是一种宇宙本然的秩序,自然和谐的秩序。照《周
易》看来,如果人类社会的阴阳、刚柔两大对立势力能够遵循"天行"
的规律,就可以像自然的和谐那样谋划一种社会的和谐。但是,实际
的情况却总是出现种种令人感到痛心的矛盾冲突和政治危机,这主要
是由于阴阳刚柔两大对立势力不懂得相互依存、协调配合的道理,违
反了"天行"的自然规律,往往是各行其是、各亢所处,因而相互攻击、
彼此伤害所造成的。王弼在《周易注》中阐发了这个思想,《乾卦·用
九注》说:"夫以刚健而居人之首,则物之所不与也;以柔顺而为不正,
则佞邪之道也。"《坤卦·象传注》说:"方而又刚,柔而又圆,求安
难矣。"乾道为君道,坤道为臣道。在一个社会政治系统中,君与臣
处于权力结构的两端,本来应该遵循为君之道与为臣之道,做到上下
交感,君臣道合,以维持秩序的稳定和谐,但是,在某种情况下,君
臣双方都放弃了自己所应承担的道义的责任。为君的刚愎自用、独断

专横，为臣的谄媚佞邪、柔而又圆，这就破坏了稳定和谐的秩序，而转化为矛盾冲突了。《周易》的这个看法对治乱兴衰的内在原因作了更深入的发掘，明确地归结为掌握权力的君臣双方是否服从社会一体化的要求，共同承担道义的责任。无数的历史事实都证明了《周易》的这个看法是一种真知灼见，蕴含着深刻的哲理。

第三，《周易》不仅深刻地揭示了治乱兴衰的规律，而且给人们指明了一条拨乱反正的通变之道。

杨万里"参证史事"，把这条通变之道概括为"中正"二字。他在《诚斋易传序》中指出："斯道何道也？中正而已矣！唯'中'为能中天下之不中，唯'正'为能正天下之不正。中正立而万变通，此二帝、三王之圣治，孔子、颜、孟之圣学也。"

按照《周易》的爻位说，一卦六爻，第二爻为下卦之中位，第五爻为上卦之中位，爻居中位，是为居中，象征守持中道，行为不偏。初、三、五为阳位，二、四、上为阴位，凡阳爻居阳位，阴爻居阴位，是为得位，得位为正，象征行为合乎阳尊阴卑的等级秩序。这种规定实际上是把"中正"规定为一种普遍适用的制度化的行为准则和价值标准，阴阳双方都应该使自己的行为趋向于这个标准。特别是二、五两爻更应该如此，因为五为君位，二为臣位，君臣能否做到既中且正，直接关系着社会政治秩序的稳定和谐。《周易》认为，无论处于何种形势，是顺境还是逆境，是治世还是乱世，"中正"都是为君之道与为臣之道的共同行为准则，应该始终坚持，毫不动摇。比如同人卦☰离下乾上，六二、九五，既中且正，二者志同道合，于同人之时能以正道通达天下之志。如果国家政治遇到危机，处于蹇难之时，阴阳双方也只有"反身修德"，使自己的行为合乎中正的准则，才能和衷共济，渡过难关。蹇卦☶艮下坎上，山上有水，蹇难之象，但是二、三、四、五，爻皆当位，各履其正，特别是六二、九五，既中且正，相互应和，这就为匡济蹇难准备了有利的条件。从这些说法来看，杨万里把通变

之道概括为"中正"二字，是完全符合《周易》的原意的。

就"中"与"正"这两个行为准则相比较而言，"中"比"正"更为重要，因为社会政治系统中的刚柔相应，关键在于二、五两爻之刚中与柔中的互相应和。二为臣位，五为君位，尽管由于客观形势的变化，柔居君位，刚居臣位，产生了九二与六五这种中而不正的配置情形，但是二者互相应和彼此信赖，六五以柔中之君专任九二刚中之大臣，君臣上下按照"中"的行为准则结为一体，仍然是社会政治系统稳定的基础。比如泰卦☰乾下坤上，天在下，地在上，象征"天地交而万物通"；九二之刚中与六五之柔中相应，象征"上下交而其志同"，整个形势是大为亨通的。再比如临卦☱兑下坤上，九二与六五，中而不正，但是六五之君处于尊位，履得其中，不忌刚长，委贤任能，这种权力结构仍然可以有效地运转。《象传》对六五的这种做法赞扬说："大君之宜，行'中'之谓也。"

除二、五两爻以外，其他各爻不存在中与不中的问题，只有正与不正、有应无应的问题。由于社会政治系统是一个休戚与共的有机整体，其他各爻能否做到"居不失其正，动不失其应"，符合应有的行为准则，对于维护这个有机整体的和谐统一，促使客观形势的转化，也是至关重要的。在《周易》六十四卦中，既济卦☲离下坎上，卦中六爻，阳居阳位，阴居阴位，刚柔正而位当，象征尊卑贵贱的等级秩序业已完全理顺，没有丝毫颠倒混乱的现象。初与四、二与五、三与上，阴阳刚柔，彼此相应，象征各种人际关系业已完全协调配合。特别是六二、九五，既中且正，象征社会政治系统完全符合"中正"的原则，是一种最理想最正常的秩序，所以称之为"既济"。"既济"就是万事皆济，所有的事情都已成功。由于这个社会政治系统是一个动态的结构，而不是封闭的体系，在它不断运动变化的过程中，能够完全符合"中正"的情形不是很多的，所以应该根据具体的客观形势，运用伦理的手段，进行有效的调整。调整的目标也就是使之趋于"中正"。从这个意义来说，"中正"就是整个社会政治系统的组织目标。比如未济卦☵坎下离上，是既济卦的反对卦，由既济卦发展而来，卦的六爻，阴居阳位，阳居阴位，刚柔皆不当位，违反了"正"的原则，象征等级秩序受到了破坏，所以称之为"未济"，意思是所有的事情都没有成功。在这种情形下，必须进行调整。《周易》认为，调整是可以获得成功的，关键在于未济卦中的刚柔都能互相应和，这是一个极为有利的条件。只要两种对立的势力彼此信赖，能够结合成不相伤害而团结合作的关系，就可以转化形势，把事情办成功。《未济卦·象传》说："未济，亨，柔得中也。……虽不当位，刚柔应也。"

　　总起来说，《周易》关于治乱兴衰规律的三个方面的论述，是相互联系、融为一体的，其中所蕴含的政治智慧博大精深，具有普遍性的意义。我们应该学习古人的榜样，抱着"以忧患之心，思忧患之故"的精神对这些论述去进行深入的研究。

五 《周易》与中国伦理思想

（一）《易》为性命之书

《说卦传》中有两段言论对《易》为性命之书作了经典式的论述，后世的易学家往往是根据这两段言论来阐发《周易》为"性命之源、圣学之本"的思想。《说卦传》说：

> 昔者圣人之作《易》也，幽赞于神明而生蓍，参天两地而倚数，观变于阴阳而立卦，发挥于刚柔而生爻，和顺于道德而理于义，穷理尽性以至于命。
>
> 昔者圣人之作《易》也，将以顺性命之理，是以立天之道曰阴与阳，立地之道曰柔与刚，立人之道曰仁与义。兼三才而两之，故《易》六画而成卦。分阴分阳，迭用柔刚，故《易》六位而成章。

在这两段言论中，"和顺于道德而理于义"、"穷理尽性以至于命"、"将以顺性命之理"，是三个最具关键性的命题。对这几个命题的哲学意蕴能有一个全面准确的理解，就可以举本统末，以简驭繁，把握住《周易》伦理思想的总纲。

朱熹在和他的学生讨论时,曾反复强调,这几句本是就《易》上说,是作《易》者如此,后来不合将做学者事看。

所谓"和顺",不是圣人和顺,而是《易》去"和顺道德而理于义"。如吉凶消长之道顺而无逆,是"和顺道德"也。"理于义",则又极其细而言,随事各得其宜之谓也。"和顺道德",如"极高明";"理于义",如"道中庸"。凡卦中所说,莫非和顺那道德而不悖了它。"理于义",是细分它,逐事上各有个义理。"和顺道德而理于义",是统说的;"穷理、尽性、至命",是分说的。"穷理",是理会得道理穷尽;"尽性",是做到尽处。"穷理",是"知"字上说;"尽性",是"仁"字上说,言能造其极也。至于"范围天地",是"至命",言与造化一般。"穷理"是穷得物,尽得人性,到得那天命,所以说道"性命之源"。圣人作《易》,只是要发挥性命之理,模写那个物事。下文所说"阴阳"、"刚柔"、"仁义",便是性中有这个物事。"性命之理",便是阴阳、刚柔、仁义。圣人见得天下只是这两个物事,故作《易》只是模写出这底。"顺性命之理",只是要发挥性命之理。"兼三才而两之","兼",贯通也。通贯是理本如此。"两之"者,阴阳、刚柔、仁义也。(《朱子语类》卷七十七)

仔细玩味以上两段言论,朱熹的解释是符合《说卦传》的原意的。这两段言论都是就圣人作《易》的目的而言。第一段从手段说到目的,指出圣人有见于天、地、人物阴阳变化之理,于是"生蓍"、"倚数"、"立卦"、"生爻",创造了一套卦爻结构,目的是为了"和顺于道德而理于义,穷理尽性以至于命"。第二段是从目的说到手段,指出圣人为了发挥性命之理,于是设立一卦六爻来模写反映天、地、人三才之道。因此,其中的三个关键性的命题囊括天人,通贯物我,具有普遍的哲学意义,是《周易》整个阴阳哲学的理论基础。如果仅仅把它们理解为一种道德修养的方法,看作是一种学问之事,那就不够全面准确了。

在先秦哲学中,《周易》的伦理思想之所以独树一帜,既不同于儒家的孔孟,也不同于道家的老庄,主要在于它是以阴阳哲学作为自己的理论基础。儒家的孔孟对人性作了大量的研究,并把人性的本质归结为天命,但却没有认识到天实际上是一个受一阴一阳的规律所支配的自然运行的过程,所以在孔孟的思想中,找不到丝毫阴阳学说的痕迹。道家的老庄虽然把宇宙自然看作是由阴阳交通变化所形成的和谐的统一体,但是"蔽于天而不知人",没有和人性的本质联系起来,而认为"天地不仁",其本身并不蕴含任何与人的价值理想相关的伦理意义。比较起来,道家主张不以人灭天、不以故灭命,他们的伦理思想有着深沉的宇宙意识而缺少浓郁的人文情怀。儒家主张扩充善端,尽其在我,由尽心、知性到知天,他们的伦理思想则是与道家相反,有着浓郁的人文情怀而缺少深沉的宇宙意识。用朱熹的话来形容,道家的伦理思想"和顺道德",如"极高明";儒家的伦理思想"理于义",如"道中庸"。儒、道两家各有所偏,未能把二者结合起来,融为一个整体。而《周易》的"和顺于道德而理于义",则是一个合天人、通物我的完整命题,既有深沉的宇宙意识,又有浓郁的人文情怀,是自然主义与人文主义的有机结合。

再从另一个角度来看,《周易》的伦理思想之所以不同于孔、孟、老、庄,还在于它始终贯彻了一条天人合一的思路,一方面通过人道来看天道,认为宇宙自然的变化日新、化育万物,是天地之大德,是人类价值的源泉,蕴含着极为丰富的伦理意义;另一方面参照天道来看人道,强调人应效法天地,根据天地阴阳变化的规律来调整社会人际关系,确定人们合理的行为准则。因此,《周易》所说的天道包含了人道的内容,它所说的人道也包含了天道的内容,天与人在"性命之理"上获得了有机的统一,而这个"性命之理"也就是《周易》的伦理思想的理论基础。"性命之理"是统天、地、人而言的,包括天道的阴阳、地道的柔刚、人道的仁义,天、地、人三才都受这个"性命之理"的支配，不仅人有此"性命之理"，天地万物也莫不有此"性命之理"。这是客观外在的宇宙秩序的本然，虽然蕴含着伦理的意义，带有人文主义的色彩，但毕竟是通过人道来看天道，实质上是一个自然主义的范畴。

所谓"穷理"，是对此"性命之理"的认知。朱熹认为，"穷理"是"知"字上说。既然是认知，则有主有客。"性命之理"作为一个被认知的客体、独立于认知的主体之外，人必须抱着冷静的态度，摒除主观的成见，对"性命之理"进行客观的研究。就这一点来说，与道家的那种冷性的自然主义是相同的。但是，"性命之理"同时也是人性的本质，就外在于人而言称之为"理"，就内在于人而言则称之为"性"。因此，对"性命之理"的把握，不仅要"穷理"，而且要"尽性"。"穷理"是穷得物理，"尽性"是尽得人性。朱熹认为，"尽性"是"仁"字上说。《周易》强调发挥人性的本质做到尽处，这就是儒家的人文主义而与道家的纯粹的自然主义不相同了。道家偏于"穷理"，儒家偏于"尽性"，《周易》把这二者结合起来，则天与人、物与我、主与客、内与外才真正打成一片，融为一个整体。命是天命，也就是宇宙秩序的本然对人的支配作用。朱熹认为，"至命"言与造化一般。如能穷得物理，尽得人性，则个体的行为与天地相似，与造化一般，到得那天命，上升到天人合一的境界。因此，"穷理尽性"，即此便是"至命"。理、性、命，只是一物。对这几种不同的说法，只有根据贯穿于《周易》整个思想体系之中的易道，才能获得全面准确的理解。这个易道，就是"一阴一阳之谓道"。由于易道统贯天人，所以也被称为"性命之源"，成为《周易》伦理思想的理论基础。

"仁义"本是儒家的伦理规范。孔子讲仁多、讲义少，孟子言仁必以义配，但是他们二人从未把仁义提到性命之理的高度，用阴阳哲学来论证。"立天之道曰阴与阳"的思想，首先是由道家的老庄提出来的，但是他们二人从未把这个思想与人性的本质联系起来。《说卦

95

传》综合总结了儒、道两家思想的成果，沟通了天人关系，认为天道的阴阳就是人道的仁义，人道的仁义也就是天道的阴阳，合而言之，统属于性命之理，于是"仁义"这对伦理规范就上升到深沉的宇宙意识的层次，具有极为丰富的哲学含义了。

后世的易学家常常把仁义与阴阳相配，从"性命之理"的高度来阐发仁义的哲学含义，曾经有过许多不同的说法。比如扬雄说，于仁也柔，于义也刚；周敦颐却以仁为阳，义为阴；朱熹也认为，当以仁对阳。仁若不是阳刚，如何做得许多造化？义虽刚，却主于收敛，仁却主发舒。这也是阳中之阴，阴中之阳，互藏其根之意。（《朱子语类》卷七十七、九十四）王夫之反对这些机械的配法，认为是"拘文牵义"、"辨析徒繁"，根据他的"乾坤并建"的易学思想作了新的解释。王夫之指出，天下无有截然分析而必相对待之物，阴与阳是相合以成，两相倚而不离的，无有阴而无阳，无有阳而无阴。就天地而言，天之有柔以和煦百物，地之有阳以荣发化光，并无判然不相通之理。"拟之以人，则男阳而固有阴，女阴而固有阳，血气荣卫表里之互相为阴阳刚柔，莫不皆然"。仁义与阴阳刚柔的关系也是如此。"仁之严以闲邪者刚也，阴也，慈以惠物者柔也，阳也；义之有断而俭者阴也，刚也；随时而宜者阳也，柔也"。因此，阴阳、刚柔、仁义，虽有分而必有合，"不可强同而不相悖害，谓之太和"。所谓"太和"，也就是"和顺"。"天地以和顺而为命，万物以和顺而为性。继之者善，和顺故善也。成之者性，和顺斯成矣"。"和顺者，性命也；性命者，道德也"。（《周易外传》卷七，《周易内传》卷五、卷六）

王夫之把"性命之理"归结为"和顺"，和顺就是阴顺阳、阳顺阴，阴、阳两大对立势力协调共济，相因相成，维持一种必要的张力，构成天人整体的和谐。这种和顺既是大化流行、生生不已的内在的动因，宇宙自然秩序的本然，又是人性本质的关键所在，伦理思想的根本原理。王夫之的解释比朱熹等人更深入了一步，而且也更贴近《周易》

的原意。照王夫之看来，"性命之理"不光是指天道的阴阳、地道的柔刚、人道的仁义，还必须进一步理解其要本归于和顺，才能全面准确地把握其所蕴含的思想精髓与价值理想。所谓"天地以和顺而为命，万物以和顺而为性"，是说天地万物阴阳的变化不相悖害而和谐统一，归于和顺，这是"性命之源"。所谓"继之者善，和顺故善也"，专就天人接续之际而言。人禀赋此性命之源而有仁义之性，仁义就是阴阳，单有仁不叫作善，单有义也不叫作善，唯有使仁义达到如同天地万物那种和顺的境界，才叫作善。因此，"和顺"二字就是人的道德行为所追求的最高目标，也是判断人的道德行为善与不善的最为根本的价值标准。所谓"穷理"，是穷尽得此和顺之理。所谓"尽性"，是尽其在我，显发自身所禀赋的仁义之性，以和顺为目标，进行不懈的追求。所谓"至命"，是向性命之源的复归，如果穷理尽性做到极处，既成己又成物，不仅使个人身心和顺，而且使社会人际关系也和顺，这就是一个理想的人格，达于至善了。《乾卦·象传》说："乾道变化，各正性命，保合太和，乃利贞。""乾道"即天道。由于天道阴阳的变化，使万物各得其性命之正，这就是太和，也就是和顺。这虽是宇宙自然秩序的本然，但就人的道德行为而言，必须发挥主观能动性，作一番"保合"的功夫。"保"谓常存，"合"谓常和。这番"保合"的功夫，是以太和、和顺的至善为目标的。王夫之的解释之所以高于朱熹等人而更贴近《周易》的原意，就在于他特别指出了这个道德追求的最高目标。

儒家对"仁义"这对伦理规范曾经有过很多讨论。孟子说："仁之实，事亲是也；义之实，从兄是也。"（《孟子·离娄上》）《中庸》说："仁者人也，亲亲为大；义者宜也，尊贤为大。"《礼记·表记》说："厚于仁者薄于义，亲而不尊；厚于义者薄于仁，尊而不亲。"从这种讨论可以看出，儒家所关注的不仅是对仁义的内涵作出规定，而且力图弄清仁与义二者之间的关系。仁的核心是爱，着重于亲亲；义的核心是宜，着重于尊尊，二者虽是最高的美德，但是具体到某一个人

身上，并不能恰到好处。有的人仁多义少，有的人义多仁少，只有把仁和义有机地结合起来，才能做到"亲而尊"，避免"亲而不尊"或"尊而不亲"的偏向。儒家的这些看法是有大量的经验事实为依据的，《说卦传》则站在阴阳哲学的高度对这些看法进行了一次理论上的升华，提出了"立人之道曰仁与义"的命题。照《周易》看来，为什么仁与义必须有机地结合而不能有偏，是因为只有如此才能符合囊括天人的性命之理，而性命之理的本质就在于阴与阳、柔与刚、仁与义的和谐统一。就仁义必须符合客观外在的性命之理而言，《周易》的伦理思想可以说是"他律"的，但是仁义为人性所固有，人发挥自己的本性，由尽性以至于命，就这一方面来看，《周易》的伦理思想又可以说是"自律"的。把"自律"与"他律"融为一体，既强调人应效法天地，按照宇宙自然的秩序来规范自己的行为，又强调人应发扬自强不息的精神，奋发精进，实现自己所禀赋的善性，而要本归于和顺，以"保合太和"作为道德追求的最高目标，这就是《周易》伦理思想的特色，也是《周易》伦理思想的总纲。

（二）易学与社会伦理规范

《周易》关于社会伦理规范的思想是围绕着礼的范畴而展开的。《履卦·象传》说：

> 上天下泽，履。君子以辨上下，定民志。

履卦☰上乾下兑，乾为天，兑为泽。《易传》认为，天在上，泽居下，履卦的这种卦象就象征着社会上尊卑贵贱的等级制度。君子看了这种卦象，应该辨别上下之分，确定正当的行为规范，使人民有所遵循。"履"的意思是践履，践履应该遵循礼的规范，所以履也就是礼。《序卦传》说：

物畜然后有礼，故受之以履。履者，礼也。

大壮卦的卦象☳上震下乾，震为雷，乾为天。《易传》解释说：

雷在天上，大壮。君子以非礼弗履。(《大壮卦·象传》)

雷震动于天上，声威甚壮，是为大壮。同时，这种卦象也象征着以卑乘尊，壮而违礼。《易传》认为，君子看了这种卦象，应该戒惧警惕，使自己的行为遵循礼的规范，"非礼弗履"，《易传》的这一思想显然是和孔子的"克己复礼"的思想相一致的。孔子说："非礼勿视，非礼勿听，非礼勿言，非礼勿动。"(《论语·颜渊》)

但是，《易传》根据阴阳哲学对孔子的这一思想进行了理论上的升华，从天地万物的生成、人伦关系的发展论证了礼的起源和存在的基础。《序卦传》说：

有天地然后有万物，有万物然后有男女，有男女然后有夫妇，有夫妇然后有父子，有父子然后有君臣，有君臣然后有上下，有上下然后礼义有所错。

照《易传》看来，天地为万物之本，夫妇为人伦之始。就天地而言，天为阳，地为阴，天在上，地在下，虽有尊卑贵贱之分，但是必须互相感应，交通成和，才成化生万物。因而宇宙的自然秩序是由两个不同的方面共同构成的，一方面是阴阳之分，另一方面是阴阳之合，二者缺一不可。《系辞》所谓"天地絪缊，万物化醇；男女构精，万物化生"，把这个意思说得更为显豁。"天地"、"男女"，指的是阴阳之分；"絪缊"、"构精"指的是阴阳之合。正是由于这两个方面的结合，所以自然界

呈现出一种秩序井然而又生生不已的运动过程。人类社会的秩序是效法天地的秩序建立起来的，同样也包含着这两个方面。夫为阳，妇为阴，这是阴阳之分。夫妇交合而产生子女，这是阴阳之合。夫妇之所以为人伦之始，是因为有夫妇然后有父子，有父子然后有君臣，有君臣然后有上下，人类社会的各种人际关系都是由夫妇关系派生演化而来的。

为了调整稳定各种人际关系，于是建立设置了一套伦理规范，这就是礼的起源。这种礼虽是人为的创设，但却是效法天地，以宇宙的自然秩序作为自己存在的坚实基础。它不仅强调阴阳之分，而且十分重视阴阳之合。如果人类社会的人际关系只有阴阳之分而无阴阳之合，就会像否卦的卦象所象征的那样，形成否结不通的状态，造成"上下不交而天下无邦"的后果，整个社会失去了联系的纽带，陷入解体了。相反，如果只有阴阳之合而无阴阳之分，就会上下不分，贵贱不明，秩序混乱，社会生活也难以正常运转。

既然夫妇为人伦之始，由夫妇所组成的家庭是社会结构的基本单位，那么处理家庭关系的伦理规范就必须首先体现阴阳之分与阴阳之合的原则，成为其他各种伦理规范的根本。家人卦集中讨论了家庭伦理。家人卦的卦象☲，内卦离为火，外卦巽为风，风自火出，象征风化之本，自家而出。六二为女，女居阴位；九五为男，男居阳位，象征女正位乎内，男正位乎外。《彖传》解释说：

> 家人，女正位乎内，男正位乎外。男女正，天地之大义也。家人有严君焉，父母之谓也。父父，子子，兄兄，弟弟，夫夫，妇妇，而家道正。正家而天下定矣。

就男女开始结为夫妇而言，关键在于阴阳之合。既已结为夫妇而组成家庭，关键则在于阴阳之分。虽然如此，分与合是一种辩证的关系，相反相成，不可割裂。我们可以把咸卦和家人卦作一番比较。咸卦的卦象☶兑上艮下，兑为少女，艮为少男。《彖传》解释说：

> 咸，感也。柔上而刚下，二气感应以相与，止而悦，男下女，是以亨利贞，取女吉也。天地感而万物化生，圣人感人心而天下和平。观其所感，而天地万物之情可见矣。

咸卦集中讨论少男少女如何通过相互之间的感应而结成夫妇。《易传》认为，为了促使阴阳交感得以顺利进行，作为少男的一方必须打破男尊女卑的常规，与女方互换位置，柔上而刚下，男下女，才能取得女方的欢心。反过来看，如果男方片面地强调阴阳之分，不尊重女方，不抱着"以虚受人"的态度去主动地争取女方的喜悦，交感的过程就无法进行。实际上，这是宇宙的普遍规律，谁也不能违反的。比如否卦☶，天在上，地在下，虽然符合天尊地卑的常规，但是"天地不交而万物不通"，很不吉利。泰卦☷与否卦相反，天本在上而居于地之下，地本在下而居于天之上，结果是顺利完成了交感的过程，"天地交而万物通"，是个大吉大利的卦。

当男女既已结为夫妇而组成家庭，并且派生出父子、兄弟、夫妇种种复杂的人际关系，就应该按照阴阳之分的原则，建立一种正常的合理秩序，做到"女正位乎内，男正位乎外"，各尽其伦，各尽其职，这也是符合"天地之大义"的。虽然如此，分中仍有合。在一家之内，父母是尊严的家长，如同国之严君一样。父为男，男性刚而动，宜于主持外事，故"男正位乎外"。母为女，女性柔而静，宜于主持内事，故"女正位乎内"。父母的职责尽管不同，却是相互配合、刚柔并济的。这是因为，家庭内部的各种人际关系是一个矛盾的统一体，一方面不能不辨明上下尊卑长幼之序，否则就无从树立家长的权威而使家庭成员失去统率，因而必须强调阴阳之分的原则，治家要严，以敬为主；

另一方面，又不能不维护家庭内部感情上的团结，做到和睦融洽，交相爱乐，因而必须重视阴阳之合的原则，治家宜宽，以爱为本。但宽与严、爱与敬是相互矛盾的。王弼注《家人卦》说："凡物以猛为本者，则患在寡恩；以爱为本者，则患在寡威。"《易传》为了把这两个方面统一起来，使之无过无不及，所以认为家人之严君既不单单是父也不单单是母，而是父母的共同配合。母性的慈爱与宽容可以制约父性的威严而不致流入"寡恩"；反过来看，父性的威严又可以制约母性的宽柔而不致流入"寡威"。宽与严、爱与敬的结合，不仅是家庭伦理的规范，也是社会伦理、政治伦理的基础，所以《易传》认为："父父，子子，兄兄，弟弟，夫夫，妇妇，而家道正。正家而天下定矣。"

儒家一贯主张，家齐而后国治，国治而后天下平。家庭伦理是社会伦理与政治伦理的基础，《易传》的这一思想是和儒家完全相通的。但是，《易传》根据推天道以明人事的思路，对儒家的主张作了自然主义的论证，这就把儒家的人文价值理想提高到深沉的宇宙意识的层次，给人们提供了一个全面的辩证的观点。人们在履行伦理规范时，应该同时照顾到阴阳之分与阴阳之合两个不同的方面，才能符合"天地之大义"。因此，不能把伦理规范看成僵死的凝固的教条、必须服从的绝对律令，而应该审时度势，根据各种具体的情况，从相互制约相互依存的角度来全面地理解。比如父慈、子孝、兄友、弟恭、夫义、妇随，这些都是儒家所提出的家庭伦理的规范。《易传》虽然赞同这些规范，但是并不孤立地讨论规范的本身，而是站在更高的层次对家庭关系的整体进行综合的动态的考察，根据它的总的发展趋势提出拨乱反正的调整方案。比如《家人卦·九三》："家人嗃嗃，悔厉吉；妇子嘻嘻，终吝。"《象》曰："家人嗃嗃，未失也。妇子嘻嘻，失家节也。"杨万里在《诚斋易传》中解释说：

> 正家之道，严胜则厉，和胜则溺。嗃嗃而严，严胜也。嘻嘻

而笑，和胜也。然严胜者，虽悔厉而终吉，故圣人劝之以未失。和胜者，虽悦怿而终吝，故圣人戒之以失节。九三刚而过中，严胜者也。正家之道，圣人取焉。

实际上，与其和胜，不如严胜，这只是一种不得已而降其次的权变的做法，最合理的正家之道应该是严而不厉，和而不溺，把严与和两个矛盾的方面有机地结合起来而不陷入一偏。朱熹和他的学生也讨论过这个问题，《朱子语类》卷七十二记载：

> 或问："（伊川）《易传》云，正家之道在于'正伦理，笃恩义'。今欲正伦理，则有伤恩义；欲笃恩义，又有乖于伦理；如何？"曰："须是于正伦理处笃恩义，笃恩义而不失伦理，方可。"

但是，由于家庭的各种人际关系在动态的发展过程中复杂多变，只能根据具体的情况追求一种相对的合理性，所以与其和胜不如严胜的做法仍然是可取的。

虽然如此，社会整体的和谐毕竟是伦理思想所追求的最高目标，为了把家庭伦理用于天下国家，使整个社会凝聚为一个和谐的统一体，关键在于推广扩展弥漫于家庭成员中的那种交相爱的骨肉感情。从这个角度来看，那就是与其严胜不如和胜了。《家人卦·九五》："王假有家，勿恤，吉。"《象》曰："王假有家，交相爱也。"杨万里在《诚斋易传》中解释说：

> 正家在政，睦家在德。正人在法，感人在心。使我正人易，使我爱人难。使我爱人易，使人爱我难。使人爱我易，使人交相爱难。非以德睦之，以心感之，安能使之交相爱乎？九五以乾德之刚明，居巽位之中正，为天下国家之至尊，而爱心感人，巽而

入之，此所以感假其家人，以及天下，莫不人人交相爱，勿忧天下之不爱而自吉也。

社会伦理是家庭伦理的推广和扩展。虽然二者在总的原则上是共通的，但是由于社会伦理所要处理的是个人与群体的关系，而不是家庭成员间的血缘关系，所以《易传》强调指出，当从家庭走向社会和同于人之时，必须以大公至正的宽广胸怀，克服偏私狭隘的心理。如果只是"同人于宗"，把自己局限在同姓宗族的狭小范围之内，那就是鄙吝之道。《同人卦·初九》："同人于门，无咎。"《象传》赞扬说："出门同人，又谁咎也？"初九走出家门而和同于人，说明初九不偏私于家人，与社会成员广泛交往，胸怀宽广，大公至正，是不会有人来责难他的。六二则与初九相反。《象传》严厉谴责说："同人于宗，吝道也。""同人于宗"之所以为吝道，是因为这种只与宗族和同而不与社会和同的封闭心态，偏私狭隘，破坏了社会的凝聚力，只能引起争斗而不利于团结。《易传》关于社会伦理规范的思想始终是着眼于社会整体的和谐的，反复强调应该按照合乎乾行的中正之道来沟通天下人的思想。《同人卦·象传》说："文明以健，中正而应，君子正也。唯君子为能通天下之志。"程颐在《伊川易传》中解释说：

> 天下之志万殊，理则一也。君子明理，故能通天下之志。圣人视亿兆之心犹一心者，通于理而已。文明则能烛理，故能明大同之义；刚健则能克己，故能尽大同之道；然后能中正合乎乾行也。

关于政治伦理，也同样应该履行这种合乎乾行的中正之道。中则不过，指的是阳的行为不能过于刚直，阴的行为不能过于柔顺，而必须合乎中道。正则不邪，指的是阴阳各当其所，行为正直，不相伤害，合乎尊卑有序的原则。很显然，"中"的规范是适应于阴阳交感的要求，

"正"的规范是适应于等级秩序的要求，二者都是从既有阴阳之分又有阴阳之合的家庭组织与社会结构中自然引申出来的，因而也是政治伦理的基础。如果阴阳双方的行为不中，便无从完成交感，组建社会；如果行为不正，就会贵贱不分，尊卑不明，失去应有的节制。因此，阴、阳双方的行为是否中正，直接关系到政治的稳定以及社会的和谐。

照《易传》看来，尽管家庭伦理、社会伦理、政治伦理所处理的关系不相同，具体的行为规范存在着差异，但是，同时照顾到阴阳之分与阴阳之合的中正之道却是普遍适用的。因为只有这种中正之道才合乎乾行。乾行即天行，也就是天道的自然规律。《易传》反复强调，人类社会的伦理规范都是取法于天道的。天道不仅以其一阴一阳的运行规律给人们启示了中正之道，而且以其生生不已、变化日新的总体特征给人们启示了元、亨、利、贞四德。元者万物之始，给人们启示仁的美德；亨者万物之长，给人们启示礼的美德；利者万物之遂，给人们启示义的美德；贞者万物之成，给人们启示智的美德。仁、义、礼、智，都是儒家的基本伦理规范。孟子只从人心之四端来论证，认为"恻隐之心，仁之端也；羞恶之心，义之端也；辞让之心，礼之端也；是非之心，智之端也。人之有是四端也，犹其有四体也"（《孟子·公孙丑上》）。《易传》则把这几种伦理规范提到天道的运行、万物的生成、四时的推移的高度来论证，这就给人们提供了一个推天道以明人事的新思路，可以更加全面地来理解它们，更加自觉地根据自然的和谐来谋划社会的和谐了。

《乾卦·文言传》说：

元者善之长也。亨者嘉之会也。利者义之和也。贞者事之干也。君子体仁足以长人，嘉会足以合礼，利物足以和义，贞固足以干事。君子行此四德者，故曰："乾，元、亨、利、贞。"

元、亨、利、贞虽为四德，而统之者则为一。这个"一"即贯穿于天、地、人三才之道的总规律，也就是易道。这个易道以乾健为统率，以坤顺为从属，既有阴阳之分，又有阴阳之和，协调并济，共同构成天人整体的和谐，因而元、亨、利、贞四德是和中正之道完全相通的。王夫之在《周易内传》中对此作了很好的解释。他说：

> 仁、义、礼、信，推行于万事万物，无不大亨而利正，然皆德之散见者，《中庸》所谓"小德"也。所以行此四德，仁无不体，礼无不合，义无不和，信无不固，则存乎自强不息之乾，以扩私去利，研精致密，统于清刚太和之心理，《中庸》所谓"大德"也。四德尽万善，而所以行之者一也，乾也。故曰"乾，元亨利贞"，唯乾而后大亨至正以无不利也。

王夫之不以智配贞而以信配，认为智行乎四德之中，依于四德而无专位，这种解释也有一定的道理。但是，无论是仁、义、礼、信或是包括仁、义、礼、智、信在内的五常，在王夫之看来，都是一些具体的伦理规范，是"德之散见者"，属于低级层次，只能称作"小德"。至于如何把这些具体的伦理规范"统于清刚太和之心理"，使之在履行的过程中无所偏失而恰到好处，做到"仁无不体，礼无不合，义无不和，信无不固"，那就需要着眼于整体和谐的"大德"来作原则性的指导，而所谓"大德"也就是自强不息、刚健中正的天道。王夫之认为，"四德尽万善，而所以行之者一也，乾也"。这个分析是符合《易传》的推天道以明人事的根本精神的。

（三）易学与道德基本原则

清代易学家惠栋在《易汉学》中指出：

易道深矣，一言以蔽之曰：时中。孔子作《彖传》，言时者二十卦（乾、蒙、大有、豫、随、观、贲、颐、大过、坎、恒、遯、睽、蹇、解、损、益、姤、革、艮、旅）。言中者三十二卦（蒙、需、讼、师、比、履、同人、临、观、噬嗑、无妄、大过、坎、离、睽、蹇、解、益、姤、萃、升、困、井、鼎、旅、巽、兑、涣、节、中孚、小过、既济、未济）。《象传》言时者六卦（坤、蹇初六、井、革大象、节、既济）。言中者三十四卦（坤、需、讼、师、比、小畜、履、同人、大有、谦、豫二五、随、蛊、临、复六五、大畜、坎二五、离、恒、遯、晋、蹇、解、损、夬二五、姤、萃、困二五、井、鼎）。其言时也，有所谓时者，待时者，时行者，时成者，时变者，时用者，时义者。其言中也，有所谓中者，正中者，中正者，大中者，中道者，中行者，行中者，刚中、柔中者。而《蒙》之《象》，则又合时中而命之。盖时者，举一卦所取之义而言之也；中者，举一爻所适之位而言之也。时无定而位有定，故《象》言中不言时。然六位又谓之六虚，唯爻适变，则爻之中亦无定也。位之中者，唯二与五。……知时中之义，其于《易》也思过半矣。

（《清经解续编》卷一四五）

惠栋是一位严谨的易学家，他根据《易传》原文中的一系列确凿可信的例证，把易道的精神归纳概括为时中之义，是完全符合实际的。而这个时中之义也就是《易传》用来调整道德行为、履行伦理规范的基本原则。

严格说来，所谓"时中"，并不是一种规范，而是一种方法。这个方法强调人应该随时随地根据客观环境的变化以及自己具体的处境来调整道德行为，履行伦理规范。我们已经指出，《易传》对伦理规范的论述，诸如仁、义、礼、智、信等等，并不是孤立地就这些规范

本身作出概念上的规定，而始终是立足于阴阳哲学的高度来探索它们之间的内在联系。拿"仁"与"义"这两个规范来说，单有仁不叫作善，单有义也不叫作善，唯有使仁义达到天地万物那种和顺的境界，才叫作善。和顺是由阴阳之分与阴阳之合两个不同的方面所构成的，是阴与阳的最佳配合，无过无不及，恰到好处，完全符合宇宙本然的秩序，也就是所谓中。但是，由于宇宙的本然秩序不是一个静态的结构，而是一个动态的过程，无论天地万物还是社会人生，都是生生不已，变化日新，呈现出一种具体的时运，因而此时之中不同于彼时之中，中必须与时结合起来，顺时而动，动而得中，才能达到和顺的境界。中与时的结合，也就是常与变的辩证统一，这是《易传》所确立的道德基本原则。

在《易传》的思想体系中，"时"是一个极为重要的范畴。历代的易学家都十分重视这个范畴，常常是通过对时的深入理解来把握易道的精神。比如王弼指出：

> 夫卦者，时也；爻者，适时之变者也。夫时有否泰，故用有行藏；卦有小大，故辞有险易。一时之制，可反而用也；一时之吉，可反而凶也。故卦以反对，而爻亦皆变。是故用无常道，事无轨度，动静屈伸，唯变所适。（《周易略例》）

再比如，程颐指出：

> 看《易》，且要知时。凡六爻，人人有用。圣人自有圣人用，贤人自有贤人用，众人自有众人用，学者自有学者用，君有君用，臣有臣用，无所不通。（《河南程氏遗书》卷十九）

"时"是指客观环境，"用"是指主体行为。主体的行为是否正当，并不完全决定于主体行为的本身是否符合伦理的规范，而主要决定于是否适应客观环境的需要，采取适时之变的对策。因此，尽管客观环境有利，处于吉时，如果行为主体思想僵化，拘泥死板，不知时务，不达权变，逆时而动，也会导致凶的后果。反之，环境不利而举措得宜，能够化凶为吉，"一时之制，可反而用也"。《易传》反复强调，不能脱离客观环境的变化来看人们的行为，判断行为正当与否，"时"具有决定性的意义。《艮卦·彖传》说："时止则止，时行则行。动静不失其时，其道光明。"

《周易》六十四卦，每一卦代表一种时，这种时是总揽全局的，每一个行为主体都受这种一时之大义的支配。但是，一卦六爻，爻居其位，犹若人遇其时，这种爻居其位之时是更为具体的处境。所以人的行为既要适应总的形势，也要考虑到具体的处境。拿乾卦来说，总的形势是大吉大利，象征纯刚至健的君德向上的发展，但是，卦中六爻，各有不同的具体处境，其行为模式和准则也就有很大的不同。初九潜龙勿用，有龙德而穷居于下位，在此处境中，不可轻举妄动，不必追求功名成就，而应致力于磨炼自己的意志，坚定自己的信念，隐遁晦养，等待时机；九二见龙在田，虽未居君位而时运通达，在此处境中，应谨言慎行，防止邪恶，存心真诚，为社会做出了贡献不必自夸，致力于用自己博大的道德力量去感化人；九三重刚而不中，上不在天，下不在田，处境危险，则应振作精神，时刻警惕，进德修业，忠信诚挚，做到居上位而不骄，在下位而不忧，则即使面临危险也能免遭咎害；九四的处境和九三同样，上下无常，所以也应进德修业，临事而惧，因时制宜，以免遭咎害；九五飞龙在天，以君德而居君位，是建功立业的大好时机。在此处境下，应凭借自己的德与位化成天下，按照自然和谐的规律来经营谋划社会群体的和谐；上九居一卦之上，贵而无位，高而无民，虽有贤明的属下，却得不到他们的辅佐，是一种动而有悔的处境。此时应像圣人那样，深知进退存亡之道，居安思危，

行为不偏，避免因穷极所带来的灾难。

由此可见，《易传》关于"时"的思想，其着眼点在于联系客观环境和具体处境的发展变化，全面地评价人的道德行为是否正当，追求一种相对的合理性。按照这个思想，就不存在什么一成不变的固定的伦理规范，时行则行，时止则止，只有随时与否才能作为衡量的标准。这是一条变的原则，也就是灵活性的原则。虽然如此，《易传》并不否定伦理规范的重要性。因为变中自有不变，灵活性应受原则性的制约。如果完全取消伦理规范的价值取向，与时俯仰，随波逐流，以致同流合污，那就根本谈不上有什么道德行为了。所以《易传》除了强调时以外，还强调一个中。"中"是常的原则，也就是原则性的原则。《蒙卦·彖传》说："蒙，亨。以亨行，时中也。"蒙卦的卦象是山下有险，出而受阻，形势并不有利。但是就其总的发展趋势来看，却是亨通畅达的。其所以如此，是因为主体能够把时与中这两个原则有机地结合起来，使自己的道德行为符合时中之义。

一般说来，儒家的伦理思想偏于强调中的原则，道家的伦理思想偏于强调时的原则。由于各有所偏，所以儒家往往把伦理规范的制约作用强调得过了头，带有一种绝对化的倾向；而道家也往往过于强调与时俯仰的思想，带有一种相对化的倾向。其实，"时"与"中"两者对于一个完整的伦理思想来说，都是不可缺少的，儒家并非不讲时，道家也并非不讲中。比如庄子所说的"材与不材之间"，"得其环中，以应无穷"，讲的就是中。孟子称孔子为"圣之时者也"，《礼记·礼器篇》所说的"礼，时为大"，讲的就是时。这种情况说明，儒、道两家尽管各有所偏，但在探索的过程中，都在朝着互补的方向转化，偏于时者不得不讲中，偏于中者也不得不讲时。《易传》站在阴阳哲学的高度，综合总结了儒、道两家的探索成果，提出了时中的思想，这就使人们在履行伦理规范、调整道德行为时，能够有一个全面的观点，既要避免绝对化的倾向，也要避免相对化的倾向。

《易传》的这种"时中"思想，把道德行为看作是一种人与环境和谐共振的关系，一种以时间、地点、条件为转移的动态过程，因而对人行为的评价，既有常例，也有变例。就常例而言，得位为吉，失位为凶，有应为吉，无应为凶；但是，也有得位而反凶，失位而反吉，有应而反凶，无应而反吉的情况。《易》中之辞，大抵阳吉而阴凶，间亦有阳凶而阴吉者。刚不必善，柔不必恶，刚柔皆有善恶。刚得中为刚善，过则为刚恶；柔得中为柔善，过则为柔恶。在《易传》中，"中"与"正"也并不是一个绝对的标准，比如屯卦六二，既中且正，但是由于六二下则逼于初之刚而乃为己之寇，上欲亲于君之应而有近之嫌，所以结果并不吉利。就中与正两个标准相比较而言，中德一般比正更重要，因为六爻当位者未必皆吉，而二五之中，则吉者独多。但是《易传》有时又强调正比中更重要。比如蹇卦☶艮下坎上，山上有水，蹇难之象，象征国家政治遇到危机，处于蹇难之时。王弼解释此卦说："爻皆当位，各履其正，居难履正，正邦之道也。正道未否，难由正济，故贞吉也。遇难失正，吉可得乎？"

　　总之，《易传》关于道德原则的思考，其根本目的在于使人的主体行为符合性命之理。这个性命之理既是天地万物的外在秩序，又是人的内在本性。一方面是调适畅达，和谐统一，常住不变；另一方面又是流转推移，生生不已，变化日新。就其变者言之谓之时，就其不变者言之谓之中，因而所谓性命之理本身就蕴含着时中之义。从这个角度来看，人们在调整道德行为、履行伦理规范时，究竟何时该用常例，何时该用变例，也就有了一个更高层次的指导原则了。这个原则就是自觉地承担道义的责任，在客观环境动态的发展过程中，采取适当的对策以促进社会整体的和谐。如果常例能够达到和谐的目的，那么遵循常例的行为就是正当的。如果情况变化，则应因时制宜，变而求通，援引变例以求达到目的，这种变通的行为也是正当的。《易传》所确立的这条道德原则以社会整体和谐为目的，强调人的道义责任，

把目的与道义、动机与效果、原则性与灵活性种种不同的方面综合为一个整体，对中国伦理思想产生了极为深远的影响。

（四）易学中的人性论

易学中的人性论在先秦各家中独树一帜，既不同于儒家的孟荀，也不同于道家的老庄。《系辞传》说：

> 一阴一阳之谓道，继之者善也，成之者性也。仁者见之谓之仁，知者见之谓之知，百姓日用而不知，故君子之道鲜矣。

这一段言论对易学的人性论作了经典式的表述，我们可以通过一系列的比较来把握它的特质。

首先与孟荀相比较。荀子主张性恶论，而《易传》则明确地主张性善论，二者在人性论上是对立的。《易传》的性善论虽然和孟子相一致，但是从哲学基础上来看，又是根本对立的。孟子把性善说成是人们的内心所固有的，《易传》却从天道阴阳变化的规律上找根据。

其次与老庄相比较。老庄把人性归结为自然本性，认为这种自然本性无善无恶，不仅不蕴含任何伦理的意义，而且与人为强加的善恶根本对立。《易传》虽然承认人性来源于天道阴阳的变化，是一种自然本性，与老庄相一致，但却认为人所承继于天道的自然本性具有伦理的意义，其本质为善，这就与老庄有很大的不同。

人性论的主题是探讨人在宇宙中的地位，以及人之所以为人的本质。一般而言，道家往往是站在宇宙的高度来俯瞰人，把宇宙的伟大和人的渺小进行对比。比如庄子曾说："眇乎小哉，所以属于人也；警乎大哉，独成其天。"（《庄子·德充符》）既然宇宙比人伟大，所以道家认为人之所以为人的本质，不在于仁义礼乐的人为的造作，而在乎禀受于宇宙的自然本性。儒家与道家相反，强调"人最为天下贵"的伟大，可以与天地并立而为三。人之所以伟大，是因为人具有与禽兽相区别的道德属性（孟子），或者具有能以礼义组合社会群体的能力（荀子），因而人的本质规定不是自然本性，而是人文价值。实际上，人一方面作为宇宙的一个组成部分，另一方面又是万物之灵，既有自然本性，又有人文价值的规定。从这个角度来看，儒、道两家的人性论可以说是各有所见，也各有所偏。道家有见于人的自然本性而否定了人文价值的规定，"蔽于天而不知人"；儒家过分强调了人文价值的规定而忽视了人的自然本性，蔽于人而不知天。《易传》取儒、道之所长而去其所短，综合总结了两家的探索成果，从而沟通了天人关系，把自然主义和人文主义有机地结合起来，它的人性论思想的特色主要表现在这里。

所谓"一阴一阳之谓道"，这个道是统天、地、人而言的。"继之者善也，成之者性也"，善、性则专就人而言。道大而善小，善大而性小，道生善，善生性，这是一个生成的系列，也是一种统属的关系。天地人，莫不有阴阳，莫不受道的支配，人作为其中的一个组成部分，是隶属于宇宙之全体的。但是，人有性，天地非有性，而人之性与物之性又不相同。其所以如此，是因为物之性乘大化之偶然，阴阳的搭配组合不是恰到好处、合适得当，而人之性则合一阴一阳之美，成为万物之灵。具体说来，人性中的一阴一阳之美就是"立人之道曰仁与义"。物之性不具有仁与义的属性，而人之性却有此本质的规定，因而人性比物性高了一个层次，人成为万物之灵，最为天下贵。但是，人性是由物性发展而来，物性又是由天地之道发展而来，统天地人都是一阴一阳之道，追本溯源，人所独有的仁义之性其实就是天、地、人所共同具有的一阴一阳。按照《易传》的这个思想，人既有自然本性，又有社会属性，二者并不像儒、道两家所理解的那样，形成一种相互排斥的关系，而是有机地结合在一起的。

天人之间的沟通，关键在一个"继"字。"继"是继承、继续，继之则善，不继则不善。就天道之阴阳而言，无所谓善与不善；物之性乘大化之偶然，也无所谓善与不善；唯有人能自觉地继承天道之阴阳，使之继续不断，所以才叫作善。如果人有所不继，这就产生恶了。老庄只看到人之性禀受于天道以及与物之性相同的一面，从而断言人之性无善无恶；孟子只看到继之者的一面，从而断言"人无有不善"；荀子只看到人有所不继的一面，从而断言"人之性恶，而善者伪也"。照《易传》看来，这些说法固然各有所见，不是毫无道理，但都带有一定的片面性，不能全面地把握人性的本质。

"继之者善也"，是就本源的意义而言的；"成之者性也"，则突出了主体性的原则。如果人不继承天道之阴阳，就没有本源意义的善。如果人不发挥主观能动性去实现此本源意义的善，就不可能凝成而为性。《系辞传》指出："成性存存，道义之门。"所谓"存存"，就是存其所存，存乎人者，因而存之，使本源意义的善不至于丧失而变为自己的本性，这就是进入道义的门户，完成德业的根本。由此可见，《易传》的人性论思想一方面强调人性来源于天道，其本质为善，同时又强调人应从事后天的道德修养，以自强不息的精神使自己的本性完满地实现。

就本源的意义而言，人无有不善，这是普遍的人性，对于任何人都是适用的。但是就实际的表现而言，则有不同的程度之差。把人性实现得完满无缺的最高典范是圣人。《乾卦·文言》指出："夫大人者，与天地合其德，与日月合其明，与四时合其序，与鬼神合其吉凶，先天而天弗违，后天而奉天时。"这是一种天人合一的境界，虽然表现为既仁且智，尽善尽美，开物成务，参赞化育，其实并不外在于人性，无非是人性的一种完满的实现而已。其次，则各有所偏，"仁者见之谓之仁，知者见之谓之知"。至于普通百姓，则昧然不觉，习焉不察，日用而不知。等而下之，则有小人之为恶。虽然如此，牿亡之后犹有存焉，其本源之善并不因其为恶而荡然无存。

总之，《易传》的人性论由道、善、性三个基本概念构成一个完整的体系，只有根据这三者的相互联系才能把握它的特质。王夫之指出："故专言性，则三品、性恶之说兴；溯言善，则天人合一之理得；概言道，则无善、无恶、无性之妄又嬉矣。"（《周易外传》卷五）照王夫之看来，如果把道、善、性三者割裂开来，就会推导出一些片面性的看法。道为善、性之所自出，但不可把善、性完全归结为道。如果完全归结为道，就会推导出"人之性犹牛之性，牛之性犹犬之性"的结论，断言性无善无恶；再进一步就会推导出"天地与我同根，万物与我共命"的结论，从根本上否定性的存在了。道家人性论思想的片面性就是由此而来的。脱离了道与善而专言性也是不行的，因为性的实际表现有不同的程度之差，荀子只看到恶的一面而主张性恶，董仲舒、韩愈等人看到有善、中、恶三个层次而主张性三品，这些看法割裂了性与天道的关系，忽视了性的本源意义。至于专言善而不追溯善之所自出，也是不行的，因为继之者善，不继则不善，道生善，善生性，只有着眼于这种天人之次序，才能把握天人合一之理，全面地理解《易传》的人性论思想。

《易传》的这种人性论思想既肯定了人的自然本性，又肯定了人之异于禽兽的社会属性，既像孟子那样主张人之性善，又像荀子那样主张"善不积不足以成名，恶不积不足以灭身"（《系辞》），加强后天的积累以为善去恶，虽然不同于老、庄、孟、荀，实际上却是对他们人性论思想的一种高层次整合。

（五）易学中的义利、理欲之辨

利与欲是人的自然本性，义与理是人的社会属性。《易传》既然认为人性同时包含着自然本性和社会属性两个方面，彼此不存在矛

盾，所以也把义和利、理和欲看作是统一的。

《乾卦·文言》："利者，义之和也。""利物足以和义。"这是《易传》关于义利关系的经典式表述，历代易学家对此作了很多解释，阐发了不同的理解。朱熹曾说：

> "利物足以和义"，此数句最难看。
>
> 伊川说"利物足以和义"，觉见他说得糊涂。如何唤做和合于义？
>
> 苏氏（老苏）说"利者义之和"，却说义惨杀而不和，不可徒义，须着些利则和。如此，则义是一物，利又是一物；义是苦物，恐人嫌，须着些利令甜，此不知义之言也。义中自有利，使人而皆义，则不遗其亲，不后其君，自无不利，非和而何？（《朱子语类》卷六十八）

朱熹不满意程颐的解释，批评了苏洵的理解，而对自己的"义中自有利"的说法又不完全自信，认为"此数句最难看"，说明《易传》的这两个命题，文约义丰，要想全面地把握其中的意蕴，不是一件容易的事。

宋人俞琰试图把义与利统一起来，作了一个较为详尽的解释。他说：

> 利与义皆训宜。利自义中来，义安处便是利，非义之外别有利也。大凡利于己不利于物，则为悖于义而不和，岂所宜哉？盖唯利物而不以己害物，则足以和于义而不悖，斯得其宜。故曰"利物足以和义"。
>
> 利者，宜也。利而无有乖戾，故曰"义之和"。……君子不以利为利，而以义为利也。（《周易集说》卷二十六）

这种解释实际上是沿袭了程朱的思路，认为"义中自有利"，表现了儒家重义轻利的倾向，并不符合《易传》的本义。就原文的本义而言，《易传》是用义利互训的方法，认为利就是义，义就是利，凡是行事得宜而合乎义的行为必然能给人们带来利益，凡是能给人们带来利益的行为必然合乎义的规范。因而《易传》的这个思想同时包含了道德义务论和功利主义两种倾向：一方面把利归结为义；另一方面又把义归结为利，不完全同于儒家，而与墨家有着很大程度的类似。儒家都是重义而轻利的。比如孔子认为："君子喻于义，小人喻于利。"（《论语·里仁》）孟子认为："王何必言利，亦有仁义而已矣。"（《孟子·梁惠王》）儒家把承担道德义务和履行伦理规范置于首位，反对计较功利。墨家恰恰相反，把功利的目的置于首位，认为判断人的行为是否正当，重要的标准是看这种行为是否于国家百姓有利。《墨子·经上》说："义，利也。"这个定义是和《易传》的思想相吻合的。后世的儒家学者往往只知其一，不知其二，片面地强调道德义务论的倾向，忽视或者排斥功利主义的倾向，所以在解释《易传》的这两个命题时，总是失之于偏，不能全面地把握其中的意蕴。

从发生学的角度来看，《易传》功利主义的思想倾向渊源于《易经》。《易经》本为卜筮之书，属于巫术文化范畴。卜筮巫术带有强烈的实用性、功利性。人们为了实践上的需要，迫切关心自己的行为所带来的后果，于是通过卜筮来进行预测，作出估计和决定，判断行为的标准在于是否达到预定的功利目的。因此，《易经》的卦爻辞，其用在告人以休咎，而且着眼于功利，对休咎有着极为精确的计算。《易传》作为一部解经之作，虽然把《易经》的巫术文化转化成为以哲学理性为特征的人文文化，但是，巫术文化中的那种实用性和功利性的思想倾向，却是完全继承下来了。《易传》反复强调，《周易》是一部指导人们趋吉避凶的行为参考书，而行为之是非得失则根据行为所带来的后果来判断。为了判断准确，应该对利害作出精确的计算，两利

相权取其大，两害相权取其小。《系辞》说：

> 《易》有四象，所以示也。系辞焉，所以告也。定之以吉凶，
> 所以断也。
> 爻也者，效天下之动者也，是故吉凶生而悔吝著也。
> 是故吉凶者，失得之象也。悔吝者，忧虞之象也。
> 吉凶者，言乎其失得也。悔吝者，言乎其小疵也。无咎者，
> 善补过者也。
> 圣人立象以尽意，设卦以尽情伪，系辞焉以尽其言，变而通
> 之以尽利。
> 损以远害，益以兴利。

但是，《易传》实用性和功利性的思想倾向毕竟不同于卜筮巫术。
在《易经》中，表示休咎的词语触目可见，却没有出现一个"义"字，
说明卜筮巫术只关心行为的后果是否与己有利，不考虑行为对群体的
影响以及是否符合社会公正的原则。而《易传》则引进了伦理规范和
道德义务的思想，从天下之公利和一己之私利的角度明确地区分了君
子和小人。《系辞》说：

> 小人不耻不仁，不畏不义，不见利不劝，不威不惩。小惩而
> 大诫，此小人之福也。
> 小人以小善为无益而弗为也，以小恶为无伤而弗去也，故恶
> 积而不可掩，罪大而不可解。
> 禁民为非曰义。

小人"不见利不劝"，是说小人如果不看见利益，就不会劝勉行善。
但是，小人对利益的追求往往违反了社会共同的行为准则，不耻不仁，

不畏不义，以致走上罪恶的道路，对社会产生了破坏性的影响。因此，必须用义的规范来制约。这种制约只是"禁民为非"，把他们对利益的追求引向对社会产生良好影响的正道，而不是根本否定他们对利益的追求。《易传》认为，这种"禁民为非"的做法把小人之私利和社会之公利结合起来，归根到底是"小人之福"，也就是义。君子与小人不同，始终是以社会之公利作为自己的追求目标，即"吉凶与民同患"，这种行为当然是合乎义的。由此看来，《易传》判断行为的标准除了功利的原则以外，又引进了义与不义的原则，即道德义务的原则。

《易传》认为，这种道德义务的原则是必须恪守的，应该加强道德修养，使之变为自觉的行动。《乾卦·文言》说："知至至之，可与几也。知终终之，可与存义也。"《坤卦·文言》说："君子敬以直内，义以方外。敬义立而德不孤。"但是，恪守道德义务本身就能达到功利的目的，义与利并不像儒家所理解的那样相互排斥，彼此矛盾。因此，《易传》往往是同时用义与利两个原则来衡量人的行为。比如《解卦·初六象》说："刚柔之际，义无咎也。"《鼎卦·九三象》说："鼎耳革，失其义也。"《渐卦·初六象》说："小子之厉，义无咎也。"《旅卦·九三象》说："以旅与下，其义丧也。"《既济卦·初九象》说："曳其轮，义无咎也。"这些说法的中心思想，就是认为义中自有利，不义则不利。前文所引述的朱熹、俞琰对《易传》的解释即据此而来，并非毫无凭依。

这样说来，义就是利，利就是义，儒家只看到前者而没有看到后者，墨家用"贵义"、"重利"两个命题把义与利统一起来，是与《易传》的这个思想相一致的。但是，如果我们提到哲学的层次作进一步的考察，可以看出，《易传》与墨家也有很大的不同。《墨子·贵义》说："万事莫贵于义。……凡言凡动，利于天鬼百姓者为之。凡言凡动，害于天鬼百姓者舍之。凡言凡动，合于三代圣王尧舜禹汤文武者为之。凡言凡动，合于三代暴王桀纣幽厉者舍之。"墨家的理论基础是所谓的"三

表法"，判断行为的标准除了功利的原则以外，还有历史上的圣王之事以及虚幻的天鬼之志。但是这三个标准并没有在逻辑上构成一个完整的体系。而《易传》则把义与利统一在阴阳哲学的理论基础之上，比墨家要高了一个层次。

我们再仔细体会一下《易传》的两个命题："利者，义之和也"以及"利物足以和义"。其中，两次都提到"和"字。"和"就是和顺，阴、阳两大对立势力协调共济，相因相成，阴顺阳，阳顺阴，构成天人整体的和谐，义与利就统一于此整体的和谐之中。《易传》是在阐发元、亨、利、贞四德时讨论义与利的关系的。元者万物之始，亨者万物之长，利者万物之遂，贞者万物之成。元、亨、利、贞四德作为一个相互联系的整体，既表明大化流行、生生不已的自然和谐，也给人类社会启示了四种伦理规范，即仁、礼、义、智（或信），而要本归于和顺。《乾卦·文言》说："乾始能以美利利天下。不言所利，大矣哉！"乾元之伟大在于以美利利天下，其所利之物无所不包，这就是所谓"利物足以和义"。因而利就是义，义就是利，不能利物则不足以和义，不能和义则根本谈不上利物，这是一个统贯天人的总的规律，揆之万事万物，莫不皆然。

关于理与欲的关系，《易传》也是根据这个指导思想来处理的。利是就行为的效果而言的，利必合于义；欲是就行为的动机而言的，欲必合于理。王弼在《周易注·解卦六二》中指出："义，犹理也。"义就是理。这个理即囊括天、地、人三才之道的"性命之理"，而"性命之理"的本质在于和顺。《易传》并不否定人有爱恶之欲，只是强调爱则相取，恶则相攻，相取则阴阳和顺而合于理，相攻则阴阳冲突而悖于理。《系辞》说："变动以利言，吉凶以情迁。是故爱恶相攻而吉凶生，远近相取而悔吝生，情伪相感而利害生。凡《易》之情，近而不相得，则凶，或害之，悔且吝。"社会的动乱冲突都是由彼此相恶引发出来的，只有彼此相爱，社会人际关系才能团结合作、协调稳定。《损卦·象传》说："山下有泽，损。君子以惩忿窒欲。"这种忿欲是一种彼此相恶之欲，必须惩止窒塞，防微杜渐。至于彼此相爱之欲是合乎性命之理的，应该发扬光大，以促进社会整体的和谐。因此，易学中的义利、理欲之辨，都是站在阴阳哲学的高度来考察，表现了鲜明的理论特色。

（六）易学与道德修养

《周易》既强调人应效法天地，按照宇宙自然的秩序来规范自己的行为，又强调人应发扬自强不息的精神，奋发精进，实现自己所禀赋的善性，这种伦理思想既是"他律"的，又是"自律"的。易学关于道德修养的论述，总体上就贯穿了这种"他律"与"自律"相结合的精神。《系辞》说：

> 夫《易》，圣人所以崇德而广业也。知崇礼卑，崇效天，卑法地，天地设位而《易》行乎其中矣。成性存存，道义之门。

"崇效天，卑法地"是"他律"，"成性存存，道义之门"是"自律"。《易传》把"自律"与"他律"融为一体，这种独特的思路是以统贯天、地、人三才之道为理论基础的。

先秦时期，孟子主张"自律"而反对"他律"；荀子则恰恰相反，主张"他律"而反对"自律"。其所以如此，是因为他们对人性问题的理解有着根本性的分歧。孟子认为，人之性善，道德观念完全是天赋的，不学而能，不虑而知，与生俱来，为人心所固有，因此，道德修养不必向外追求，只要作一番扩充存养的内省功夫，就可以由尽心以知性，由知性以知天。荀子则从"明于天人之分"的思想出发，认为人之性恶，"凡礼义者，是生于圣人之伪，非故生于人之性也"（《荀

子·性恶》)。因此，荀子把道德修养看作是一个"化性起伪"的过程，即通过后天的学习积累，用客观外在的礼义来改造人性。

究竟道德是为人心所固有，还是客观外在的呢？由于道德和人们的具体行为联系在一起，本质上是主观和客观的统一，既不能单纯解释为个人的内心世界，也不能完全看作是由外界所规定的一套规范的总和。孟子和荀子割裂了这种关系，强调一方面而否定另一方面，因而关于道德修养的主张，各有所见，也各有所偏。孟子主张"自律"而反对"他律"，就其强调发挥主体的高度自觉而言是有道理的，但不能解释只在扩充存养上下功夫而不用客观准则来衡量，何以自然合乎礼义。荀子主张"他律"而反对"自律"，就其强调只有用客观准则来衡量才能合乎礼义而言是有道理的，但不能解释礼义既然与人性相违反，何以人必须忍受这种外在的强制，用礼义来伤害扭曲自己的本性。

《易传》用一阴一阳之道统贯天、地、人。就天道之阴阳、地道之柔刚而言，是客观外在的自然律。就人道之仁义而言，这种自然律却是植根于内在的人性，成为人性的本质。因此，《易传》认为，"继之者善也，成之者性也"，人之善性不是一个静态的结构，而是"继之"与"成之"的动态过程。"继"是承继接续的意思，"之"是指一阴一阳之道，即客观外在的自然律。继之则为善，不继则不善，所以人必须自觉地去承继接续这种客观外在的自然律，使之变为自己主观内在的善。"成"是凝结实现的意思。"之"是既指客观外在的自然律，也指主观内在的善。成之则为性，不成则不能凝结实现人之所以为人的本质，所以人必须高度发挥主观能动性，加强道德修养，以进入"道义之门"。《易传》的这个思想，通天人，合内外，把发挥主体自觉的"自律"道德和遵循客观准则的"他律"道德融为一体，与孟、荀相比较，可以说既综合了二家之所长，又避免了二家之所短。

由于重视"他律"，所以《易传》认为，道德修养应以天地自然为效法的对象，以客观外在的伦理规范为衡量的准绳，以后天的学习积累为修养的功夫。《系辞》所谓"知崇礼卑，崇效天，卑法地"，是说智与礼两种道德都是效法天地而来的。智慧贵在崇高，礼节贵在谦卑，崇高是仿效天，谦卑是取法地。《乾卦·象传》："天行健，君子以自强不息。"《坤卦·象传》："地势坤，君子以厚德载物。"这是说，君子自强不息的进取精神是仿效天，厚德载物的宽容精神是取法地。《大壮·象传》："雷在天上，大壮。君子以非礼弗履。"《益卦·象传》："风雷，益。君子以见善则迁，有过则改。"这是说，应以客观外在的规范来衡量自己的行为。《大畜·象传》："天在山中，大畜。君子以多识前言往行，以畜其德。"《升卦·象传》："地中生木，升。君子以顺德，积小以高大。"这是说，道德的提高依赖于后天的学习积累。《易传》的这些思想与荀子的主张是极为类似的。

但是，《易传》除了重视"他律"以外，还重视"自律"，而与孟子的主张相类似。《晋卦·象传》："明出地上，晋。君子以自昭明德。"俞琰解释说："明德，君子固有之德也。自昭者，自有此明德而自明之也。夫人之德本明，其不明者，人欲蔽之耳。人欲蔽之，不能不少昏昧，而其本然之明，固未尝息也。忽尔省察而知所以自明焉，则吾本然之明亦如日之出地，而其明昭著，初无增损也。自之一字，盖谓由吾自己为之耳，非由乎人也。"（《周易集说》卷十二）俞琰的解释虽然带有后世理学的色彩，大体上却也不违反《易传》的本旨。照《易传》看来，人如能承继一阴一阳之道，并且凝成而为自己的善性，就有了固有之明德。明德常有所蔽，这就需要通过一番反身修己的内省功夫，使明德昭明彰著地呈现出来。《震卦·象传》："洊雷，震。君子以恐惧修省。"《蹇卦·象传》："山上有水，蹇。君子以反身修德。"《损卦·象传》："山下有泽，损。君子以惩忿窒欲。"《易传》所谓的恐惧是一种自我警惕，是对人性可能会丧失、人格不能完满实现的忧患。由于经常存有此种恐惧之感，所以激发出道德修养的高度自觉。至于

修养的方法，一方面是"反身修德"，即修养品德以增其善；另一方面是"惩忿窒欲"，即克制忿欲以损不善。《大有卦·象传》："火在天上，大有。君子以遏恶扬善。"这个"遏恶扬善"的过程，就其强调"自律"而言，其实是和孟子所说的扩充善端、求其放心的过程十分接近的。

这种"自律"与"他律"相结合的最完整的表述，就是《说卦传》所说的"穷理尽性以至于命"。所谓"穷理"是就"他律"而言的。理是客观外在的，为万化之根源，万事万物莫不有理，故必极深研几，向外以穷之。但此外在的理同时也是人之自性，此理之在我者，亦即在天地万物，其在天地万物者，亦即在我者，天与人本来就是合而为一的。故向外穷理与向内尽性是同一件事，不存在任何的矛盾。所谓尽，是说以自强不息的精神显发自性固有之无穷德用，自昭明德，使之毫无亏欠。这也就是"自律"。《乾卦·文言》："君子学以聚之，问以辨之，宽以居之，仁以行之。"《坤卦·文言》："直其正也，方其义也。君子敬以直内，义以方外，敬义立而德不孤。"这些说法都是强调必须同时在穷理与尽性两方面下功夫，才能合内外之道。穷理尽性若能做到极处，则至于命。命者，吾人与天地万物共有之本体，是道德修养所追求的最高目标。就本源的意义而言，人莫不有命，莫不有此本体，但却处于不自觉的蒙昧状态，"日用而不知"，所以必须通过一番向外穷理、向内尽性的修养工夫，才能回到自己的精神本源。向外穷理以求自己的智慧聪明睿智，有如天之高明，向内尽性以求自己的人格气象恢宏，有如地之博厚，这就达到了天人合一的最高境界，是人性的完满实现。

六 《周易》的涉世妙用智慧

明代万历年间，张居正出任内阁首辅，大力进行改革，政务繁忙，日理万机，但仍然热心地研究《周易》，从中汲取思想营养。他在《答胡剑西太史》的信中谈了自己的心得体会。他说：

> 弟甚喜杨诚斋《易传》，座中置一帙常玩之。窃以为六经所载，无非格言，至圣人涉世妙用，全在此书。自起居言动之微，至经纶天下之大，无一事不有微权妙用，无一事不可至命穷神，乃其妙即白首不能殚也，即圣人不能尽也，诚得一二，亦可以超世拔俗矣。（《张太岳集》卷三十五）

张居正是一位政治家，他是从改革事业的实践需要来研究《周易》的。他认为《周易》的智慧是一个发掘不尽的宝藏，无论是处理个人生活小事或国家政治大事，都可以从中得到启发。这种认识必定是一种经验之谈。究竟《周易》这部书蕴藏着一种什么样的智慧？为什么先秦的这部儒家典籍经历了十数个世纪之久，仍然具有强大的生命力，能给明代的张居正以启发？如果我们能够回答这个问题，探索出

《周易》智慧普遍性的哲学意义，也许《周易》这部书还能够对我们现代的改革事业发挥一定的作用。

张居正在上述的信中还说："《易》所谓困亨者，非以困能亨人，盖处困而不失其宜，乃可亨耳！""困"是穷困，"亨"是亨通，都是就客观环境对行为主体的关系而言。人们如果遇到困境，不能消极无为，坐以待亨，而必须"处困而不失其宜"，作出合理的对策，采取正确的行动，才能转困为亨。《周易》并没有具体告诉张居正应该作出何种对策，采取何种行动。但是，《周易》这种强调通过人们的主观能动性来促成环境朝着有利方面转化的思想，毫无疑问具有普遍性的哲学意义，曾经使张居正得到了很大的启迪和教益。

人们在实践活动中有时会遇到顺境。在这种情况下，常常会志满意得，头脑发昏，对事物进一步的发展丧失了清醒的认识。《乾卦》的上九对此提出警告："亢龙有悔。"《文言传》解释说："亢之为言也，知进而不知退，知存而不知亡，知得而不知丧。其唯圣人乎？知进退存亡而不失其正者，其唯圣人乎！"这就是告诉人们，事物的发展，有进必有退，有存必有亡，有得必有丧，不能只知其一，而不知其二。如果认识不清，急躁冒进，最后将会穷极而有悔。应该像圣人那样，头脑清醒，居安思危，动而不失其正，防止事物向不利方面转化，人们读了《周易》的这一段话，肯定也是有启发的。

《周易》共有六十四卦，三百八十四爻。每卦代表一种时态，一种由时间、地点、条件所制约的具体情境。每一爻则代表在此具体情境下人们的行为。行为是否正确，其后果是凶是吉，是祸是福，并不决定于行为的本身，而决定于行为是否适合具体情境的规定。人们在实践活动中经常遇到不同的情境，究竟应该作出何种对策，采取何种行动，都能在《周易》这部书中找到方法论上的指导。张居正根据他的切身经验，认为"六经所载，无非格言，至圣人涉世妙用，全在此书"，不仅回答了《周易》何以被列为群经之首的问题，而且相当精辟地指出了《周易》的智慧就在于"涉世妙用",具有强烈的实践功能,是一种指导人们正确行动的理论。

目前学术界都承认《周易》的理论思维达到了先秦哲学的高峰,着重于从宇宙论、本体论、辩证法的角度来进行研究,取得了十分可喜的成果。但是,关于《周易》的实践功能以及它的"涉世妙用"之智慧,则有待进一步去发掘。其实,《周易》的宇宙论、本体论和辩证法并不是对客观世界的一种纯粹理性的认识,而始终是和人们的实践行为紧密联系在一起的。《系辞》说:

> 夫《易》何为者也?夫《易》开物成务,冒天下之道,如斯而已者也。是故圣人以通天下之志,以定天下之业,以断天下之疑。

这一段话把认识客观世界的规律和人们对这种规律的利用两者结合起来论述,从而概括了《周易》这部书的性质和作用。按照《系辞》的这种说法,《周易》揭示客观世界的规律,目的是为了开通天下人的思想,成就天下人的事业,决断天下人的疑惑。张居正所体会到的"涉世妙用",主要是就这种实践功能而言的。如果我们今天能够从这个角度来研读这部先秦的典籍,也许会有一番新的体会,发现其中蕴藏着丰富的决策思想和管理思想。它不仅提供了一个博大精深的哲学体系,而且系统地研究了人们的行为,也是一部关于决策学和管理学的专门著作。

从《周易》这部书的形成过程来看,可以看出其中始终贯穿着一条认识与行为紧密相连的思维模式由低级向高级发展的线索。《周易》包括《易经》和《易传》两部分。《易经》本是一部卜筮之书。卜筮的起源可以追溯到传说中的伏羲时期,相当于原始社会的中期。当时人们的思维水平极为低下,所掌握的知识也很贫乏。他们为了实践上的需要,迫切关心自己的行为所带来的后果,于是通过卜筮来预测吉

凶祸福，作出估计和决定。虽然卜筮属于一种幼稚的宗教巫术，不可能正确地认识客观环境，但却表现了早期人类试图根据客观环境来决定主体行为的努力，其中包含着决策思想和管理思想最初的萌芽。大约到了殷、周之际，人们把卜筮的记录再加上一些对客观环境的观察和生活经验汇编成书，在遇到新情况、新问题时，去向它请教，从中寻求满意的答案。因此，《易经》这部卜筮之书，也可以看成是一部指导人们行为的参考书。春秋战国时期，人们的思维水平提高了，所掌握的知识丰富了，能够把客观环境看成是一个由天道、地道、人道组成的大系统，并且探索出支配这个大系统的根本规律是一阴一阳。这是认识上的一大飞跃。人们扬弃了《易经》的宗教巫术，而发展为《易传》的哲学思维。但是，《易经》的那种把认识与行为紧密相连的思维模式被完整地继承下来了。《易传》反复强调，人们对自然和社会的理性认识是为了指导自己的行动，以达到趋吉避凶、转祸为福的目的，大而言之，也就是"开物成务"，"以定天下之业"。因此，《易经》和《易传》虽然时代不同，所代表的思维水平也不同，但就其通过对客观环境的认识来决定主体行为的思维模式而言，可以说是共同的。

《系辞》对《周易》的读法作了许多提示。例如：

　　《易》有圣人之道四焉：以言者尚其辞，以动者尚其变，以制器者尚其象，以卜筮者尚其占。是以君子将有为也，将有行也，问焉而以言。其受命也如响。无有远近幽深，遂知来物。

　　是故君子所居而安者，易之序也；所乐而玩者，爻之辞也。是故君子居则观其象而玩其辞，动则观其变而玩其占。

　　在这两段提示中，最值得注意的是一个"玩"字。古人多半是用"玩"的读法来读《周易》的，并且写出以《周易玩辞》为题的著作。张居正也说他的读法是"座中置一帙常玩之"。"玩"就是玩味，带着一种感情色调，根据自己的切身经验去细细地体会其中所蕴含的深刻意味。这和一般哲学书的读法不同，不是诉之于抽象思维，不光着眼于逻辑的推理，而是把自己所遭遇的具体处境摆进去，在安居无事时是这样，在有所行动时更是应该如此。由于生活经验不断丰富，特别是由具体的处境所引发的问题经常变换，每一次去"玩"《周易》，都能产生一种新的体会，从而提高自己的智慧，对未来的吉凶祸福作出正确的预测，帮助自己采取适当的行动。所谓智慧，主要指人的应变能力，而不是指人的知识。《系辞》强调一个"玩"字，要求人们联系自己的处境去读《周易》，就是为了提高这种应变能力。当处于顺境时，应该居安思危；如果遇到困境，也不要陷入无望，而应该积极去谋求解脱之方。六十四卦所象征的六十四个时态，几乎囊括了人们所能遭遇的各种不同的处境，如果随时去细细体会，必定能使自己的决策思想和管理思想趋于上乘。这就是《周易》这部书赢得了不同时代不同人们的普遍喜好，使他们受到启迪和教益的原因所在。

凡是人类的行为，都是有目的的。目的有大有小，有低层次的目的，也有高层次的目的。如果说《易经》关于人类行为目的的研究多半是属于低层次的个人生活小事，诸如狩猎、旅行、经商、婚姻、争讼等等，那么《易传》则是提到国家政治大事的高度了。《周易》的屯卦䷂震下坎上，《象传》说："云雷，屯。君子以经纶。"坎为水，在上则为云，震为雷，有云有雷而未成雨，表示阴阳尚未和洽。就国家政治而言，则是屯难之世的象征。《易传》认为，君子在这个屯难之世，要像治理乱丝一样，理出丝绪，编丝成绳，使之由无序变为有序。"经纶"这个词用的是引申义，指对国家政治的良好管理。后来人们常常用"满腹经纶"来形容一个人具有卓越的政治智慧和管理才能。

《易传》认为，对国家政治的管理，最理想的目的就是"太和"。乾卦的《象传》说：

　　乾道变化,各正性命,保合太和,乃利贞。首出庶物,万国咸宁。

　　乾道即天道,天道是刚健中正的。太和就是最高的和谐,指各种矛盾的关系处于一种刚柔相应、协同配合的状态。这是说,由于乾道的变化,万物各得其性命之正,刚柔协调一致,相互配合,保持了最高的和谐,所以万物生成,天下太平。自从《周易》提出了这个太和境界,在二千多年的封建社会中,一直是著名思想家和政治家们奋力追求的理想。封建社会的所谓治世,就是太和境界在某种程度上得到了实现。相反,如果太和境界被破坏,就成了乱世了。中国的封建社会是在一治一乱的循环往复中曲折地前进的,历代的思想家和政治家殚思竭虑地探索由乱到治的转化,或者探索如何长久地保持治世的局面,防止它向乱世转化,都是围绕着太和境界这个最高理想而进行的。

　　固然,《周易》所提出的太和境界只是一种最高理想,始终不可能达到,但是,从行为学的角度来看,为了对国家政治实行有效的管理,使各种矛盾的关系由紊乱无序状态转变为协调有序状态,如果不树立一个太和境界作为奋力追求的理想,一切措施都将无从谈起。人类的行为是受目的支配的,目的与手段结成了一对矛盾统一体。《周易》不仅树立了一个管理国家政治的最高目的,而且系统地研究了如何处理各种矛盾以达到这个目的的方法。如果我们注意剔除其中封建性的糟粕,可以发现对《周易》的这种研究具有普遍性的哲学意义,是和现代的控制论、协同学息息相通的。

　　《系辞》说:“天尊地卑,乾坤定矣。卑高以陈,贵贱位矣。”这肯定了尊卑贵贱的等级制度,并认为是不可改变的。但是《周易》并不是着眼于为这种等级制度作理论上的辩护,而是从行为学的角度来研究调整的方法。以否卦为例。否卦☷坤下乾上,天在上,地在下,按理说本来是符合尊卑贵贱的等级制度的,但是《周易》认为,天在上,地在下,这固然是不可改变的,但就调整的方法而言,却是完全错误的。因为君主高高在上而不与臣民相交接，就会造成上下之间的关系极度紧张，以致天下大乱。相反，泰卦是大吉大利的。泰卦☷乾下坤上，天在下，地在上，对等级制度而言，显然不相符合。但是《易传》认为，这是缓和矛盾的最好方法，称之为"天地交，泰"。因为在上位者能交于下，在下位者能交于上，"上下交而其志同"，关系就不会紧张而变为和谐，国家政治就能稳定。

《周易》并不否认矛盾的存在，但是认为各种矛盾都是相反相成的。比如睽卦☲兑下离上，是矛盾的象征。《彖传》解释说："天地睽而其事同也，男女睽而其志通也，万物睽而其事类也。睽之时用大矣哉！"有时矛盾也会激化，一方企图消灭另一方，发生了斗争。《周易》认为，在这种情况下，应该主动地进行变革。革卦的《彖传》说："革而当，其悔乃亡。天地革而四时成。汤武革命，顺乎天而应乎人。革之时大矣哉！"

《周易》一方面树立了太和境界作为奋力追求的理想，另一方面对客观环境中各种错综复杂的矛盾作了全面的估计，着重于指导人们采取合理的决策，实行有效的管理，其中确实蕴藏着丰富的智慧。环境是千变万化的，人们的决策和管理也没有一成不变的公式可以遵循。《系辞》指出："化而裁之存乎变，推而行之存乎通，神而明之存乎其人。"这就是所谓"运用之妙存乎一心"的意思。如果我们把《周易》看作是古代的一部关于决策学和管理学的专著，联系到现代所面临的实际问题，用"玩"的读法去细细体会，也许这部书对提高我们的应变能力会有些帮助。

七 《周易》的太和思想

　　春秋战国时期，中国社会进行着剧烈的变革，旧的社会秩序业已崩溃，新的社会秩序尚未建立。当时的诸子百家都是一些伟大的理想主义者，他们为即将到来的新社会提出了各自的设计方案，并四处奔走游说，为实现自己的理想而奋斗。儒家的理想与其他各家相比，是别具一格的，他们希望建立一种以周制为蓝本的适应新时代需要的礼乐制度。礼的原则是别异，把人们区分为上下贵贱的等级；乐的原则是合同，使不同身份地位的人和谐一致。这两个原则是对立的，但是儒家认为，它们是可以统一的。如果把二者有机地结合起来，使之互相制约，无过无不及，达到一种最佳的配置状态，就能使整个社会既有秩序井然的等级之分，又能融洽和睦，团结合作。这就是儒家所追求的社会理想。

　　但是，当时的现实情况却常常是这种理想的反面。上下贵贱的等级区分固然是有了，然而相互之间的关系却是紧张而冲突的，在上者专横暴虐，在下者犯上作乱，造成了社会的动荡不安，使和谐化为乌有。有时虽然由于双方力量对比处于暂时的均势，呈现出某种和谐的局面，但是这种和谐孕育着危机，很快就会使情势恶化，与理想的和谐相距甚远。儒家并不是空想的乌托邦主义者，他们积极从事社会实践活动，知其不可为而为之，力图在现实与理想之间架设一道桥梁。

儒家并不否认社会上实际存在着冲突，荀子甚至从人性论的角度论证了这是一个必然且不可避免的现象。但是，儒家与法家不同，他们坚持认为，这种冲突是不合理的，必须加以调整，使之趋于和谐。为了把各种人际关系理顺，儒家认为，决不能像法家那样去提倡和鼓励人们的冲突意识，而应该遵循一种相对性的伦理规范。所谓相对性，就是说每个人都要根据人与人的相互依存关系来进行自我约束，以己之心度人之心、推己及人，己所不欲、勿施于人，不能只考虑到自己的利益和立场，而要尊重对方，理解对方，考虑到对方的利益和立场。这就是儒家所一贯主张的"忠恕之道"，也叫作"中"。"中"是结合两个对立的极端的最佳尺度，能够把在上者与在下者之间的相互依存关系处理得恰到好处。在上者如果以"中"来自我约束，就可以纠正专横暴虐的偏向而赢得在下者的支持拥护，稳定地保持自己的地位。反之，如果在下者以"中"来自我约束，就不会犯上作乱而换取到在上者的关心爱护，从而安居乐业。这种相对性的伦理规范可以在上下之间建立相互信任、彼此合作的关系，从而使整个社会得以安定团结和欣欣向荣。这就是所谓的"和"。儒家认为，只有"中"才能"和"，不"中"则不"和"，"中"是实现"和"的必要条件，而"和"则是社会安定的基础。

因此，儒家不仅对冲突产生的根源以及和谐所需要的条件作了充分的研究，而且根据客观形势的不同，审时度势，通权达变，研究了如何使冲突转化为和谐的调整方略。儒家的这种研究在《周易》中上升到了哲学的高度，终于建构成了一个完整的理论体系。

《周易》以阴阳学说为核心，以六十四卦、三百八十四爻为框架结构，对于这种研究具有特殊的优越性。阴阳学说把社会上各种复杂的人际关系抽象地概括为两种对立的势力，在上者属于阳，在下者属

于阴。阳为刚，起着创始、施予、主动和领导的作用；阴为柔，起着完成、接受、被动和服从的作用。当这两种对立的势力配置得当，就会出现和谐的局面；反之，则要产生冲突。因此，阴阳学说为研究冲突与和谐提供了极大的方便，可以摆脱具体感性的束缚而潜心于原理的研究。六十四卦是由阴、阳两爻不同的排列组合所形成的，象征着社会人际关系中各种力量的对比和配置情况，其中有的和谐，有的冲突，而和谐与冲突还表现为不同的程度之差。因此，六十四卦实际上就是以象数形式构造而成的六十四种关于冲突与和谐的模型。人们对每卦六爻的配置与变化进行分析，就可以对客观的形势有所领悟，也可以对未来的发展作出预测。至于组成六十四卦的三百八十四爻，则象征着人们的行为模式和准则。爻是服从于卦的，人们的行为是受客观形势所支配的。同样的行为在某种形势之下可以是吉，在另一种形势之下就变成了凶。因此，如何趋吉避凶、转祸为福、化冲突为和谐，应该视形势的不同而通权达变，并没有一成不变的公式。如果说阴阳学说是关于原理的研究，六十四卦则是对形势的分析，那么三百八十四爻就是联系人们的行为，深入到决策和管理的实际应用领域中来了。

《周易》在乾卦的《彖传》中首先提出了"太和"的思想，认为由于乾道的变化，万物各得其性命之正，刚柔协调一致，相互配合，保持了最高的和谐，所以万物生成，天下太平。这种最高的和谐并非如道家所设想的那样，是一种无须改变的既成事实，而是一种有待争取的理想目标。因此，《周易》重视发挥"自强不息"的奋发有为精神，而与道家那种强调无为的思想不相同。

在《周易》的体例中，一般来说，天地、阴阳、刚柔之间上下尊卑的等级地位是不能颠倒的，顺之则吉，逆之则凶。如果阴不安于自己被支配的地位而求比拟于阳，就会引起冲突。但是，从另一方面来看，如果阳得不到阴的支持与拥护，刚愎自用，一意孤行，也将陷入困境，导致灭亡。因此，阴阳应该根据各自所处的地位向着对方作不懈的追求，阴求阳，阳求阴。如果这种追求取得成功而达到了最佳的结合，那就是理想的和谐了。《周易》的恒卦充分表现了这一思想。恒卦的卦象䷟巽下震上，震为刚，巽为柔，刚上而柔下，尊卑所处的地位是正常的。震为雷，巽为风，雷和风是相互配合的。震为动，巽为顺，动作是顺应自然的。卦的六爻，初六与九四相应，九二与六五相应，九三与上六相应，刚爻与柔爻全面相应，它们是协调一致的。这样一种结合状态合乎恒久之道。《周易》认为，恒久之道是宇宙的永恒规律，自然界的日月运行、四时变化是如此，社会人事上的变通随时、化成天下也是如此。再以豫卦为例。豫卦的卦象䷏坤下震上，坤为阴、为柔、为顺，震为阳、为刚、为动。卦的六爻，九四为阳爻，上下五阴爻应之。"豫"是悦乐的意思，这是一种理想的状态。《周易》认为，豫卦的卦象就象征着这种理想的状态，豫卦刚上而柔下，五柔应一刚，是刚柔相应之象。既然刚为柔应，对立着的两个方面协调一致，则刚之行动必然得到柔的顺从和拥护，做任何事情都能如意，动作顺应自然，上下都悦乐。悦乐的根本条件就是"以顺动"，柔能顺刚，刚柔的动作在各自所应处的地位上协同配合。天地以顺动，所以日月运行、四时变化不发生错乱；圣人以顺动，所以刑罚清明，人民悦服。

但是，阴、阳两种对立势力不断推移运动以及互相争夺领导权的斗争，常常出现阳刚过头或者阴柔太甚的情况，这就破坏了和谐而转化为某种程度的危机。比如困卦。困卦的卦象䷮下坎上兑，坎为水，兑为泽，水在泽之下，说明泽中之水已经枯竭，是困穷之象。卦的六爻，九二被初六、六三所围困，九四、九五又被六三、上六所围困。刚爻不能得到柔爻的支持，反而被柔爻所围困，这就陷入困境，穷而不能自振了。再以大过卦为例。大过卦的卦象䷡下巽上兑，四个刚爻均集中在中间，迫使两个柔爻退居本末之地，阳刚过头而失去阴柔的辅助，象征"栋挠之世"，即屋正中之横梁不足以支持其屋盖而挠曲，大厦

将倾。《周易》认为，在这两种情况下，都应采取适当的对策，进行有效的调整，如果阴柔太甚，则应培育阳刚；如果阳刚过头，则应扶植阴柔。总之，只有使阳刚与阴柔始终保持一种均势，能够完美地发挥协同配合的作用，才能复归于和谐。这就是所谓的"燮理阴阳"。

《周易》并不拒绝革命性的变革。当阴、阳两种对立势力矛盾激化时，就会产生一方企图消灭另一方的斗争。《周易》认为，在这种情况下，应该主动地进行变革，如果变革得当，"其悔乃亡"。比如革卦。革卦的卦象☲下离上兑，离为火，兑为水；离为中女，兑为少女。水居于火之上而企图使火熄灭，火居于水之下而企图把水烧干。此外，"二女同居，其志不相得"，象征着矛盾激化，难以调和，革命的形势已经到来。《周易》满怀激情地把变革赞扬为宇宙的普遍规律，认为由于天地之间的变革，所以形成四时，促进万物生生不已，商汤王和周武王所发动的革命，顺乎天而应乎人，也促进了人类社会的发展。

至于变革的目的，《周易》认为，并不是为了使一方消灭另一方，而是要达到一种刚柔在各自所应处的地位上协同配合的局面。《周易》的这一思想在节卦中表现得最为明显。节卦的卦象☵下兑上坎，坎为刚，兑为柔，刚上而柔下。卦的六爻，三刚三柔平分均衡，而且九五、九二两刚爻又分居上、下卦之中位。《周易》称之为"刚柔分而刚得中"，象征着一种合理的制度，因为刚居于领导的地位，遵循正中之道的准则，柔服从刚的领导，诚心配合，这就无往而不亨通了。所谓"节"，既是一种制度，也是一种度量的标准，总的目的是使社会上的各种人际关系趋于和谐。如果过分强调刚柔之分，以致为节过苦，这是人们所不能忍受的；相反，如果着眼于和谐，则人们就会自觉地接受制度的约束，做到"安节"、"甘节"，既能安于各自所应处的地位，又能普遍地感到心情舒畅。

因此，《周易》虽然站在儒家的立场，强调君臣、父子、夫妇之间的等级制度是不可改变的，但是着眼于整个社会的和谐，从行为学的角度来研究调整的方法，反复阐述居于支配地位的刚应该与柔相应，合乎正中之道，保持谦逊的美德。在必要时，可以居于柔下，损刚益柔，以贵下贱，争取被支配者的顺从和拥护。

《周易》的这一思想是根据阴、阳二气互相感应的原理，合于逻辑地引申出来的。天地之间不能有阴而无阳，或者有阳而无阴，只有阴阳交感才能化生万物，组成社会。这是一个互相给予的过程。但是，由于阳性刚而主动，阴性柔而被动，为了使互相给予的过程得以顺利完成，有必要柔上而刚下，交换一下位置。咸卦充分表现了这个思想。咸卦的卦象☱下艮上兑，艮为少男，兑为少女，艮刚而兑柔。就阴、阳二气而言，阳气由上而降于下，阴气由下而升于上，说明已经产生了感应，完成了互相给予的过程。就男女的结合而言，少男居于少女之下，感情沟通，相亲相爱，终于结为夫妻。《周易》认为，刚与柔、男与女之间的互相感应是宇宙的普遍规律，正是由于这种普遍规律的作用，所以才促使天地万物以及人类社会各种对立的势力产生功能性的协调，从而构成为一个有机的统一体。

有时由于客观形势的变化，柔爻居于尊位而为一卦之主，发挥支配和领导作用。《周易》认为，在这种情况下，只要柔爻的行为合乎正中之道，而又能与刚爻相应，得到它们强而有力的扶助，也可以保持整体的和谐，做到上下一心，协同配合。比如大有卦。大有卦的卦象☲下乾上离，其中一柔五刚，六五以一阴而统帅众阳，虽然显得柔弱而力不胜任，但是由于争取到上下五个刚爻的支持，行为公正，所以事事亨通，是个吉卦。再以未济卦为例。未济卦是由既济卦发展而来的。既济意味着已经取得成功，未济则表示尚未取得成功。由既济发展为未济，说明原有的和谐局面不复存在，冲突重又开启。因此，未济卦主要象征着不吉利，它是一个发展序列的终结，又是另一个发展序列的开始。但是，《周易》认为，虽然如此，成功的可能性仍然是存在的，根据在于未济卦的六五爻居于尊位而得中，洋溢着一种"君

子之光"，能够与其他刚爻同心协力，共同渡过难关。未济卦的卦象☲☵下坎上离，六五爻居于支配的地位，柔而得中，又得到九二爻刚中的支持，这就能发挥刚柔相济的作用，既不过柔，又不过刚，加上上九与九四的辅助，所以就整个形势的发展前景而言，最终是会转化为亨通的。

《周易》反复强调，这部书写作的目的，是为了开通天下人的思想，成就天下人的事业，决断天下人的疑惑。这也就是说，《周易》关于冲突与和谐的研究，主要不是为人们提供一种抽象思辨的形而上学原理，而是着重于实际应用的控制和管理社会的行为，具体指导人们如何发挥主观能动性，作出最佳的决策，变无序为有序，化冲突为和谐。《周易》站在儒家的立场，十分重视道德伦理的作用，极力宣扬一种德治思想。《象传》对六十四卦卦象的解释，集中体现了《周易》的这一特色。

儒家的道德伦理规范，最重要的是礼。履卦的卦象☰☱兑下乾上，乾为天，兑为泽。《象传》认为，天在上，泽居下，履卦的这种卦象就象征着一种等级的秩序，也就是礼。君子看了这种卦象，应该辨别上下之分，使人民遵循礼的约束，把思想统一起来。大壮卦的卦象☳☰乾下震上，震为雷，乾为天。《象传》认为，雷凌驾于天之上而震动，声威甚壮，象征着以卑乘尊，壮而违礼，这种形势是反常的。君子看了这种卦象，应该戒惧警惕，严格要求自己，不要做出非礼的行为。

儒家的德治思想强调关心人民的生活，如果人民的生活失去保障，就会危及在上者的统治地位，破坏整个社会的和谐。剥卦意味着剥落，阴柔的势力发展强盛而侵犯阳刚，阳刚即将剥落，是个不吉利的卦。它的卦象☶☷坤下艮上，坤为地，艮为山，高山必依附于大地，居上位的统治者必依附于居下位的广大民众，高山剥落，则与地平，广大民众的生活不能稳定，统治者的地位也将倾覆。《象传》认为，君子看了这个卦象，应该采取一系列的措施来稳定人民的生活，使他

们安居乐业。儒家德治思想的另一重要内容就是施行教化。《象传》
认为，这可以从观卦得到有益的启示。观卦的卦象 ䷛ 坤下巽上，坤为
地，巽为风，风行于地上，象征万物均受和风吹拂。国君效法这种卦象，
巡视各方，观察民情，推行教化，使广大民众都受到教化的熏陶，以
造成一种良风美俗。为了维持整个社会的和谐，除了满足人民物质生
活的需求以外，加强人民精神生活的联系，也是必不可少的。

　　《周易》的三百八十四爻，对人们的具体行为作了充分的研究。
行为是与环境紧密联系在一起的。在好的环境之下，如果行为不当，
犯了错误，就会引起危机，使原有的和谐转化为冲突。反之，如果环
境不利，主体的行为正确得当，也能化险为夷，复归于和谐。比如继
革卦以后的鼎卦，从总体来看，是经过革命而迎来的一派太平鼎盛的
景象，所谓"革故鼎新"，指的就是旧的不合理的制度业已革除，崭
新的合理制度正在创立。但鼎卦的九四爻却闯下大祸，导致凶的后果。
因为九四爻象征大臣德薄而居于尊位，知小而谋划大事，力小而担负
重任，这就必然不胜其任，把好事办坏。反之，蹇卦是一个险难之卦。
蹇卦的卦象 ䷦ 艮下坎上，坎为险，艮为止，象征遇到险难而止步不前。
但是，九五爻以刚中之德，居大人之位，又争取到其他五爻齐心相助，
虽处于险难的环境之下，也能安邦正国，建功立业。

　　《周易》在三百八十四爻中结合客观环境对人们的各种行为一一
作出了评价，这些评价大致可以分为四类：第一类是吉，指行为正确，
事情办得成功；第二类是凶，指行为错误，把事情办失败了；第三类
是悔吝，指犯了较小的错误而遇到困难，心情忧虑烦闷；第四类是无
咎，指虽犯了错误，但善于改正，避免了大的损失。这些评价贯穿着
一个总的精神，就是对矛盾冲突强烈的忧患意识以及对太和理想的执
着追求。它反复教导人们，特别是居于上位的执政者和负有社会责任
的君子，应该谦虚谨慎，自强不息，努力提高自己的应变能力，当处
于顺境时，要居安思危；如果处于困境，也不要陷入绝望，而应该积

极去谋求解脱之方。因此,《周易》关于冲突与和谐的研究,一方面洋溢着一种奋发有为的高昂的理想主义,另一方面又对复杂多变的现实环境有着清醒的客观认识,既是理想主义的,又是现实主义的。这也是儒家思想的一个重要特色。

战国时期,分裂割据,战争频仍,社会激烈动荡,各种各样的矛盾冲突此起彼伏。究竟如何结束这种局面,建立一种正常的社会秩序呢?当时的儒家和法家对这个问题作出了截然不同的回答。儒家认为,应该立足于和谐,致力于调整。法家则认为,应该立足于冲突,运用强制的手段,按照统治与服从的模式来重新组合社会。韩非曾说:"上古竞于道德,中世逐于智谋,当今争于气力。"法家把整个人类的历史看作是一部冲突的历史、斗争的历史,因而很自然地也就把权力之间的争夺看作是社会结构和社会关系的核心,所有的伦理道德都是虚伪的、不真实的,为了维持社会的稳定,只能以掌握了最高权力的专制君主所颁布的法令为准则。法家的这种理论也许是指出了人类社会上确实存在的严酷的事实,自有其一定的根据。当年秦始皇统一中国就是以法家的理论为指导,如果听从儒家的劝告,大概不会取得成功。但是,历史的发展也证明了儒家理论的预见有着惊人的准确性。权力是一个相对性的概念,统治与服从的关系是可以互相转化的。如果专制君主自认为掌握了绝对的权力,忽视阴阳协调、刚柔相济的原理,为所欲为,不加节制,知进而不知退,知存而不知亡,知得而不知失,其最后的结果必然是陷入失败。秦王朝从建立到灭亡,只有短短的十五年,成功与失败都来得十分突然。

关于秦王朝的兴亡,历代都在进行热烈的讨论,而这种讨论在哲学上就上升为两种根本对立的整体观之比较研究了。究竟人类社会生活的整体是立足于和谐还是立足于冲突?如何去认识和把握这个整体的内部机制?虽然就事实的角度而言,任何人也无法否认冲突的存在,但是,人类社会毕竟是人们必须生活于其中的家园,在一个无休止的争吵的家园中长期生活而能怡然自得是难以想象的。这也就是说，人们是怀着主体自身的目的、理想和价值观念去参加社会实践活动的，带有强烈的倾向性和选择性。因此，儒家的理论在这种比较研究中取得了压倒的优势，不仅为许多思想家和政治家所接受，而且也迎合了广大普通老百姓的心愿。

古今中外的历史有许多的个性，也有许多的共性。生活在中国先秦时期的人们所面临的一些问题，在当今的世界也常常会遇到。由于科学技术的飞速发展，我们生活的世界变得越来越小了。但是，我们并没有把各种人际关系理顺，也没有找到一种有效的手段来抑制和根除爆发于各地的大大小小的冲突，如同儒家所说的那样，呈现出一种阴阳失调、乖戾反常的景象，我们仍未把这个世界建设成为一个舒适的家园。在这种情况下，如果我们回温一下《周易》的太和思想，激发更多的人们去追求最完美的和谐，共同谋划一种如同天地万物那样调适畅达、各得其所的社会发展前景，或许是有益的。

八 易学中的管理思想

（一）《易》为管理之书

《周易》是由《易经》和《易传》两种不同性质的书所组成的。《易经》大约形成于殷周之际，本为卜筮之书，属于巫术文化范畴。《易传》包括十翼，是对《易经》的一部解释性的著作，大约于战国末年经多人之手陆续写成，就其思想内容的基本性质而言，则是一部哲学之书，与《易经》本文的那种卜筮巫术大异其趣。但是，在几千年来的经学传统中，向来是经传不分，把《周易》看成是一部完整的著作，认为《易经》的卜筮与《易传》的哲学并不存在任何的矛盾，而是有机地结为一体，具有统一的性质。按照这种看法，《周易》中的卜筮经过哲学的改造，是一种哲学化了的卜筮，而不同于原始蒙昧的巫术，其中的哲学是在卜筮的基础上建立起来的，用以趋吉避凶，指导人们的决策行为，而不同于那些单以理性认识为目的的较为纯粹的哲学。这种看法实际上是把《周易》看作既非卜筮之书，亦非哲学之书，而是一部管理之书。尽管其中包含有卜筮与哲学两种不同的成分，却在管理思想上获得了有机的统一。由于这种看法是以《易传》的经典表述为依

142

据的，所以在易学史上一直占据着主流地位，成为人们的共识。

《易传》反复强调，《周易》的阴阳哲学不仅是对客观世界的一种纯粹理性的认识，而且与人们的决策管理活动紧密相连，具有强烈的实践功能。《系辞》说："夫《易》何为者也？夫《易》开物成务，冒天下之道，如斯而已者也。是故圣人以通天下之志，以定天下之业，以断天下之疑。"所谓"开物"即开达物理，"成务"即成就事务。这就是说，《周易》是一部"开物成务"之书，其中的易道囊括了天地万物之理，可以启发人们的智慧，开通人们的思想，把易道用于处理实际的事务，就能通权达变，决断疑惑，采取正确的行动，做成一番事业。《系辞》进一步阐述这一思想说："夫《易》，圣人之所以极深而研几也。唯深也，故能通天下之志；唯几也，故能成天下之务；唯神也，故不疾而速，不行而至。"所谓"神"即阴阳变化神妙不测的客观规律，"几"即阴阳变化的苗头、吉凶祸福的先兆。这就是说，《周易》这部书，其根本之点在于"极深而研几"，教人深刻地掌握阴阳变化的客观规律，用来指导主体的行为，使之达到随机应变、应付自如的神化境界。当人们有所行动、有所作为，面对着复杂变幻的客观形势而举棋不定、犹豫不决之际，只要向《周易》请教，就能得到满意的回答。因而《周易》这部书把认识客观规律和人们对这种规律的利用两者结合起来，指导人们根据形势的变化采取正确的决策，实质上是一部"开物成务"、"极深研几"之书，也就是一部关于决策管理之书。

从发生学的角度来看，关于决策管理的思想，早在人类文化发展的蒙昧阶段就已经有了萌芽。当时人们的思维水平极为低下，所掌握的知识也很贫乏。他们为了实践上的需要，迫切关心自己的行为所带来的后果，于是通过卜筮来预测吉凶祸福，作出估计和决定。虽然卜筮属于一种幼稚的宗教巫术，不可能正确地认识客观环境，但是表现出早期人类试图根据客观环境来决定主体行为的努力，其中包含着决

策思想和管理思想最初的萌芽。大约到了殷周之际，人们把卜筮的记录再加上一些对客观环境的观察和生活经验的总结汇编成书，用来指导人们的行为，解答诸如狩猎、旅行、经商、婚姻、争讼一类的问题。因此，《易经》这部卜筮之书，就是一部以巫术文化为背景的决策管理之书。到了春秋战国时期，人们的思维水平提高了，所掌握的知识丰富了，能够把客观环境看成是一个由天道、地道、人道组成的大系统，并且探索出支配这个大系统的根本规律是一阴一阳。这是认识上的一个大飞跃。人们扬弃了《易经》中的宗教巫术，而发展为《易传》的哲学思维。但是，《易传》作为一部解经之作，并没有否定卜筮，只是站在阴阳哲学的高度对卜筮进行了创造性的转化，《易经》的那种把认识与行为紧密相连的思维模式被完整地继承下来了。因此，《易经》和《易传》虽然产生的文化背景不同，所代表的思维水平不同，但就其用于决策管理的基本性质而言，可以说是完全相同的。

汉代以后，易学分化而为"两派六宗"。历代的易学家，无论是属于何派何宗，都把《周易》看作是一部管理之书，并且结合具体的历史条件和时代需要来发挥其中的管理思想。比如汉代的易学认为："凡《易》八卦之气，验应各如其法度，则阴阳和，六律调，风雨时，五谷成熟，人民取昌，此圣帝明王所以致太平法。"（《易纬通卦验》）魏晋时期，阮籍作《通易论》，称《周易》为变经，认为其中所讲的变化之道是决策管理所必须遵循的规律。"顺之者存，逆之者亡，得之者身安，失之者身危。故犯之以别求者，虽吉必凶；知之以守笃者，虽穷必通"。宋代是易学研究的繁荣时期，各家各派的易学都致力于发挥《周易》安邦定国、经世济民的管理思想，强调《周易》的实践功能。比如胡瑗称《周易》为"明体达用"之书。李觏认为，《周易》的主旨在于"急乎天下国家之用"，"君得之以为君，臣得之以为臣"。欧阳修指出："六经皆载圣人之道，而《易》尤明圣人之用。吉凶得失动静进退，《易》之事也。"程颐指出："《易》，变易也，随时变易以从道也。”“凡六爻，人人有用。圣人自有圣人用，贤人自有贤人用，众人自有众人用，学者自有学者用，君有君用，臣有臣用，无所不通。”杨万里在《诚斋易传》中进一步指出，《周易》不仅讲“变”，而且讲“通变”。“变”是就客观事物的变化而言，“通变”则是指人们主观上的应变之方。客观事物的变化，有得有失，有治有乱，并不尽如人意。圣人为此感到忧虑，从管理的角度研究使现实符合于理想的通变之道，这是作《易》的根本用心所在。这种通变之道能够启发人们的智慧，指导人们的决策。“得其道者，蛊可哲，懑可淑，眚可福，危可安，乱可治，致身圣贤而跻世泰和，犹反手也”。明代的改革家张居正十分推崇《诚斋易传》。他在政务繁忙、日理万机之际，仍然抽出时间热心地研读，从中汲取决策管理思想，指导自己的改革事业。他在《答胡剑西太史》的信中谈了自己的心得体会。他说：“弟甚喜杨诚斋《易传》，座中置一帙常玩之。窃以为六经所载，无非格言，至圣人涉世妙用，全在此书。”张居正所说的“涉世妙用”，就是杨万里所说的“通变之道”，也就是《系辞》所说的“开物成务”、“极深研几”，总的意思都是指蕴含于《周易》中的博大精深的决策管理思想。

由此可以看出，《周易》作为一部管理之书的基本性质为历代的易学家所一致认同，其中的思想精髓在以后的历史进程中不断得到新的阐释和发挥，最终形成了一整套中国式的管理学体系。这套体系不仅拥有一系列决策管理的操作原则，而且提炼出了一套具有普遍意义的管理学基本原理，并发展出了一种体现着东方智慧的管理哲学。易学管理思想作为中国传统文化的一部分，经历了几千年历史的反复锤炼，凝聚着中华民族的智慧，我们应当珍惜这份宝贵遗产，发掘出其中属于全人类的超越时代的普遍意义，使之在现代社会生活中继续指导人们的思想和行动。

（二）管理的最高目标

《周易》认为，管理所追求的最高目标就是"保合太和"。这是《周易》的核心思想，它的一整套管理哲学都是以这一基本的价值观念作为理论支点的。《乾卦·象传》指出："乾道变化，各正性命，保合太和，乃利贞。首出庶物，万国咸宁。""太和"即最高的和谐，包括人与自然的和谐以及人与人之间的和谐，"保合太和"即通过人的主观努力，加以保合之功，不断地进行调控，使之长久保持，来造就一种符合人们所期望的万物繁庶、天下太平的良好局面。《周易》提出的这个太和境界，在二千多年的封建社会中，一直是著名思想家和政治家奋力追求的理想。封建社会的所谓"治世"，就是太和境界在某种程度上得到了实现。相反，如果太和境界被破坏，就成了乱世了。中国的封建社会是在一治一乱的循环往复中曲折地前进的，历代的思想家和政治家殚思竭虑地探索由乱到治的转化，或者探索如何长久地保持治世的局面，防止它向乱世转化，都是围绕着太和境界这个最高理想进行的。

《周易》对管理目标的这种设定，并非出于主观的一厢情愿，而是根据对支配客观世界的阴阳规律的深刻理解，本着推天道以明人事的精神而立论的。照《周易》看来，整个客观世界是由阴阳两大势力所组成的，处于普遍的联系之中，是个一体化的大系统，表现为大化流行的动态过程，生生不已，变化日新。其内在的动力机制则是阴与阳的协调并济，相反相成。阳之性为刚健，阴之性为柔顺；阳之功能为创生，阴之功能为成全；阳居于领导的地位，阴居于从属的地位。此二者的关系，既对立，又统一，相互依存，彼此感应，由此而形成"天地交泰"，这就是宇宙的和谐、自然的和谐。但是，天地无心而成化，鼓万物而不与圣人同忧，无计度，无目的，不会有什么管理行为。管理行为是人类所特有的，必须设定一个价值取向，有计度有目的地来经营谋划，重新安排。天地无心，人类有心。天地无为，人类有为。

这是宇宙的自然史与人类的文明史的根本区别所在。《泰卦·象传》说："天地交泰。后以裁成天地之道，辅相天地之宜，以左右民。""天地交泰"是指自然界的和谐规律，"裁成"、"辅相"是指人类的管理行为。管理之所以必要，是因为天能生物而不能辨物，地能载人而不能治人，天与人各有不同的分职。管理之所以可能，是因为人类可以推天道以明人事，顺应自然界的和谐规律来参赞天地之化育，促进事物的发展，并且谋划一种和谐的、自由的、舒畅的社会发展前景，使得社会领域的君臣、父子、夫妇的人际关系能够像天地万物那样调适畅达，各得其所。因而按照本然之真来设定应然之善，把价值理性建立在科学理性的基础之上，就成为《周易》管理哲学的一个基本着眼点。

《周易》用形象化的说法把人类的管理行为比喻为"经纶"。"经纶"的本义是指治理乱丝，理出头绪，使之由紊乱无序的状态变为井井有条的有序状态。《周易》认为，人类的管理行为也和这种治理乱丝的活动相类似。《屯卦·象传》说："云雷，屯。君子以经纶。"屯卦的卦象☵坎上震下，坎为云，震为雷，云在雷之上，将雨而未雨，表示刚柔始交，阴阳尚未和洽，象征屯难之世。就天象而言，这是天地造始之时，雷雨之动充盈于宇间，冥昧混沌，万物萌动，虽有蓬勃之生机，却是艰难丛生，整个世界呈现一片紊乱的无序状态。就人事而言，情形也同样如此，和谐的秩序尚未建立，社会很不安宁。君子观此卦象，推天道以明人事，应该发扬刚健有为的精神，要像治理乱丝一样，理出丝绪，编丝成绳，使之由无序变为有序。"经纶"这个词用的是引申义，指的是对国家政治良好的管理。后来人们常常用"满腹经纶"来形容一个人具有卓越的政治智慧和管理才能。

经纶所指向的目标既是一种和谐的秩序，也是一种有秩序的和谐。秩序是结构性的原理，和谐是功能性的原理，由于阴与阳的关系分中有合，合中有分，所以秩序与和谐的有机统一内在于阴与阳的关系之中，是易道的本质。照《周易》看来，宇宙自然的组织是由两个

不同的方面共同构成的，一方面是阴阳之分，另一方面是阴阳之合，二者缺一不可。《系辞》说："天地细缊，万物化醇；男女构精，万物化生。""天地"、"男女"，指的是阴阳之分；"细缊"、"构精"，指的是阴阳之合。就阴阳之分而言，天尊地卑，男女有别，两两相对，各正其位，在结构上表现为一种有层次等级的正常秩序。就阴阳之合而言，天与地相互感应，男与女匹配交合，化育万物，生机盎然，在功能上表现为一种融洽无间结为一体的和谐。人类社会的组织是效法宇宙自然的组织建立起来的，不仅要强调阴阳之分，也要重视阴阳之合。如果人类社会的人际关系只有阴阳之分而无阴阳之合，就会像否卦的卦象所象征的那样，形成否结不通的状态，造成"上下不交而天下无邦"的后果，整个社会失去了联系的纽带，分崩离析，陷入解体了。相反，如果只有阴阳之合而无阴阳之分，就会上下不分，贵贱不明，秩序混乱，社会生活也难以正常运转。因此，和谐必以秩序为前提，秩序也必以和谐为依据，人类社会的组织只有同时满足这两方面的要求才能合理。而所谓管理行为，其实质性的含义也就是尽可能地在阴阳之分与阴阳之合的错综复杂的关系中保持一种动态的平衡，对组织目标进行不懈的追求。

　　《周易》根据这一思想设计了许多理想的模型。比如节卦☵坎上兑下，其卦义为制度之名，节止之义。《彖传》解释说："节亨，刚柔分而刚得中。苦节不可贞，其道穷也。说以行险，当位以节，中正以通。天地节而四时成，节以制度，不伤财，不害民。"从卦象来看，坎为刚，兑为柔，刚上而柔下。卦的六爻，三刚三柔平分均衡，而且九五、九二两刚爻又分居上下卦之中位，这就是"刚柔分而刚得中"，象征着一种合理的制度。因为刚居于领导的地位，遵循正中之道的准则，柔服从刚的领导，诚心配合，刚与柔的配置有分有合，同时满足了秩序与和谐的双重要求，所以无往而不亨通。所谓"节"，既是一种制度，也是一种衡量的标准，总的目的是要效法天道，做到"不伤财，不害民"。如果过分强调刚柔之分，以致为节过苦，就成了一种痛苦的制度，称之为"苦节"，这是人们所不能忍受的，而且"苦节不可贞"，这种制度也不可能维持长久。相反，如果着眼于和谐，则人们就会自觉地接受制度的约束，做到"安节"、"甘节"，既能安于各自所应处的地位，又能普遍地感到心情舒畅。

在《周易》六十四卦中，既济卦䷾坎上离下，六爻皆正而位当，六二、九五既中且正，象征社会组织系统把阴阳之分与阴阳之合这两个不同的方面结合得恰到好处，由结构生发出高效率的功能，而功能又反过来促进结构的稳定，是一种最理想的社会模型，所以称之为既济。既济就是万事皆济，所有的事情都已成功。既济卦的六爻，阳居阳位，阴居阴位，刚柔正而位当，象征尊卑贵贱的等级秩序业已完全理顺，没有丝毫颠倒混乱的现象。初与四、二与五、三与上，阴阳刚柔，彼此相应，象征各种人际关系业已完全协调配合，事事亨通，没有丝毫抵触阻塞的现象。特别是六二柔而得中，既中且正，与九五之刚中相应，说明柔小者也获得亨通。柔小者既已亨通，则刚大者更是亨通，所以无物不通。很显然，六爻的配置既有刚柔之分，又有阴阳之合；既是一种秩序井然的等级制度，又是团结合作，和谐统一。从既济卦的卦象，可以具体地看出阳刚与阴柔发扬优势互补所形成的一种中和之美。"易道贵中和"。中和有着不同的表现形式，唯有既济卦的卦象表现得最为完美。但是，由于阴阳变化不测，有序会朝着无序转化，所以尽管既济卦的爻位配置达到了最佳状态，仍然要本着《周易》所固有的忧患意识，居安思危，致力于调整，使之得以长久地保持。《象传》指出："水在火上，既济。君子以思患而预防之。"这种"思患而预防之"的管理行为，目的就在于保持中和之美，也就是"保合太和"。因此，"太和"、"中和"、"保合"这三个基本的价值观念，也就成为《周易》管理哲学的核心思想和理论支点。

（三）管理的操作原则

由于人类社会的组织是一个动态的结构，而不是封闭的体系，在阴阳刚柔两大势力不断推移运动的过程中，常常出现否塞不通、阳刚过头、阴柔太甚等等复杂的情况，甚至彼此伤害，不可调和，迫使安定转化为动乱，和谐转化为冲突。就既成的事实而言，人们每日每时所体验到的大多是这种违反心愿的动乱冲突，而不是那种符合理想的太和境界。《周易》的忧患意识就是由这种事实与价值、现实与理想的严重背离激发而成的。为了克服这种背离，人类的管理行为必须一方面把太和境界树立为奋力追求的理想，根据理想来观察现实，评价现实；另一方面必须对现实处境进行清醒的理性分析，以忧患之心思忧患之敌，找出动乱冲突的根源，否则，就根本无法采取正确的决策，拨乱反正，使现实符合于理想。

王弼在《周易略例》中指出：

> 夫卦者，时也；爻者，适时之变者也。夫时有否泰，故用有行藏；卦有小大，故辞有险易。一时之制，可反而用也；一时之吉，可反而凶也。故卦以反对，而爻亦皆变。是故用无常道，事无轨度，动静屈伸，唯变所适。

这是认为，卦以六爻为成，代表一种特定的"时运"，一种由阴阳刚柔不同的排列组合所形成的具体形势。爻则代表在此特定时运与具体形势中人们应变的行为。爻是服从于卦的，人们的行为是受总揽全局的形势所支配的。就一时之大义而言，有时大通，有时否塞；有时正面的势力上升，君子道长、小人道消，有时反面的势力上升，小人道长、君子道消。这种总揽全局的形势是人们不能随意左右的。但是，人们可以根据每卦六爻的排列组合对形势作出全面的估计，采取"适时之变"的对策。如果估计正确、行为得当,尽管形势不利,也可化凶为吉。相反,如果估计错误、行为不当,尽管形势有利,则会带来凶的后果。因此,"用无常道,事无轨度",管理的操作原则首先是要处理好人与时的关系,而这种关系也就是主体与客体的关系、行为与环境的关系、主观能动性与客观必然性的关系。顺时而动,必获吉利;逆时而动,将导致灾难。主体行为是否正当,并不完全决定于主体行为的本身,而主要决定于是否适应客观环境的需要。人们只有审时度势,认清形势,才能推动形势朝着有利的方向转化,对社会组织进行有效的管理。

在易学的管理思想中,"时"是一个极为重要的范畴。《艮卦·象传》说:"时止则止,时行则行。动静不失其时,其道光明。"《周易》六十四卦,每一卦代表一种时。历代易学家对此六十四卦之时十分重视,作了各种各样的分类。比如孔颖达从冲突与和谐相互转化的角度分为四类。他说:"然时运虽多,大体不出四种者:一者治时,颐养之世是也;二者乱时,大过之世是也;三者离散之时,解缓之世是也;四者改易之时,革变之世是也。"(《周易正义·豫卦》)李觏从时有小大的角度将其分为两类。他说:"是故时有小大。有以一世为一时者,此其大也;有以一事为一时者,此其小也。以一世为一时者,否、泰之类是也,天下之人共得之也;以一事为一时者,讼、师之类是也,当事之人独得之也。"(《李觏集·易论》)李光地则根据时之所指将其分为四类。他说:"消息盈虚之谓时,泰、否、剥、复之类是也。又有指事言者,讼、师、噬嗑、颐之类是也。又有以理言者,履、谦、咸、恒之类是也。又有以象言者,井、鼎之类是也。四者皆谓之时。"(《周易折中》卷首纲领)这几种分类,虽然着眼点各有不同,但都把时看作是社会组织或人类事务在某一特定阶段上的存在状态,作为一种客观的因素制约着人们的行为。

既然人们的行为受到客观因素的制约,不能随心所欲,那么人们的决策管理活动也就只能追求一种相对的合理性、有限的合理性。如

果说太和境界是管理的最高价值理想，一旦落实到具体的操作过程使之与现实相结合时，就只有部分的实现，绝不可能全部实现。即令暂时达到了天地交泰、万事皆济的状态，也要在客观因素的制约下向着反面转化，比如泰转化为否，既济转化为未济。从这个角度来看，管理的操作不在于追求绝对的完美，只能要求自己在与客观因素打交道时少犯错误，犯了错误能及时改正。孔子曾说："加我数年，五十以学易，可以无大过矣。"《系辞》指出："爻也者，效天下之动者也，是故吉凶生而悔吝著也。""吉凶者言乎其失得也，悔吝者言乎其小疵也，无咎者善补过也。"欧阳修在《易童子问》中对这一思想作了很好的阐发。他说："童子曰：君子亦有过乎？曰：汤、孔子，圣人也，皆有过矣。君子与众人同者，不免乎有过也。其异乎众人者，过而能改也。汤、孔子不免有过，则《易》之所谓损益者，岂止一身之损益哉！"这是认为，任何人都不能保证自己一贯正确，谁都避免不了犯错误，《周易》教导人们自觉地迁善改过，不犯大的错误，这也就是易学管理思想的本质所在。

所谓吉凶是就行为的后果而言，失得是就行为的本身而言。这是一种因果关系，行为之失导致凶的后果，行为之得导致吉的后果。虽然易学强调行为必须"随时"，只有联系到客观环境和具体处境的发展变化，才能对行为的本身作出合理的判断，但并非主张面对着不合理的现实退让妥协，随波逐流，同流合污，做一个毫无理想追求的乡愿，而是主张把"随时"与"从道"有机地结合起来。"随时"是手段，"从道"是目的，手段是为目的服务的，因而管理的操作既要"随时"，又要"从道"。判断行为之失得，不仅要看它是否具有现实的可行性，而且要看它是否服从于作为组织目标的价值理想。

照《周易》看来，管理是一种普遍的参与，人人都要"随时变易以从道"。这是因为，在一个社会组织系统中，无论居于何种地位的人，其行为都会对整体产生直接的影响，维护社会整体的利益是每个人义不容辞的责任。基于这种考虑，《周易》通过象数结构中的爻位关系，把中正规定为一种普遍适用的制度化的行为准则和价值标准。一卦六爻，第二爻为下卦之中位，第五爻为上卦之中位，爻居中位，是为居中、履中，象征守持中道，行为不偏。一、三、五为阳位，二、四、六为阴位，凡阳爻居阳位，阴爻居阴位，是为得位，得位为正，象征行为合乎阳尊阴卑的等级秩序。按照这种规定，人际关系中的各种行为都可以用中正的标准来衡量，并且明确地区分为四种不同的类型，或者不中不正，或者中而不正，或者正而不中，或者既中且正。《周易》认为，只有既中且正才是尽善尽美的，阴阳双方都应该使自己的行为趋向于这个标准，这也就是所谓"随时变易以从道"。这个道即通变之道、管理之道。无论处于何种形势，是顺境还是逆境，是治世还是乱世，中正都是人们共同的行为准则，应该始终坚持，毫不动摇。比如同人卦☲离下乾上，六二、九五，既中且正，二者志同道合，于同人之时能以正道通达天下之志。如果社会组织系统遇到危机，处于蹇难之时，阴阳双方也只有"反身修德"，使自己的行为合乎中正的准则，才能和衷共济，渡过难关。蹇卦☶艮下坎上，山上有水，蹇难之象，但是二、三、四、五爻皆当位，各履其正，特别是六二、九五，既中且正，相互应和，这就为匡济蹇难准备了有利的条件。

中的规范是适应于阴阳交感的要求，强调阳的行为不能过于刚直，阴的行为不能过于柔顺，必须合乎中道，始能相辅相成。正的规范是适应于等级秩序的要求，强调阴阳各当其所，行为正直，不相伤害，合乎尊卑有序的原则。很显然，此二者都是从既有阴阳之分又有阴阳之合的社会组织中自然引申出来的，因而自然成为人人都应遵循的准则。如果阴阳双方的行为不中，便无从完成交感，组建社会；如果行为不正，就会贵贱不分，尊卑不明，失去应有的节制。因此，阴阳双方的行为是否中正，直接关系到秩序的稳定和社会的和谐。

就中与正这两个行为准则比较而言，中比正更为重要，中着眼于

和谐，正着眼于秩序，也就是说，在管理的操作过程中，和谐的原则比秩序的原则更为重要。因为由和谐而产生的诚信是阴阳刚柔两大对立势力团结合作的精神纽带，可以使整个组织系统笼罩着一种发自内心的敦实笃信的气氛而同心同德，彼此依赖，以和谐为基础来建立一种阴阳各当其位的秩序，自是顺理成章，不会有任何的困难。如果正而不中，只有秩序而无和谐，虽然也能建立一种"上守其尊，下守其卑"的有序的等级，但是由于缺乏组织系统赖以存在的精神纽带，就会产生"上下不交，卑不上承，尊不下施"的彼此隔绝的局面而离心离德，变成了否道。因此，管理的操作应该以中率正，以正求中，尽可能地做到"居不失其正，动不失其应"，在秩序与和谐之间保持一种动态的平衡。

（四）易学与现代经营管理

《周易》以阴阳哲学为核心，对管理过程的两个重要环节进行了深入的研究。一是依据太和理想来确定管理的目标，二是依据现实的环境来选择管理的方法，由此而建构了一整套具有中国特色的管理思想体系。但是，这套体系毕竟是农业文明的产物，而不是以工业文明为基础的现代管理思想，加上历代易学大多把它用于国家政治的管理，没有也不可能联系现代工商企业管理的实际作出解释，用今天的眼光来看，自有其历史的局限性。虽然如此，由于这套体系凝聚了中华民族的智慧，具有普遍的哲学意义，只要我们善于发扬，进行创造性的转化，仍然可以使之在现代继续发挥其指导作用。

孔子曾说："人能弘道，非道弘人。"《系辞》指出："化而裁之存乎变，推而行之存乎通，神而明之存乎其人。"作为一个现代的企业家，生活在现代的市场经济条件下，为了把易学用于现代的经营管理，关键在于发掘主体意识，联系到现代人所面临的实际问题去"化而裁

之"，"推而行之"，"神而明之"。大致说来，《周易》作为古代的一部
关于决策管理学的专著，对现代经营管理的指导作用可以从五个方面
去深入发掘：一是"刚柔立本"的组织原则；二是"变通趋时"的达
变原则；三是"圣人成能"的调控原则；四是"仁以守位"的用人原则；
五是"崇德广业"的领导者自身的修养。

　　刚柔立本是《周易》成卦的基础，也是组建管理机构的一条总的
原则。就组织系统的构成元素来说，不外乎阳刚与阴柔两个方面。阳
刚发挥创始、主动和领导作用，阴柔发挥完成、实现和配合作用，二
者的作用虽然不同，却都具有同等重要的地位。只有当它们结成一种
刚柔并济、阴阳协调的关系时，才能组建为一个稳定的有效能的管理
机构。卦有六位，位分阴阳，由刚柔两爻分别交杂而居之，蔚然而成
章，有条而不紊，形成一种井然有序的状态。六爻在其各自所居之位，
尽伦尽职，安排得当，配置合理，人尽其才，事称其能，既充分发挥
每一个个体固有的潜能，彼此之间又在整体上产生功能性的协调，这
就是所谓"各正性命"。由于阴阳六位是固定不变的，刚柔两爻则是
经常在流动变化，并不固定在某个一定的位置上，因而出现各种不同
的组合情况，其组织结构也不会一成不变。但是，尽管如此，是否自
觉地遵循刚柔立本的组织原则，直接关系到企业经营的成败和管理水
平的高低。目前有许多企业的管理机构层次不清，职责不明，上下掣肘，
动作失调，不能产生应有的效率，从而完成企业预定的计划。究其原因，
多半是由于在设计组织之时处于盲目状态，违背了刚柔立本的原则。

　　在把管理机构建成一个稳定、协调、有效率的系统之后，必须进
一步研究变通趋时的达变原则，使管理系统能够适应外界环境的变
化，变通趋时，立于不败之地，求得生存，求得发展。由于企业组织
是一个开放的系统，不能脱离外界环境孤立地存在，而在现代化的市
场经济中，环境的变化则是极为迅速的，这就要求管理者必须全面地
收集环境变化的信息，掌握市场的动向，采取变通的方法去主动地适

应，提出正确的对策。当有利的时机悄然到来，应该毫不迟疑地紧紧抓住，去建功立业，争取企业有一个更大的发展。因为机不可失，时不再来，如果不能变通趋时，紧紧抓住这个千载难逢的时机，将会转瞬即逝，使垂手可得的功业失之交臂。当企业遇到不利的条件，处于穷困之时，不必悲观消极、惊慌失措，应该冷静下来去谋求应变之方。因为"穷则变，变则通，通则久"。穷困只是暂时的现象，发展到极点总是要变化的，关键在于自己能否正确对待，发挥主观能动性，变不利为有利。唯有变通才能争取到企业长久的生存权，否则，将难逃脱衰亡的厄运。作为一个现代企业的管理者，必须对环境的变化有较为敏感的反应和很高的适应能力，无论是遇到有利的条件或不利的条件都应如此，做到与时偕行。这是维持企业在迅速变化的环境中得以生存和发展的重要原则。

企业的经营管理是一个动态的过程，要求企业领导人随时根据新情况、新问题不断地进行调控，以克服主观与客观之间的矛盾，使企业的运转始终保持一种良性的循环，能够顺利地实现自己的组织目标。由于主观与客观之间的矛盾是永恒存在的，人对客观规律的认识不能一次完成，因而决策和计划的实施总是会发生或大或小的"错误"，与客观实际不相符合。所谓"调控"，就是在信息反馈的基础上对这些"错误"进行修正，以求得主观与客观、动机与效果的统一。《系辞》指出："天地设位，圣人成能。""成能"即成就天地所不能成之功。天地自然的客观规律无思无为，对人事的吉凶祸福漠不关心，但人可以根据对客观规律的认识来谋求事业的成功，离开了人事的努力固然不能成功，违反客观规律而盲目行动也是不能成功的。为了进行有效的调控，必须"顺天应人"，同时照顾到两个方面。"顺天应人"，是说上顺天理，下应人心。天理指客观规律，人心指人们的利益、要求和愿望。这两个方面有时会发生矛盾，或者顺天而不应人，或者应人而不顺天。一个最合理的调控原则应该是把两者有机地结合起来，既顺天又应人。若能做到顺天应人，就可以把广大职工的积极性调动起来，群策群力，按客观规律办事，去制变宰物，对事物的发展进行有效的调控。

人才是决定一个企业兴衰成败的关键。韩愈曾说："世有伯乐，然后有千里马。千里马常有，而伯乐不常有。"意思是说，人才是到处都有的，但是善于识别人才的人却不常有。因此，为了企业的兴旺发达，领导者应该知人善任，为人才发挥作用提供良好的精神和物质条件。《系辞》指出："何以守位曰仁，何以聚人曰财。"这是说，只有以仁爱忠厚之心把人才荟萃于自己的周围，才能巩固领导者的地位，至于聚集人才的途径则是依靠财物。这句话把精神条件和物质条件两方面都提到了。就精神条件说，领导者应该豁达大度，有一个宽广的胸怀，能够容纳蓄养各种不同类型的人才，不可偏狭固执，妒贤嫉能，排斥异己，任人唯亲。其实，每个人都有一定的长处，因而每个人都可以说是一个人才，只是常常由于领导者不善于认识，没有把他摆在适当的岗位上，用其所长，以致埋没了人才。因此，领导者是否具有"容民蓄众"的宽广胸怀，是能不能广泛延揽人才的一大关键。就物质条件说，领导者必须"厚下安宅"，关心职工的生活，使他们得到较为优厚的福利保障，从而安心工作，更好地发挥积极性。一个优秀的企业家，应该尽可能地创造条件，把企业的利益和职工的利益结为一体。如果领导者对职工的疾苦关怀备至，就会激发职工对企业的忠诚。反之，如果不闻不问，漠不关心，就会造成职工与企业之间利益上的对立，从而挫伤了职工的积极性。

在管理活动中，领导者素质的高低、修养的好坏，对企业的兴衰成败具有决定性的作用。一个好的领导常常能妙手回春，使一个濒临于破产的企业焕发生机，扭亏为盈。相反，一个坏的领导却往往把一个运作正常的企业带入绝境。这个道理已经为大量的事实所证明。易学十分重视领导修养问题。《系辞》指出："夫《易》，圣人所以崇德

而广业也。"崇德是就人的修养方面说的，广业是从成就事业方面说的，崇德是广业的必要条件，广业是由崇德自然结成的硕果。因此，作为一个企业的领导，对自身的修养不可等闲视之。易学认为，"自强不息"与"厚德载物"是领导者应该具备的两个最重要的品德。这两个品德也就是天地之德、乾坤之德。乾之德刚健，坤之德柔顺，刚健故积极进取，柔顺故宽厚博大。一般人通常只有其一而不得其全，或偏于阳刚，或偏于阴柔。对于一个优秀的领导者来说，则应提出更高的要求，把阳刚与阴柔结合起来而成其中和之美，虽刚健但不刚愎自用，虽柔顺但不优柔寡断。此外，"革故鼎新"的改革开放的精神也是领导者所不可缺少的。革故是改革旧事物，鼎新是建设新事物。一个领导者若无这种精神，因循保守，头脑僵化，蹈袭陈规，不思振作，将会落后于形势，跟不上潮流，最终为时代所淘汰。易学认为"穷神知化"是领导修养所达到的最高境界。这是一种哲学的境界，一方面对事物的客观规律有着深远的了解，另一方面对领导艺术有着很高的造诣，炉火纯青，出神入化，能够应付裕如，无往而不自得。如果达到了这一境界，则就由必然的王国进入到自由的王国了。

九 汉代易学

汉代以后，易学的演变分化为象数与义理两大流派。大致说来，汉代易学以象数派为主流，魏晋易学以义理派为主流，宋元明清时期，象数与义理两派呈现并行发展的趋势。就易学本身而言，这种分化是围绕着如何处理内容与形式的关系而形成的。象数派把形式置于首位，以为义理尽在象数之中；义理派则置内容于首位，把象数看作是表现义理的一种工具，以为只要通过象数掌握了义理，便可以“得意而忘象”。至于易学的演变为什么会形成两派，此消彼长，互相攻驳，其深层的历史动因则是由于在各个不同的时代有着不同的时代需要和时代思潮，易学不能不受时代需要与时代思潮的整体影响，服从中国哲学思想总的发展线索而不断地改变形态。从这个角度来看，汉代易学之所以形成象数派的主流，致力于编织卦气图式来讲阴阳灾异，主要是受了当时的以天人感应论为理论基础的经学思潮的影响。魏晋义理派的易学扫落象数，不讲阴阳灾异而着眼于自然与名教之理，是适应了当时玄学思潮取代经学思潮的时代需要。宋元明清时期，理学思潮为了与佛学思潮相抗衡，有人侧重于利用易学的象数构造宇宙论的体系，有人侧重于发挥易学的义理建立道德本体论的系统，因而象

数与义理两派易学都有了很大的发展。由此可见，易学的演变是与时代思潮的推移以及中国哲学思想的发展同步进行的。如果我们脱离这个总的线索而孤立地考察易学本身，就会被象数与义理两派在历史上长期互相攻驳所形成的狭隘的门户之见弄得眼花缭乱，难以把握其要领。反之，如果我们结合这个总的线索，把两派易学都看成是时代的产物，是时代思潮的有机组成部分，就会有一个超越的立场、宏观的视野，可以更好地发掘这两派易学各自所蕴含的合理内核，探索它们此消彼长的演变规律，估价易学整体在中国文化史上的地位和作用。

汉易象数之学直到西汉宣帝年间才由孟喜揭开序幕，到了元帝年间，才由京房真正奠定了理论基础，发展成为一套完整的体系。在孟喜、京房以前，汉初易学大体上是守师法，明故训，主义理，切人事，尚未分化成派。皮锡瑞在《经学通论》中曾经指出，"汉初说《易》，皆主义理，切人事，不言阴阳术数"，这是符合实际的。

孟喜、京房在宣元之际把阴阳术数引入易学，建立了一种具有汉代历史特色的以卦气说为核心的象数之学，在易学史上引起了一场革命性的变革。这场变革并非什么偶发事件，也不能孤立地从易学本身上找原因，只有站在宏观的角度，联系到西汉中期的时代需要与时代思潮，才能得到合理的说明。汉武帝时期，经过七十余年的惨淡经营，封建大一统的政治和经济局面业已形成，但是缺少一种适应于这种局面的新的世界观。这是当时所有站在时代前列思考的人们，包括政治家和思想家，所殚思竭虑、苦苦探索的问题所在。董仲舒作为一个伟大的思想家，敏锐地观察到这种时代需要，他一方面向武帝建议"罢黜百家，独尊儒术"，另一方面从事积极的学术活动，援引阴阳术数来阐发《春秋公羊传》的微言大义，把儒家的文化价值理想纳入阴阳家的世界图式之中，领导发动了一场波及整个经学的思想变革。《汉书·五行志》指出："汉兴，承秦灭学之后，景武之世，董仲舒治《公羊春秋》，始推阴阳，为儒者宗。"西汉中期以后，各派经学家以董仲舒为一代宗师，效法他的榜样，纷纷致力于阴阳术数与儒家经义相结合的工作，掀起了一股声势浩大的经学思潮。在这股思潮的影响之下，阴阳术数之学与《春秋》相结合而形成了"春秋阴阳说"，与《书》相结合而形成了"洪范五行说"，与《礼》相结合而形成了"明堂阴阳说"，与《诗》相结合形成了"四始五际说"。由此看来，孟喜、京房所提出的"卦气说"，实质上就是阴阳术数之学与《易》相结合的产物。他们那种具有特殊形态的象数派的易学是当时经学思潮的一个有机组成部分，反映了丰富的历史内容，体现了深沉的文化思想。如果不把孟、京易学置于这种广阔的历史背景之中进行宏观的考察，是既不能理解这派易学产生的原因，也无法透过那些令人眼花缭乱的象数模式去发掘其中的义理内涵的。

当时各派经学家援引阴阳家的学说来解释儒家的经义，着重发挥了符瑞与灾异的思想。符瑞象征着自然与社会秩序的和谐，灾异则象征着这种秩序受到了破坏，产生了某种冲突与危机。这是一种源于远古的宗教巫术而又混杂着先进的哲学与科学成分的奇特思想，可以概括为天人感应论，也可以称之为阴阳术数。就其强调天与人、自然与社会的整体和谐而言，是立足于儒家文化价值理想的；就其以阴阳五行为基本构件所编织的时空框架而言，是依据了阴阳家的世界图式的；就其对符瑞与灾异的推断与占验而言，则是一种方士术数之学。当时各派经学家为了通经致用，把儒家的文化价值理想落实到实际的生活中来，往往突出阴阳灾异的思想来批评朝政，限制君权，积极参与国家政治的管理。班固曾经指出："汉兴推阴阳言灾异者，孝武时有董仲舒、夏侯始昌，昭、宣则眭孟、夏侯胜，元、成则京房、翼奉、刘向、谷永，哀、平则李寻、田终术。此其纳说时君著明者也。"（《汉书·眭两夏侯京翼李传》）在这一批名单中，董仲舒、眭孟、刘向是《春秋》学者，两夏侯、李寻是《尚书》学者，翼奉治《齐诗》，京房、谷永是易学家。他们都是著名的经学家，也是著名的思想家和政治家，因

而他们的经学思想都同时包含着上述的三种成分，即儒家的文化价值理想、阴阳家的世界图式以及推算灾异的操作方法，不能简单地归结为一种方士术数之学。这是他们的共性。但是由于他们所治的经典互不相同，因而在名词用语、思想表述以及推算方法上不能不表现出各自的特点。这是他们的个性。孟喜、京房的易学思想就是这种共性与个性的统一。

在汉代易学史上，孟喜是个开风气的人物。孟喜的著作早已失传，我们今天研究他的易学，唯一可据的史料只有唐代僧一行的《卦议》所作的评述。僧一行指出："十二月卦出于《孟氏章句》，其说《易》本于气，而后以人事明之"。(《新唐书》卷二十七上) 孟喜的卦气说是以十二月卦为主干的。十二月卦也叫十二消息卦。消是阴进阳退，息是阳进阴退。阴阳二气的相互推移决定了四时的变换。这种情况和阴阳二爻的相互推移所引起的卦变极为类似，于是孟喜利用这种类似编排了一个以十二卦配十二月的卦气图式。这种配法，目的不在于说明气象历法本身的变化规律，而是为了比附人事，用来占验阴阳灾异，实质上是一种新的占法，其理论基础就是汉代占统治地位的天人感应论。这种占法的特点是把气象历法的科学知识纳入到《周易》的框架结构之中，称之为卦气，然后反过来根据卦爻的变化来推断预测卦气的运行流转是否正常。如果出现参前错后的反常现象，则就是天神发出的灾异谴告。

京房继承发展了孟喜的卦气说，对孟喜的配法作了补充调整，其特点是分卦直日，以卦爻配一年的日数。僧一行在《卦议》中站在天文历法学家的立场评论说，这种配法"止于占灾眚与吉凶善败之事。至于观阴阳之变，则错乱而不明"。其所以如此，是因为一年准确的日数为三百六十五又四分之一日，与六十四卦三百八十四爻的数目不相符合，二者本来是不可以强配的。但是用这种分卦直日之法来讲阴阳灾异，比用"春秋阴阳"、"洪范五行"、"四始五际"、"明堂阴阳"

等讲法要优越得多，因为它能作出一种貌似精确的数学计算，可以把阴阳灾异说得毫厘不爽。《汉书·京房传》说："永光、建昭间，西羌反，日蚀，又久青亡光，阴雾不精。房数上疏，先言其将然，近数月，远一岁，所言屡中，天子（元帝）悦之。数召见问。"这种情况说明，京房的卦气说虽然从天文历法的角度来看是"错乱而不明"，但从讲阴阳灾异的角度来看，却是一个非常合用的工具。

　　京房的著作现在留传的有《京氏易传》。这部著作以八宫卦为主干，根据乾坤六子、阴阳变化的原理对六十四卦的卦序作了新的编排。京房认为，八八六十四卦的卦爻结构"包备有无"，包含着"从无入有"与"从有入无"两个方面的认知功能。"有"指有形可见的星辰灾异与人事吉凶，"无"指无形可见的阴阳变化与吉凶相生的内在义理。此无形可见的内在义理表现于外，"从无入有，见灾于星辰"。表现于外的星辰灾异为内在的义理所支配，"从有入无，见象于阴阳"。京房由此推导出了汉易象数之学的一个基本论点，认为"考天时、察人事在乎卦"。他的八宫卦就是围绕着这个基本论点架设起来的。

　　八宫卦以乾、震、坎、艮为阳四宫，坤、巽、离、兑为阴四宫。按照宫卦的爻变引起卦变的原理，每一宫卦可变为七卦。这是发展了孟喜的思想，把十二消息卦的图式扩大为八宫卦的图式，并且把十二消息卦的小循环系统扩大为六十四卦的大循环系统，使之"通乎万物"，用以说明以乾坤为根本的卦爻结构本身就是一个囊括宇宙、统贯天人的完整体系。

　　为了阐发一卦六爻中的主从配合关系，京房创设了"世应"的体例。由于卦变受爻变支配，变爻的进退在卦中具有举足轻重的作用，对全局能产生重要影响，故以此变爻为一卦之主。有主必有从，主者为世，从者为应，这种主从关系是根据"奇偶相与"的原则来决定的。一卦六爻，初、三、五为奇，二、四、上为偶，若初为世，则四为应；二为世，则五为应；三为世，则上为应，反之亦然。六爻中的主从关

系，既有严格的贵贱等级之分，又有相互之间的紧密配合。京房以之比附人事，认为初爻为元士，二爻为大夫，三爻为三公，四爻为诸侯，五爻为天子，上爻为宗庙，把卦爻的结构等同于社会的结构，若尊者居世，则卑者顺从尊者与之配合；若卑者居世，则尊者俯就卑者与之配合，社会结构的功能是与卦爻结构的功能相等同的。

为了阐发卦爻结构中的阴阳变化存在着一种隐显有无的关系，京房创设了"飞伏"的体例。可见者为飞，不可见者为伏，阳飞则阴伏，阴飞则阳伏。由于六十四卦皆为八宫卦相重所组成，而八宫卦中之阴阳皆为两两相对，故乾飞则坤伏，震飞则巽伏，坎飞则离伏，艮飞则兑伏，反之亦然。根据这个体例，不仅可以更好地解释卦气图式中阴阳二气变易消息的规律，而且可以在比附人事占验吉凶方面具有更大的灵活性。

除了世应、飞伏的体例以外，京房还创设了"纳甲"与"五行六位"的体例。所谓纳甲，是以八卦配十干，举甲以该十日，故曰纳甲。八卦各爻再配以十二支，称为"纳支"。在纳甲、纳支的基础上再配以五行，就是所谓"六位配五行"。这一图式既是一个占验系统，也是一个宇宙模型。其中以干支配八卦，可以把卦爻的阴阳变化编排得如同干支六十周期那样井然有序，使之进一步与历法相配合，更便于说明卦气的运转，推算人事的吉凶。以五行配八卦，则可以引进五行生克的思想来阐发卦爻之间错综复杂的制约关系，编排一个更为合用的占验系统。京房以此五行六位的图式为基础，发明了一套推算卦气运转的数学方法，称之为"月建"、"积算"。京房对自己所发明的这一套数学方法十分自信，夸耀为符合天地万物的规律，能把吉凶计算得绝对精确，毫厘不爽。

京房的易学源于孟喜而又自成一家，因受到官方的重视，被立为博士。在汉代官方易学的系统中，京氏之学与施、孟、梁丘之学并立而为四。如果就易学理论的完整与实际的影响而言，京房则是后来居上，不仅超过了施雠、梁丘贺两家，也超过了孟喜。施雠、梁丘贺两家恪守田生师法，其学风趋于保守。孟喜首改师法，援引阴阳灾变之说入《易》，迎合了时代思潮，毫无疑问是汉代象数派新易学的一位开风气的人物。但是，孟喜的十二月卦图式过于简陋，推断灾异缺乏数理的依据，也难以用于实际的政治来起到匡救时局、整顿纲纪的作用。京房继承了孟喜的思路，编制了一个八宫卦、五行六位的图式，创设了世应、飞伏的体例，确定了一套月建、积算的推断灾异的数学方法，并且使之体现出儒家的文化价值理想。因此，只有京房才称得起是汉代象数派新易学真正的奠基者。

所谓儒家的文化价值理想，其基本点就是追求包括自然与社会在内的整体和谐。京房认为，天地万物的运行是一个有规律的过程，表现为一种自然的和谐，人类社会不能违反这一规律，"顺之则和，逆之则乱"，因而人们必须根据对天道规律的认识与理解，顺应自然的和谐，来谋划一种和谐的社会秩序，否则逆天而行，必然造成危机，既破坏了自然的和谐，也破坏了社会的和谐。由此可以看出，京房这一天人合一的思想是和所有的儒家相通的，具有儒家普遍的品格。京房的特点在于他把这个天人合一的思想纳入象数的模式之中。照京房看来，关于天道的规律，"细不可穷，深不可极"，其微细深奥之处难以认识，所以圣人"揲蓍布爻"，安排了一个象数模式，人们只要通过其中的"八九六七之数，内外承乘之象"，就能全面地掌握天、地、人三才之道。

京房所谓的天道规律，主要是指卦气。这是根据阴阳家的月令思想加工改造发展而来的，吸收了天文历法的科学知识，也反映了以农耕经济为基础的帝国统治的需要。他所设想的社会和谐，主要是指君臣、父子、夫妇之间正常的秩序，完全是以儒家的价值观念为准则的。京房视天人为一体，把二者统统纳入象数模式之中，使之受统一的象数规律所支配。因此，京房精心创设的这一套象数模式与象数体例，

实质上是按照儒家的价值观念所描绘的一幅理想蓝图，体现了自然与社会整体和谐的思想。如果用之于实际的政治，既是一种认知的工具，也是一种决策的依据，具有多方面的功能。

据史传记载，京房是一位兼有易学家、思想家、政治家三重身份的人物。元帝时期，京房把他的卦气说用之于实际的政治，反对宦官石显，宣传他的"考功课吏法"，企图挽救危机，拨乱反正，终因政治斗争失败而献出了自己的生命，死时年仅四十一岁。这种情况表明，京房是忠于自己的儒家文化价值理想，也是忠于自己象数派易学的哲学信念的。通过京房的政治活动，我们可以进一步理解卦气说产生的时代背景及其所蕴含的社会历史内容，更为具体地把握卦气说的本质。

京房的象数派易学，其理论基础与思维模式，后来曾经受到许多人的严厉批评。王夫之的批评是具有代表性的。王夫之批评京房的易学在两个重要之点上难以成立。第一，他的卦气说根本不能对人事的得失祸福作出预测，只不过是就昭然若揭的既成事实作出事后的解释，归结为天之象数。这种解释是似是而非的，实际上是精心编造出来用于骗人的淫辞。第二，他"以小智立一成之象数"，立典要以为方体，极力使内容屈从于形式，把天象人事瓜分割裂，削足适履，生搬硬套地统统塞入一个固定的格式之中，这就必然圆凿方枘，与五行二仪之道以及事物的实际变化格格不入。（见《读通鉴论》卷四）应当承认，从理论思辨的角度来看，王夫之的批评确实是击中了京房易学的要害，但是由于京房易学迎合了时代的思潮，适应于实际政治的需要，尽管理论上破绽甚多，难以自圆其说，但仍然有着强大的生命力。

哀平之际，社会政治危机加深，西汉政权病入膏肓，许多人背离正统经学，转而造作谶纬。除五经纬外，还有《乐纬》、《孝经纬》，合称"七纬"。在纬书中，通过对灾异的解释指斥"人主自恣"、"后党擅权"、"女谒乱公"、"佞臣持位"、"邪臣蔽主"、"君臣无道"的言论比比皆是，并且直言不讳地预言亡国丧主，天下大乱，世界已面临末日。这完全是一种危机时代的意识。虽然如此，在纬书作者的心目中，必然存在着一个追求和谐的正面理想。如果缺少这一正面理想，他们对朝政的指斥与对危机的揭露就失去了前提，根本无法进行衡量比较了。因此，纬书的内容和当时的正统经学一样，灾异与符瑞的思想也是相反相成、合为一体的。只是各种纬书所依据的经典不同，关于灾异与符瑞的讲法不大一样。

就《易纬》而论，关于灾异与符瑞的思想和孟喜、京房的易学一样，也是围绕着卦气说而展开的。但是，孟京易学皆立为博士，属于官方的正统经学，而《易纬》则是兴起于哀平之际的谶纬思潮的一个组成部分。《易纬》适应了当时的社会政治危机，一方面把卦气的体系弄得更加庞大，把象数的模式弄得更加完备，同时也编造了许多妖妄的谶语，给卦气说加了一个神秘的起源和传授系统。如果我们撇开其中宗教神学的呓语，仍然可以看出《易纬》的卦气说和孟京的正统经学一样，也是体现了儒家的文化价值理想，以及追求自然与社会的整体和谐的。比如《易纬通卦验》指出："凡易八卦之气，验应各如其法度，则阴阳和，六律调，风雨时，五谷成熟，人民取昌，此圣帝明王所以致太平法。"

在那个危机时代，理想与现实结成了一对既互相排斥而又彼此激发的奇妙关系。人们越是对现实强烈不满，就越是激发出对理想的执着追求；越是对理想执着追求，就越是激发出对现实更加强烈的不满。《系辞》曾说《易》为忧患之书。《易纬》继承了这种忧患意识，遵循着孟京易学的那条思路，一方面积极从事理论探索，按照心目中对整体和谐的理想把卦气说发展成为一套完整的象数体系，同时又着眼于批判调整，编造了大量体现天神谴告的神秘预言，企图在无所复望的危机时代找出一点微弱的希望之光出来。从这个角度来看，《易纬》的象数之学代表了易学史上一个新的发展阶段，集中反映了西汉末年的思想风貌，表现了当时的人们对危机的痛切感受与对理想的执着追

求，不仅其中的理论探索在易学史上占有重要的地位，而且其中的那些荒诞妖妄的神秘预言也具有极为珍贵的社会心理学价值。如果脱离历史的具体性而仅仅从思辨的角度来研究，是难以把握《易纬》的本质的。

《易纬》的卦气说，就其象数形式而言，比孟喜、京房更为清晰，更为严谨，也更便于占验。孟喜的卦气说以十二月卦为主干，以四正卦主管二十四节气，这个图式过于简陋。京房的分卦直日、六日七分之说虽然比孟喜完备，但是瓜分割裂，错乱不明，缺乏逻辑的一致性。《易纬》在孟京易学的基础上取长补短，提出了一个新的图式。唐宋以后人们对汉易卦气说的了解，多半是以《易纬》的这个新的图式为据的。朱震《汉上易传》载有李溉所传卦气图，以卦爻配七十二候，指出其说源于《易纬》。惠栋在《易汉学》中作了考证，制为六日七分图。清人庄存与的《卦气解》，对这个图式的内在逻辑线索作了解释。（见《清经解续编》卷百六十）

从孟喜、京房开始，直到《易纬》，卦气说的基本思路都是致力于用卦爻的象数来描述一年中的气候变化，表示四时循环、寒暑往来的正常节律。由于气候变化的正常节律属于实证知识，而卦气图式则是一种象数符号，所以只有把象数符号的变化编排得适合于气候的变化，使符号系统与事实系统同构，卦气图式才能臻于完善，显示出一种内在的逻辑性。《易纬》的卦气图式以中孚卦为起点，以颐卦为终点，构成了一个终而复始的循环圆圈。这是以一年四季的昼夜长短与寒暑差异为参照系，进行了一番精心设计的。在这个循环圆圈内，自中孚迄井，自咸迄颐，阴阳爻的分配两两对称；自解迄大畜，自贲迄晋，阴阳爻的分配也是两两对称。这种象数形式的严格对称与气候变化的正常节律息息相通，完美地表现了自然和谐。《易纬》的卦气说找到了一种象数语言，把这种难以言说的自然和谐之美表现出来，确实是一个伟大的创造。

　　但是，《易纬》所精心设计的这个卦气图式，目的不仅是为了表现自然和谐之美，而且也是为了论证社会的和谐，通过天道来表现人们对合理的社会存在的一种理想或期望。《易纬》的卦气图式带有浓厚的政治伦理色彩。《易纬》根据汉代经学中流行的天人同类的观点，认为卦气的运转体现了五常之德，天人之际以此五常之德作为联结的纽带。分别说来，春生为仁，震卦主之；夏长为礼，离卦主之；秋收为义，兑卦主之；冬藏为信，坎卦主之；中央为智，以统四方。合起来说，五者都是卦气运转的正常节律，是一个完整的"至道"。因而圣人可以凭借这个至道来"通天意，理人伦"，根据对自然和谐规律的了解来正确处理人际关系，使社会也归于和谐。关于社会人际关系的和谐，在《易纬》中反复申说，列为卦气图式中的一个不可分割的组成部分。这种社会和谐的思想既是历代易学人文主义精神之所在，也是那个危机时代人们普遍追求的正面理想。《易纬》通过卦气图式为这一正面理想树立了宇宙论的基石，并且用易学的术语把它明确地表述为"中和"。如果我们忽视《易纬》理论探索的这个最为重要的着眼点，而把卦气说仅仅看作是对天文历法的描述，就很难如实地把握《易纬》那种贯彻始终的天人之学的精神。

　　《易纬》所说的"中和"，既是一种社会人际关系的最合理状态，也是一种处理社会人际关系的最合理准则。这种社会人际关系，主要是指君臣、父子、夫妇之间的关系。这种关系的最合理状态应该包含两个相反相成的方面：一方面是以君、父、夫为主导，以臣、子、妇为从属，严格区分二者的尊卑等级；另一方面是二者的协同配合，团结一致，"阳唱而阴和，男行而女随"。就政治关系而言，"初为元士，二为大夫，三为三公，四为诸侯，五为天子，上为宗庙"，这种尊卑等级的地位是不能颠倒的，但是，初必须与四相应，二必须与五相应，三必须与上相应。只有把这两个方面有机地结合起来，才能使社会中的各种关系一体化，达到中和的境界。由于君主居于最高的主导地位，

在处理社会人际关系中负有特殊的责任，所以必须具有如同文王那样的"中和之美"的品德，"顺民心"，"施大化"，使天下臣民心悦诚服。这种中和的理想在卦气图式中的表现，也包含着两个相反相成的方面：一方面是以阳为主导，以阴为从属，各有不同的职责；另一方面是阳左行，阴右行，协同配合，完成一年十二月卦气的运转。

《易纬乾凿度》开宗明义所提出的"易一名而含三义"的著名命题，就是分别从简易、变易、不易三个不同的角度来阐发卦气图式中所蕴含的中和义理。所谓"不易"，是说尊卑等级的地位不能改易。"天在上，地在下，君南面，臣北面，父坐子伏，此其不易也"。这种尊卑等级的地位是自然与社会秩序的本然，如果上下颠倒，就会产生混乱。所谓"变易"，是说阴阳二气协调配合的功能，只有在变化推移的过程中才能呈现出来。就自然现象而言，"天地不变，不能通气"。以否卦的卦象为例，天在上，地在下，天地不交通，阴阳不用事，二者不能协调配合，因而阻止了万物的生长。相反，泰卦的卦象为地在上，天在下，天地交通，阴阳用事，二者协调配合，因而促进了万物的生长。就君臣关系而言，"君臣不变，不能成朝"。以殷纣为例，纣行酷虐，不能变节以下贤，因而导致王朝覆灭。相反，文王以吕尚为师，则产生了九尾狐的祥瑞。就夫妇关系而言，"夫妇不变，不能成家"。"妲己擅宠，殷以之破；大任顺季，享国七百"。这是正反两方面的例证。所谓"简易"，是说《周易》的中和原理虽然支配天地万物，但是简单明白，易知易从，"虚无感动，清净炤哲"，"不烦不挠，淡泊不失"。由于卦气图式兼有三义，不仅完美地表现了自然与社会的有序状态，而且是一个简化而易于处理的宇宙模型。

究竟自然与社会的有序状态从何而生？为什么这个有序状态必然要表现为象数的形式？这是编织卦气图式、制造宇宙模型所涉及的两个高层次的理论问题。孟京易学对此虽有所探索，但语焉不详。《易纬》围绕着这两个问题发表了一系列的言论，作了全面的回答，对后世象数派的易学产生了深远的影响。

《易纬》认为，未有天地以前，宇宙是一团混沌，寂然无物，虚无无形，当然不会有乾坤，也不会呈现出有序的图式。有形的天地是从无形的混沌自然演化而来的，经历了太易、太初、太始、太素四个阶段。太易阶段漠然无气可见，可称为无，这是宇宙的最原始状态。太初阶段为气之始，太易从无入有，忽然自生出寒温之气，是为太初。太始阶段为形之始，太素阶段为质之始。气、形、质都有了，但还没有完全分离，所以称之为"浑沦"。这个浑沦，如同老子所说，"有物浑成，先天地生"。天地是浑沦进一步分化的结果。有了天地，才能呈现出有序的图式。就这个意义而言，未有天地以前并不存在有序。但是，既然有序是从原始的混沌状态演化而来，那么也只有从演化的过程中才能找到有序的根据。所谓"太易有理未形"，是说早在漠然无气的太易阶段，就存在着一种有序之理，只是含而未露，没有清晰地呈现出来而已。太易从无入有，演化为气形质具而未离的浑沦，这就是太极。到了太极阶段，乾坤就开始运行了。就这个意义而言，未有天地以前也是存在一种有序之理的，它由微而著，由隐而显，与宇宙的自然演化过程同步，表现为一种奇偶之数的变化规律。

这种奇偶之数也就是天地之数，奇数为阳，偶数为阴，尽管在原始的混沌状态天地尚未形成，天地之数的有序之理已经预先在演化过程中表现出来了。所谓"易变而为一"，"易"指太易，"一"指太初，由太易变为太初，就有了"一"这个数字。"一变而为七"，是由太初变为太始的数据。"七变而为九"，是由太始变为太素的数据。九为气变之终，据郑玄所说，"乃复变而为二"。二为阴数，与阳数一相配，为形变之始，也是由太易变为太初的数据。二变而为六，六与七相配，是由太初变为太始的数据。六变而为八，八与九相配，是由太始变为太素的数据。由此看来，阳数表示气变，阴数表示形变，气变与形变同时进行，阴阳之数相并而生。宇宙的演化经过这四个层次历然有着

严密数据的阶段，于是混沌初开，乾坤始奠，清轻者上为天，浊重者下为地，从而产生了有形的天地。

由天地生出万物。"物有始，有壮，有究"，这三个阶段相当于宇宙演化的阶段。"物于太初时如始，太始时如壮，太素时如究"。三画而成乾就是象征这三个演化阶段的。"乾坤相并俱生"，有了乾，同时也就有了坤。物有阴阳，因而重之，所以六画而成一卦。"卦"是悬挂的意思，是有形之物的象征，首先是象征有形的天地，天在上，地在下，故三画以下为地，四画以上为天，这种上下之位是万物秩序的本然，是不可改易的。但是，物类相感，阴阳相应，宇宙间主导和从属两大势力只有协调配合才能保持和谐稳定、生生不已，这就是所谓变易。所以"动于地之下，则应于天之下"，表现为爻数，就是初与四相应；"动于地之中，则应于天之中"，表现为爻数，就是二与五相应；"动于地之上，则应于天之上"，表现为爻数，就是三与上相应。因此，卦爻的象数一方面反映了宇宙的演化过程，同时也蕴含着不易和变易的易学原理，体现了天地万物有序的结构和功能。

《易纬》认为，阴阳运行并不局限于一卦六爻之内，而是向外扩展为一个"太乙九宫"、"四正四维"的空间图式。阴阳运行是按照"阳动而进，阴动而退"的逆行方向交错进行的，所以阳变是由七到九，阴变是由八到六。"阳以七、阴以八为象"，象为爻之不变动者，七为少阳，八为少阴，加起来是十五。老阳为九，老阴为六，是为变爻，加起来也是十五。因而"十五"这个数字就是"一阴一阳之谓道"的数据，可以根据这个数据来架设一个九宫图。"九宫"的说法本于"明堂阴阳说"。《大戴礼记·明堂篇》说明堂有"九室"，其形"上圆下方"，象天圆地方，天覆地载，其数为"二、九、四、七、五、三、六、一、八"。据说这九个数目是五行生成之数，明堂九室即取法于此。《易纬》把九宫与四正四维的八卦方位结合在一起，整齐排比，用卦爻象数架设了一个九宫图，这就是所谓"戴九履一，左三右七，二四为肩，六八为足，五居中央"，横看，竖看，斜看，都是十五。《易纬》的卦气图式就是以这个框架为基础建立起来的。

这是一个空间和时间相配合的世界图式，代表了自然和社会的有序状态，蕴含着天人整体和谐的理想。其所以表现为象数的形式，是因为宇宙的演化以及天地万物的有序之理本来就是通过象数关系和象数符号表现出来的。这个世界图式有了时间性和空间性的规定，而在原始无形的混沌状态中，这种时空规定并不存在，但是，由无形的混沌演化为有形的天地，其时间的序列表现为"十五"这个数字，再由十五扩展为四正四维的空间序列，所以用象数关系和象数符号来表现天地万物的有序之理，是以这种高层次的宇宙论为理论根据的。

《易纬》继承了先秦易学的基本精神，并不满足于对客观世界进行纯粹的理性认识，而是极力强调这种认识的实践功能，用来指导人事，特别是政治。《乾凿度》指出：

> 故《易》者，所以经［继］天地，理人伦，而明王道。是故八卦以建，五气以立，五常以之行，象法乾坤，顺阴阳，以正君臣父子夫妇之义，度时制宜，作网罟，以佃以渔，以赡人用。于是人民乃治，君亲以尊，臣子以顺，群生和洽，各安其性，八卦之用。

这一段言论集中概括了卦气图式的天人之学之本质。《易纬》视天人为一体，天与人相互感应，认为卦气的运转是否正常，与人们的行为特别是与君主的决策直接关联，因而可以通过观察卦气来预言政治的成败得失。由此可以看出，《易纬》的卦气说和孟京易学一样，带有强烈的政治性，实际上是对国家管理和政治决策的一种研究。就其从积极的方面论述如何促进整体和谐而言，是对君主的决策进行正面的指导。就其从消极的方面论述和谐受到破坏的原因而言，则是对君主

决策的失误进行严厉的批评和警告。

《是类谋》对"天子亡征"作了全面的论述，充分表现了那个特定时代弥漫于朝野上下的危机意识。这些论述虽然危言耸听，但是《易纬》并没有放弃自己的正面理想，仍然怀有挽救危机的热切期望，认为如果君主能够反躬自省，以阏绝乱谋，消弭祸端，就可以重新奠定乾坤，恢复自然与社会的正常秩序。

为了根据卦气作出预言，《易纬》确定了一条总的原则。这就是《稽览图》所说的，"诸卦气，温寒清浊，各如其所"。卦气之所以有温寒清浊，原因在于天地阴阳之气是否相应。由于用事之卦的三爻和上爻代表地上和天上，所以可以根据这两爻的关系来断定温寒清浊的变化是否正常。《稽览图》指出："凡异所生，灾所起，各以其政，变之则除。"这就是说，自然界的灾异都是由政治的失误所引起的，也可以通过政治的改弦更张而消除。

王充在《论衡·寒温篇》中以"疾虚妄"的精神针对着卦气说的这种思想进行了批评，认为天与人并不存在相互感应的关系，从天文历法的角度来看，卦气说有值得肯定之处，如果用于政治，则是"变复之家"的荒谬做法。实际上，卦气说中的天人关系是不能割断的，其基本精神在于推天道以明人事。尽管寒温节气四时运行与政治并无直接关联，王充的实证分析完全正确，但在汉代的那种特定历史条件下，人们为了追求一种文化价值理想，防止君主滥用权力，胡作非为，唯一可供选择的思想武器只能是由董仲舒所倡导的天人感应论。《易纬》的卦气说，通过易学的象数形式完满地表现了天人感应论，如果割断了其中的天人关系，使之与政治脱离，它的生命也就要窒息了。

东汉易学的发展，大体上以党锢之祸为标志，划分为前后两个不同的阶段。从光武即位到党锢之祸以前，东汉易学直接继承了西汉时期孟喜、京房和《易纬》的思路，仍然是以天人感应论为理论基础的，通过观察卦气来占验灾异，企图对实际的政治进行有效的批判调整，有着强烈的实践功能。在这个阶段，虽然易学理论并没有什么创新，也没有出现什么值得称道的易学大师，但却显示出旺盛的生命力，《易》为群经之首的地位于此时正式确立，易学所阐发的天人和谐的理想取得了共识。班固在《汉书·艺文志》中称《易》为"六艺之原"，典型地表达了这个阶段人们对易学的看法。党锢之祸以后，由于易学脱离了实际的政治，情况发生了截然相反的变化。在这个阶段，易学从政治的领域退回到纯学术的研究，不追求通经致用，因而不大讲阴阳灾异，虽然相继涌现出了郑玄、荀爽以及虞翻这样一批著名的易学大师，创设了一系列新的义例，使得卦气说中的巫术色彩逐渐减少，理性色彩逐渐增多，但是卦气说的生命力也由此而逐渐窒息，象数派易学中内容与形式的矛盾也由此而逐渐扩大。在这个阶段，象数之学被发挥得淋漓尽致，超越前人，同时又恶性膨胀，走到了穷途末路，以王弼为代表的义理派易学就是直接受到郑玄、荀爽以及虞翻等人的激发而孕育成熟的。

易学作为经学的一个组成部分，它的发展规律是与经学总的发展规律相一致的。自从汉武帝提倡经学以来，儒家的经义不仅是一般的学术，而且广泛地渗透到国家政治生活的各个领域，成为人们行动的最高依据。就价值准则而言，所谓"以《禹贡》治河，以《洪范》察变，以《春秋》决狱，以三百五篇当谏书"，无论什么行动都要在经书中找依据。即令有些行动无法在经书中找到依据，也要采取种种的方法来附会，使它披上经学的外衣。就理论基础而言，为了调节君主专制政体的内在矛盾，使君主的权威受到一定的制约，汉代经学普遍致力于与阴阳术数相结合，掀起了一股天人感应论的思潮，大讲阴阳灾异。这种理论假借天意赋予臣下以一定的批评朝政的权利，也可以迫使专制君主能够有所警戒，不致过分地滥用权力。如果王权强大，能够自觉地接受这种意识形态的调节，通过阴阳灾异来消除实际政治中的弊端，理顺关系，稳定秩序，这种经学就会繁荣，相应地显示出强大的

生命力。反之,如果王权的代表不是如同儒家所设想的那种圣君明主,而是一批昏君庸主,以至宦官、外戚任意妄为,把王权变成谋取极为卑劣的私人利益的工具,根本不接受任何的调节,在这种情况下,经学中天人感应的理论以及阴阳灾异的预言,也就相应地变成了一厢情愿的幻想,不痛不痒的恐吓,它的理论上的荒谬就会越来越显露,它的生命也就会由此而终结了。

以卦气说为代表的汉代易学的发展规律,是服从于汉代经学这个总的发展规律的。本来由孟喜、京房所精心构筑的一套卦气说,在哀平之际业已遭遇到一次意识形态上的危机,而演变为《易纬》的卦气说。经过王莽时期剧烈的政治动乱,这种危机更形严重。但是,光武中兴,建立了强大的东汉政权,包括卦气说在内的整个经学危机也相应地被挽救过来,从而恢复了生机。光武从一个普通的儒生登上皇帝的宝座,就精神支柱来说,完全是依靠谶纬神学。因此,光武本人特别崇信谶纬,即位以后,也和王莽一样,"宣布图谶于天下"。尽管东汉初年一些持有清醒理性态度的学者不断批判天人感应、阴阳灾异的理论上的荒谬,比如光武时期的桓谭、章帝时期的王充,但是,这种理论的生命力仍然不可遏止,显示出旺盛的发展势头。其所以如此,是因为这种理论的生命力主要在于其中所蕴含的文化价值理想为社会普遍接受,能够在实际的政治生活中发挥出有效的调节功能,而不在于它的逻辑结构是否严密,它的理论体系是否符合少数学者头脑中抽象理性的要求。

章帝年间,为了建立一门统一的经学,在白虎观召开了一次讲议五经同异的经学会议,由章帝亲自主持并督率群臣作出决议,并且委托班固编纂了一部贯通五经大义的《白虎通》。这是一部带有"国宪"性质的重要文件,实际上等于东汉政权的一部立法纲要。它以经义的形式,规定了国家制度和社会制度的基本原则,确立了各种行为准则,把儒家的经学发展为一种制度化了的思想。《白虎通》的内容包罗万象，门类庞杂，概括起来不外乎两个方面：一是根据儒家的文化价值理想所设计的一套礼乐制度和伦理规范；二是根据阴阳术数的原理所设计的一套理论论证和操作程序。如果把前者比喻为"硬件"，那么后者就可称为"软件"。值得注意的是，关于"软件"的部分多半是从孟京易学和《易纬》的卦气说采撷而来的。这种情况说明，易学的卦气说作为一种高层次的天人之学，不仅为经学中的各派所共同承认，而且被居于最高决策地位的君主正式接受为国家政权的指导思想。

东汉初年的几位皇帝，包括光武、明帝、章帝，都是接受了西汉末年政治危机的教训，经常反躬自省，下诏罪己，以国家的整体利益为重，兢兢业业，励精图治的。就指导思想而言，他们毫无例外地都是遵循由董仲舒所倡导、由卦气说所发展的一套天人感应、阴阳灾异的巫术原理的。由于君主带头提倡，所以一大批真正忠于王权的崇儒明经的大臣为了匡救时局，表达政见，也都以易学的卦气说为范式，利用阴阳灾异的神学理论来调节现实生活中的王权危机。但是，自安帝而后，历顺、冲、质以至桓灵之际，东汉政权业已彻底腐烂，完全背叛了曾在《白虎通》中明文申述的理想，不接受任何的调节。在这种情况下，天人感应、阴阳灾异的思潮发生了深刻的危机，而卦气说中的象数形式与人文义理的矛盾也越来越显露了。

据《后汉书·方术列传》记载，当时一些习《京氏易》的学者对卦气说中的内在矛盾已经有了明确的意识。比如唐檀，"习《京氏易》"，"尤好灾异星占"。安帝时，郡界有芝草生，太守欲上言之，以问檀。檀对曰："方今外戚豪盛，阳道微弱，斯岂嘉瑞乎？"再比如樊英，也是一位习《京氏易》的学者，"又善风角、星算，河洛七纬，推步灾异"。顺帝策书备礼，玄纁征之。樊英入殿不屈，曰："臣见暴君如见仇雠。"不以奇谟深策应对。

既然卦气说对实际政治的调节功能归于失效，那么今后究竟何去何从，走哪一条发展道路呢？事实上，这也是以天人感应、阴阳灾异

为理论基础的整个经学所面临的共同问题。易学的危机与整个经学的危机是紧密联系在一起的。如果说这种经学在近三百年的时间里一直作为官方的意识形态居于正统地位，表现了时代的理想，履行了世界观和价值准则的职能，而到了东汉末年，这种官方的意识形态却受到了来自官方的致命打击，以皇帝为首的统治阶级不仅本身完全背叛了经学所宣传的原则，而且采取种种残酷的手段来迫害那些忠实于正统的经学家。东汉政权的愚蠢做法使得社会政治危机日益失控，加速了自己的灭亡。《后汉书·儒林列传》说："自桓灵之间，君道秕僻，朝纲日陵，国隙屡启，自中智以下，靡不审其崩离。"东汉政权必然崩溃已经成了人们的共识了。虽然如此，它仍然是作为一种无理性的暴力，沉重地压在每一个人的身上。这种情况在知识分子中激起了两种不同的反应：一种是使经学脱离政治，隐居教授，闭门著述，专门从事学术性的经学活动，不再去追求经世致用；另一种是使政治脱离经学，适应当时"匹夫抗愤，处士横议"的舆论动向，抛弃正统经学中的那种天人感应、阴阳灾异的陈腐理论，立足于人类的理性，去探索一种新的表达政见的意识形态。总的说来，不管是经学脱离政治还是政治脱离经学，都说明知识分子对作为官方意识形态的正统经学产生了严重的失望心理，纷纷去寻找新的精神出路了。

东汉政权对知识分子的迫害打击在党锢之祸中达到了高潮。当时党人领袖李膺免归乡里，"天下士大夫皆高尚其道，而污秽朝廷"。既然是"污秽朝廷"，站在朝廷的对立面，当然也就从根本上否定了以今文经学为主体的官方意识形态，从而激发了知识分子更为深刻的反思和更为紧张的探索。一部分关心政治的知识分子，怀着强烈的忧患意识，仍然坚定地沿着自己所选定的方向，积极地参加"清议"运动。"清议"是一种建立在理性基础之上的自由政论，不仅撇开了阴阳术数的巫术对朝政进行大胆的揭露和激烈的抨击，而且撇开了正统经学，提出了一系列指导政治的新原则。另一部分知识分子则是选择了脱离政治的纯学术方向，抱着"述先圣之玄意，整百家之不齐"的心态，站在文化传承的立场，企图融合今古文之所长，对两汉经学进行系统的总结。今文经学的《京氏易》走向衰落，古文经学的《费氏易》代之而起。易学发展的这种重大转折，是与党锢之祸以后郑玄、荀爽的潜心十余年的学术活动密切相关的。由此可见，东汉末年，思想学术的发展进入了转型时期，无论在思想史上还是在易学史上，都孕育着一场革命性的变革。

从时代思潮的宏观角度来看，对东汉末年思想学术的转型起主要推动作用的，毫无疑问是那些关心政治、参加"清议"运动的知识分子。由汉末"清议"到魏晋"清谈"的发展是顺理成章的。很难设想，如果没有魏晋"清谈"，还能够培育出以王弼为代表的义理派易学。但是，郑玄、荀爽致力于象数之学的常规研究，突破了孟京易学和《易纬》的范式，创设了一系列新的义例，从而更加激化了象数形式与人文义理的矛盾，也为义理派的易学准备了必要的条件。

关于郑玄的易学，总的特点和他的经学一样，也是杂糅今古。《四库全书总目》指出："考玄初从第五元先受《京氏易》，又从马融受《费氏易》，故其学出入于两家，然要其大旨，费义居多。"王应麟在其所辑《周易郑注》中指出："郑注《诗》、《礼》中所引易义，皆用京氏学，与《易注》用费学不同。"在此以前，《费氏易》与《京氏易》是两个不同的系统。《费氏易》属于古文经学，未立于学官，与实际的政治无关，一直是作为一门纯粹的学术流行于民间。费氏易学的特点是以《传》解《经》，而以经文本义的训诂作为主要的研究对象。《京氏易》属于今文经学，其特点是以义理为主而"绝不诠释经文"，着重于编排一个卦气图式，以便占验阴阳灾异，参与国家政治的管理。现在郑玄一方面继承了费氏易学的传统，并且进一步使《彖》、《象》与经文相连，同时又在京氏易学业已丧失了合理性根据的历史条件下，援引其中"绝不诠释经文"的义理来对经文作训诂的诠释。这就把汉易象

数之学引入了绝境，无论在训诂或义理方面，都显得扞格难通。

李鼎祚在《周易集解序》中比较了郑玄易学与王弼易学的不同，认为"郑则多参天象，王乃全释人事"。所谓"郑则多参天象"，指的是郑玄多以爻辰解《易》。爻辰的体例创始于京房。京房以乾、坤十二爻左右相错与十二辰相配，乾卦六爻依次配以子、寅、辰、午、申、戌，坤卦六爻依次配以未、巳、卯、丑、亥、酉，这就是爻辰说的滥觞。京房根据这种配法，把阴阳、五行、干支结合起来，构筑了一个八卦六位的宇宙模型和占验系统。《易纬》继承了这个体例，稍作变通，用爻辰来讲一年十二月的运转，并以六十四卦为一周期，计算年代。《易纬》的爻辰说也是着眼于构筑一个宇宙模型和占验系统，而不是为了解说经文。至于郑玄的爻辰说，则把解说经文作为主要的着眼点。就其宇宙论的思想而言，郑玄是继承了京房和《易纬》，以乾、坤十二爻与十二辰相配，并且引申扩大，构筑了一个更加庞杂的系统。但是郑玄的目的不是用来讲阴阳灾异，而是把它当作一个普遍的原理来讲通《周易》的所有经文。照郑玄看来，乾、坤两卦所值之辰对其余的六十二卦是普遍适用的，凡阳爻所值之辰可以按乾卦的爻辰解释，阴爻所值之辰可以按坤卦的爻辰解释，因而六十四卦、三百八十四爻都可以纳入爻辰的模式之中，根据爻辰的象数来阐发其中的义理。

惠栋《易汉学》据郑氏易说制有《爻辰所值二十八宿图》。李鼎祚所谓"郑则多参天象"，主要是就郑玄以爻辰与二十八宿的星象相配而言的。现据王应麟辑、张惠言订正的《周易郑注》，略举数例，稍加剖析，以窥见郑氏易说的基本思路。

比初六："有孚盈缶。"郑注云："爻辰在未，上值东井。井之水人所汲，用缶。缶，汲器。"比初六为阴爻，同于坤初六所值之辰，故曰"爻辰在未"。"未"就时间而言为六月，就空间而言为西南。西南之分野与井宿之星象对应，故"上值东井"。郑玄认为，井宿之象为汲水之井，经文"有孚盈缶"的微言大义，可以依据比初六之爻辰"上

值东井”来诠释。

坎六四：“尊酒簋，贰用缶。”郑注云：“爻辰在丑，丑上值斗，可以斟之象。斗上有建星，建星之形似簋。贰，副也。建星上有弁星，弁星之形又如缶。”坎六四为阴爻，同于坤六四所值之辰，故曰“爻辰在丑”。丑之方位在东北，上值斗宿，斗宿似酒器，“可以斟之象”。斗宿包含十个星座，其中“建星之形似簋”，“弁星之形又如缶”，故经文所云可用爻辰所值之星象来诠释。

离九三：“不击缶而歌。”郑注云：“艮爻也，位近丑。丑上值弁星，弁星似缶。”离九三为阳爻，其爻辰本应同于乾九三所值之辰，但辰宫之星并无缶之象，故创爻体之说，使之位近艮爻六四所值之丑，以便“上值弁星”，取其似缶之象以诠释经文。关于爻体的体例，张惠言在《周易郑氏义》中指出：“阳爻在初、四则震爻；二、五则坎爻；三、上则艮爻。阴爻在初、四则巽爻；二、五则离爻；三、上则兑爻。”因此，尽管从离九三所应值之辰找不到似缶之象，也可以用爻体说把它牵合到艮爻，使之上值弁星，来诠释经文中的缶象。

䷼中孚卦辞：“豚鱼吉。”郑注云：“三，辰在亥，亥为豕。爻失正，故变而从小名言豚耳。四，辰在丑，丑为鳖蟹。鳖蟹，鱼之微者。爻得正，故变而从大名言鱼耳。三体兑，兑为泽。四上值天渊。二、五皆坎爻，坎为水。二侵泽，则豚利。五亦以水灌渊，则鱼利。豚鱼，以喻小民也，而为明君贤臣恩意所供养，故吉。”这一段注文综合了爻辰与爻体两种方法，对中孚的卦画与卦辞作了全面的诠释，充分表现了郑氏易说的基本思路。六三辰在亥，六四辰在丑，上值天渊，是就爻辰而言的。六三为阴，爻体为兑，九二、九五为阳，爻体为坎，是就爻体而言的。尽可能利用爻辰与爻体之象来诠释经文，就是郑氏易学的特点。

关于郑玄的爻辰，清代学者作了许多客观的研究。焦循在《易图略》中评论说：“谬悠非经义。”“余于爻辰无取焉尔。”王引之在《经

义述闻》中列举了大量的例证,指出其与经文相矛盾,"展(辗)转牵合,徒见纠纷耳"。如果把焦循、王引之对郑玄的评论用来评论孟喜、京房和《易纬》的易学,也是同样允当的。因为汉代经学特别是今文经学致力于阴阳术数与经义相结合,"其中多非常异义可怪之论",牵强附会、不合训诂之处,是触目可见的。但是,自汉武帝以来的数百年间,人们不仅见怪不怪,反而群起仿效,掀起了一股大讲阴阳灾异的时代思潮。现在当这股时代思潮的生命力已经终结,郑玄不再讲阴阳灾异,只是援引其中的成说来诠释经文,表面上看来,似乎理性的成分增多,实际上不合理的成分倒是更加显豁了。王利器《郑康成年谱》载有一则轶闻:"王弼注《易》,刻木偶为郑康成象,见其所误,辄呵斥之。"(见朱胜非《绀珠集》引《鸡跖集》)这虽是后人编造的一则莫须有的故事,但由此也可见出,王弼的易学主要是以郑玄的易学作为对立面而直接激发而成的。

东汉末年,郑玄网罗众家,遍注群经,集今古文之大成,对汉代经学作了系统的总结,然而也恰恰是由于郑学的兴起而促成了汉学的衰落。皮锡瑞在《经学历史》中指出:"郑学虽盛而汉学终衰。""郑《易注》行而施、孟、梁丘、京之《易》不行矣。"郑玄在那个"士气颓丧而儒风寂寥"的时代,惨淡经营,建立了一门统一的郑学,延续了学术文化的传承,在经学史上确实取得了辉煌的成就。但是,郑玄的经学,其根本旨趣,也仅仅着眼于学术文化的传承,而避开了政治上的通经致用,这就使得经学与时代的脉搏脱节,丧失了指导调整实际生活的功能,而演变为一种名物训诂的章句之学。因此,尽管郑玄的经学阂通博大,无所不包,对经文字义的训诂远远超过了前辈经师,但是,贯穿在汉代经学特别是今文经学中的浓郁的生活气息以及跳动着的时代精神,却是消失不见了。从思想史的角度来看,所谓"郑学虽盛而汉学终衰",这种转变的意义,只是标志着自汉武帝以来阴阳术数与经义相结合的时代思潮至郑玄而终结。郑玄的经学,可以说是旧的时代思潮的掘墓人，却不能算作新的时代思潮的催生婆。

荀爽与郑玄是同时代人。党锢之祸前夕，荀爽曾积极参与政治活动，虽明知时局无可匡救，政见不被采纳，仍然根据京氏易学的卦气理论，上书桓帝对朝政提出了批评。党锢之祸之后，荀爽一方面致书党人领袖李膺，"欲令屈节以全乱世"，而自己则退回到学术领域，隐于海上，南遁汉滨，积十余年，以著述为事。他的促使《京氏易》向《费氏易》转变的《易传》，就是在党锢之祸以后隐居著述时完成的。荀爽《易传》已佚，其零文碎义多见于李鼎祚《周易集解》。清代学者对荀爽易学作了大量的研究。惠栋在《易汉学》中指出其易学主旨为乾升坤降说。张惠言在《周易荀氏九家义》中赞同惠栋的看法，认为"荀氏之义莫大乎阳升阴降"，同时作了进一步的考证，指出"乾升坤降，其义出于《乾凿度》"。

就总体而言，荀爽确实是极力把乾升坤降树立为一条普遍的原理，用来诠释《周易》所有的经文。这种情形就和郑玄把爻辰的体例推广运用到所有的经文中一样。因为费氏易学的特点是以《传》解《经》，把经文本义的训诂作为主要的研究对象，如果对经文本义缺乏一以贯之的理解，从中提炼出某种普遍适用的体例，则难以把《传》与《经》之间的种种矛盾抵牾之处一一讲通，不足以成一家之学。比较起来，郑玄的爻辰体例侧重于以乾坤十二爻与天象作外在的比附，而荀爽的乾升坤降体例则是着眼于揭示象数本身的内在规律，并且把中和树立为卦爻变化所趋向的理想目标，带有更多的人文主义色彩。

乾升坤降作为一种以《传》解《经》的普遍适用的象数体例，大体上包含着以下三个基本观念：第一，乾坤两卦为阴阳之根本，万物之祖宗，六十四卦都是由乾坤中的阴阳二爻推移交易变化而成的。第二，阴阳二爻推移交易所遵循的规则为阳进阴退，因为阳由七上九，阴由八降六，故阳性欲升，阴性欲承。第三，这种推移交易应以中和作为所趋向的理想目标，二为下卦之中，五为上卦之中，二为阴位，

五为阳位，阴位为臣，阳位为君，故阳在二者，当上升坤五为君，阴在五者，当降居乾二为臣。现分别略举数例来说明。

第一，京房曾说："八卦之要，始于乾坤，通乎万物。""奇偶之数，取之于乾坤。乾坤者，阴阳之根本。"荀爽发挥这个思想，把象数的形式与义理的内容视为同一，完全根据象数来阐发乾元、坤元所蕴含的义理。就象数而言，六十四卦三百八十四爻，阴阳两爻各为一百九十二，阳爻之数为九，九是三十六根蓍草的商数；阴爻之数为六，六是二十四根蓍草的商数，（192×36）+（192×24）= 11520，所以"二篇之策万有一千五百二十"。由于"蓍从爻中生"，二篇之策由阴阳两爻的蓍数相加而成，而乾为纯阳，坤为纯阴，所以把二篇之策归结为以乾元、坤元为基础，是符合象数形式的内在规律的。荀爽由此推论，"策取始于乾，犹万物之生本于天"，"策生于坤，犹万物成形出乎地"。这是把乾坤推演出二篇之策看作是与天地生成万物的过程相等同。根据这种等同关系，拿卦爻与所有的天象人事一一相配，也就顺理成章了。所以荀爽在解释《说卦》"幽赞于神明而生蓍"时，指出："谓阳爻之策三十有六，阴爻之策二十有四，二篇之策万有一千五百二十，上配列宿，下副物数。"这是整个汉易象数之学的共同思路，也是郑玄的爻辰说所遵循的基本思路，不过荀爽进一步对爻变本身的规律作了研究，这就过渡到他的第二个基本观念上来了。

第二，荀爽认为，三百八十四爻，动行相反，阳动而进，阴动而退，一消一息，万物丰殖，故能成就富有之大业。荀爽的这个观念实际上是从卦气图式中阴阳推移的规则提炼而来的。荀爽把卦气图式中的这条规则确立为爻变的体例，力图根据阳升阴降的象数来阐发六十四卦所蕴含的义理。比如《既济·象》曰："既济亨，小者亨也。"荀爽解释说："天地既交，阳升阴降，故小者亨也。"《临九二·象》曰："咸临吉，无不利，未顺命也。"荀爽解释说："阳感至二，当升居五，群阴相承，故无不利也。阳当居五，阴当顺从，今尚在二，故曰未顺命也。"《升·上六》："冥升，利于不息之贞。"荀爽解释说："坤性暗昧，今升在上，故曰冥升也。阴用事为消，阳用事为息。阴正在上。阳道不息，阴之所利，故曰利于不息之贞。"照荀爽看来，阳当升在上，阴当降居下，凡是符合这一原则的，则吉而得志无不利。如果阳当升而反降居下，阴当降而反升在上，就是一种不应有的反常现象。那么，这种价值取向的根据究竟何在呢？这就过渡到他的第三个基本观念上来了。

第三，荀爽认为，阳之所以当升，阴之所以当降，是因为只有如此，才能使爻变趋向于中和的目标。所谓中和，实际上并不属于象数范畴，而是属于义理范畴，来源于儒家的文化价值理想。荀爽站在象数派易学的立场，极力把中和的义理纳入象数的模式之中，并且把它确立为爻变所应当趋向的理想目标。《系辞》："天下之理得，而易成位乎其中矣。"荀爽解释说："阳位成于五，五为上中。阴位成于二，二为下中。故易成位乎其中也。"这就是说，一卦六爻的象数模式，有位有中，五为阳位之中，二为阴位之中，故阳必升居五，阴必降在二，始得谓之"成位乎其中"。位是强调尊卑贵贱之分的，如果阴阳皆能得位，"阴阳正而位当，则可以干举万事"。中是强调彼此相应，协同配合的，如果阴阳皆能得中，"阴阳相和，各得其宜，然后利矣"。（《乾文言注》）因此，中和既是爻变所应当趋向的理想目标，也是判定爻变是否正常的最高价值标准。

荀爽对六十四卦的爻位配置作了详细的比较分析，认为唯有既济卦的爻位配置最能符合中和的准则，因而乾升坤降应以形成两个既济卦为最高的理想。《乾·文言》："云行雨施，天下平也。"荀爽解释说："乾升于坤曰云行，坤降于乾曰雨施。乾坤二卦成两既济，阴阳和均而得其正，故曰天下平。"既济卦☲坎上离下，初、三、五，阳居阳位，二、四、上，阴居阴位，九五与六二，刚柔俱得正得中，既有刚柔之分，又有阴阳之和，确实是一个最理想的象数模式。荀爽认为，其所以能

够形成如此理想的象数模式，是因为乾升于坤，坤降于乾，严格遵循了乾升坤降的爻变规律。若坤五降居乾二，则成离；乾二升居坤五，则成坎，经过这样一番升降交合，乾坤二卦就变化成为两个坎上离下的既济卦。

与既济卦相反的是未济卦。未济卦☲坎下离上，卦中六爻，阳居阴位，阴居阳位，虽刚柔相应而不当位，这是由于违反了乾升坤降的原则，沿着乾降坤升的轨道而形成的。荀爽对未济卦的这种象数模式进行了谴责，认为"虽刚柔相应而不以正，犹未能济也"。"未济者，未成也"。既济卦的象数模式与此相反，象征着天地既交，阳升阴降，不但大者亨通，小者也亨通，一切的事情均获成功，完美地实现了中和的理想。但是，由于阴阳变化不测，有序会朝着无序转化，所以尽管既济卦的爻位配置达到了最佳状态，仍然要本着《周易》所固有的忧患意识，致力于调整。《既济·象》："水在火上，既济。君子以思患而预防之。"荀爽解释说："六爻既正，必当复乱，故君子象之，思患而预防之，治不忘乱也。"

从荀爽的这些言论看来，他的易学更多地注重人事的调整，与郑玄的那种"多参天象"的爻辰说有所不同。家人卦☲巽上离下，《象》曰："父父、子子、兄兄、弟弟、夫夫、妇妇，而家道正，正家而天下定矣。"荀爽解释说："父谓五，子谓四，兄谓三，弟谓初，夫谓五，妇谓二也，各得其正，故天下定矣。"这是以家人卦的象数模式来表达儒家的社会政治理想。儒家十分重视家族制度的巩固，认为是治国平天下的基础。为了巩固家族制度，必须使其中的各种人际关系皆得其正。荀爽认为，家人卦的爻位配置正好表现了这种合理的人际关系。父居五位，五为乾阳；子居四位，阴四承五；兄三弟初，皆为阳爻；夫五乾阳，妇二坤阴。五爻皆得其正而家道正，如果使上九变为上六，由巽而之坎，则六爻皆正而成既济定，故正家而天下定。荀爽对家人卦的六二极尽赞美，认为"六二处和得正，得正有应，有应有实，阴道之至美者也"。这是站在象数派易学的立场，根据六二的爻位配置抽绎出的伦理准则。

照荀爽看来，乾升坤降的象数体例"与天地合其德"，处理人际关系的最高伦理准则都是从这种象数体例中抽绎出来的。《乾·文言》："夫大人者，与天地合其德。"荀爽解释说："与天合德，谓居五也。与地合德，谓居二也。"这种"与天地合其德"的最高伦理准则，实际上就是中和。如果把这种中和的义理完全纳入象数的模式之中，必须确立阳升阴降的体例，否则，就不能自圆其说。因为乾卦六爻，二、四、上阳居阴位，三爻都不当位，坤卦六爻，初、三、五阴居阳位，也是三爻都不当位。只有把乾坤十二爻按照阳升阴降的原则互换，才能形成两个六爻俱得位得中的既济卦，使之完美地体现中和的义理。从荀爽的这条思路来看，他对象数之学的研究，其深层的思想动因并不在于象数本身，而是从中和的义理出发的。

荀爽是一位游移于政治与学术之间的知识分子，党锢之祸以后，虽然被迫隐居著述，却并未忘怀政治，因此，他写作《易传》，常常借用象数之学的形式来阐发某些政治观点。东汉末年，政治危机的主要症结在于"君道秕僻"，"主荒政缪"。当时许多有识之士都迫切希望出现一个具有中和之德的君主来整顿朝纲，拨乱反正。尽管这种希望不断变为失望，在历史的必然性面前毫无实现的可能，但是他们仍然始终坚持，不肯放弃。因为他们站在儒家的立场，除了坚持这种一厢情愿的希望以外，再也找不到其他可以摆脱危机的出路了。荀爽在《易传》中，根据乾升坤降的象数原理，把对实际政治执着的希望转化为一种超越的政治理想。比如临卦☷坤上兑下，九二为阳，六五为阴，二为臣位，五为君位。荀爽认为，作为一个君主，应该具有乾刚中正之德，才能使群阴相承。临卦的九二爻符合这一条件，但其位不当，故未顺命。五者帝位，六五居之，虽亦处中，却无乾刚之德。因此，必须按照阳升阴降的原则来理顺这种关系，使二升居五位。《临·六五》：

"知临，大君之宜，吉。"荀爽解释说："五者帝位，大君谓二也，宜升上居五位，吉。故曰知临，大君之宜也。二者处中，行升居五，五亦处中，故曰行中之谓也。"照荀爽看来，帝位应由有德者居之，六五有帝位而无帝德，九二有帝德而无帝位，故二应升居五位，取六五而代之，始能君临天下，合乎大君之宜。这就是儒家所服膺的"汤武革命"的思想了。

荀爽对师卦所作的系列解释，把这一思想表述得更为显豁。师卦坤上坎下，五阴一阳，阳失位居二。荀爽认为，"谓二有中和之德，而据群阴，上居五位，可以王也"。这就是说，师卦六爻，唯有九二具备中和之德，能为上下五阴之主，虽失位居二，但是根据阳升阴降的原则，是可以取代六五而为王的。这个取代的过程就与周武王取代殷纣王的革命过程相当。九二阳德已成，德纯道备，有王三锡命之象，虽尚在师中，未居王位，但必能取代六五而上居王位。这种取代得到了六四的竭诚拥护。六四为阴，阴当承阳，而五虚无阳，故呼二阳上舍于五。由于二与四同功，六四对九二的这种竭诚拥护是符合它的本性的。六五居尊失位，是九二所要取代的对象，如同田猎所欲捕获之禽，所以九二取代六五，以臣伐君，假言田猎，殷纣被武王擒于鹿台，就是这种取代的例证。

可以看出，荀爽的乾升坤降与郑玄的爻辰虽然都是从卦气图式中提炼出的象数体例，但是荀爽的易学与郑玄相比，却蕴含着更多人文主义的内容。这是因为郑玄的爻辰多与天象相参，而荀爽的乾升坤降所树立的中和目标本身就是从人文主义的义理出发的。由于易学的基本精神在于"推天道以明人事"，本质上是一种天人之学，所以谈天道必涉及人事，讲人事必上溯天道，天与人的关系从来不可割裂，只是各派易学的侧重点有所不同。关于郑玄的易学，许多研究者都已注意到其中具有以易说礼的特点。张惠言的《周易郑氏义》对郑氏易学中的礼象作了专门研究，说明郑玄对易学中人文主义的义理也是十分关注的。但是，郑玄没有从事高层次的哲学探索，完全依据汉代经学"天人相副"的传统观点来理解易学的天人之学，因而这种理解只能停留在简单比附的水平。拿荀爽的理解与郑玄相比，看来是前进了一大步了。荀爽把象数模式理解为一个乾升坤降的动态结构，这个动态的结构以中和作为自己所趋向的目标，由于所有的自然现象和社会现象均受统一的象数规律所支配，所以中和也就很自然地成为天道与人事所共同趋向的目标。应当承认，荀爽的这种理解超出了简单比附的水平，在一定程度上揭示出了天人关系的内在联系。

但是，我们也应当看到，荀爽的易学与郑玄的易学同样，以《传》解《经》做得并不成功，矛盾抵牾之处甚多，无法自圆其说。究其原因，主要是由于荀爽站在象数派易学的立场，把阳升阴降作为一种普遍适用的体例，强行加在《周易》的文本之上，这种做法不仅直接违背了《周易》本身立足于义理以《传》解《经》的传统，而且也使得他自己的易学不断陷入自相矛盾的窘境。

《周易》本身以《传》解《经》的传统，着重于阐发阴阳相交、二气感应的义理。为了促使二者的相交感应得以完美地实现，常常强调刚来下柔、阴升阳降的一面。我们可以从《彖传》文本找到许多例证。比如《泰·彖》云："天地交，泰。"《否·彖》云："天地不交，否。"这是说坤上乾下为交而泰，反之为不交而否。《谦·彖》云："谦亨。天道下济而光明，地道卑而上行。"《随·彖》云："刚来而下柔，动而悦。"《咸·彖》云："咸，感也。柔上而刚下，二气感应以相与。"就五、二两爻而言，《彖传》并未主张阳在二者当升坤五为君，阴在五者当降居乾二为臣，只要二者得中相应，乾五坤二与坤五乾二都是同样合理的。比如鼎卦䷱，坤五乾二，《彖》云："柔进而上行，得中而应乎刚，是以元亨。"由此看来，荀爽把阳升阴降树立为一条普遍性的原理，显然是与《彖传》中的这些说法相抵触的。

荀爽在这些地方表现出了极大的困惑，不得不自违其例，承认阴

升阳降也是一种合乎规律的现象。比如《系辞》："仰以观于天文，俯以察于地理。"荀爽解释说："谓阴升之阳，则成天之文也；阳降之阴，则成地之理也。"《泰·象》："天地交，泰。"荀爽解释说："坤气上升，以成天道；乾气下降，以成地道。天地二气，若时不交，则为闭塞；今既相交，乃通泰。"关于《蒙》六五，荀爽解释说："顺于上，巽于二，有似成王任用周召也。"关于《贲》六五，荀爽解释说："五为王位，体中履和，勤贤之主，尊道之君也。"这就是说，阴在五者不必降居乾二为臣，也同样可以获吉。所有这些说法，明显地表明荀爽左支右绌，自相矛盾，难以自圆其说。

汉易象数之学发展到荀爽的阶段，象数形式与义理内容的内在矛盾是越来越激化了。究竟怎样来解决这个矛盾呢？王弼继承了先秦时期以《传》解《经》的主流精神，把义理内容置于首位，使象数形式完全服从于表现义理内容的需要，提出了一种义理派易学的解决方法。而虞翻则仍然从事象数之学的常规研究，发明了许多新的体例，从而使得矛盾更加激化。这种情形诚如王弼在《周易略例》中所指出的，"互体不足，遂及卦变，变又不足，推致五行，一失其原，巧愈弥甚，纵复或值，而义无所取，盖存象忘意之由也"。

十　魏晋易学

在易学史上，王弼的《周易略例》是一部划时代的著作。王弼在这部著作中对《周易》的编纂体例、卦爻结构及其哲学功能进行了系统的研究，猛烈抨击了汉易象数之学的思维模式，为义理派的新易学奠定了理论基础。易学史上义理派与象数派明显的分野，就是以这部著作的出现为标志的。

所谓象数与义理，指的其实就是《周易》的形式与内容。由于形式与内容不可分，象数与义理乃是紧密结合在一起的。讲象数，目的在于阐发某种义理；谈义理，也不能脱离象数这种表现工具。只是形式与内容既有统一的一面，又有对立的一面，在处理二者的关系时，如果把义理置于首位，使象数形式服从于表现义理内容的需要，就显示出一种义理派的倾向；反之，如果着眼于用象数来编织一种世界图式，把内容完全纳入形式之中，就显示出一种象数派的倾向。

我们曾经指出，《周易》这部书包括《易经》和《易传》两部分。《易经》是一部占筮书，《易传》则是一部哲学书，但是《易传》的哲学思想是利用了《易经》占筮的特殊结构和筮法建立起来的，因而这两部分在内容上有差别而在形式上却存在着联系，形成了一种象数

与义理的奇妙结合。这种结合并不是完美无缺、天衣无缝的，它的形式与内容、象数与义理常常发生尖锐的矛盾，其中象数派与义理派这两种对立的倾向也常常是纠缠扭结，并存于一体的。

就《易传》的主导倾向而言，应该承认，它是属于义理派的易学。《易传》之所以能够成功地把《易经》这部占筮之书改造成为一部哲学书，根本原因在于它发挥了解释学的优势。《易传》并没有扫落象数，只是在处理象数与义理的关系时，把义理置于首位，使象数服从于表现义理的需要。为了达到这个目的，《易传》对象数的体例、结构和功能作了一系列不同于筮法的新规定，诸如承、乘、比、应、时、位、中等等。这些规定也是《易传》解释《易经》，并且阐发自己的哲学思想所依据的基本原则。《易传》所说的"形而上者谓之道，形而下者谓之器"，就是立足于本体论哲学的高度，来说明象数与义理之间的关系。象数有形可见，是为形而下；义理隐藏于象数之中，看不见，摸不着，是为形而上。但是形而上的义理必须借助形而下的象数才能表现出来。《系辞》说："子曰：'书不尽言，言不尽意。'然则圣人之意，其不可见乎？子曰：'圣人立象以尽意，设卦以尽情伪，系辞焉以尽其言。'"《系辞》的这一说法就是义理派易学的理论依据。它首先肯定有一个"圣人之意"，这就是义理，也就是哲学思想。这种哲学思想是文字语言所不能完全表达的，所以圣人借助于《周易》的卦象、爻象以及卦辞、爻辞来表达。在言（卦爻辞）、象（卦爻象）、意（义理）三者的关系中，意即义理是居于首位的。

但是另一方面，《易传》也没有完全否定占筮，而保留了某些对象数的神秘崇拜。比如它把卦爻结构看作是一个圆满自足的先验体系，认为"天地之数五十有五"，这些神秘的数字是事物变化的根本原因，特别是在《说卦》中把八卦与四时、八方相配，组成为一个八卦方位的世界图式，并且列举了一系列来自宗教巫术的卦象，作为沟通神人关系的手段和预测吉凶祸福的依据。所有这些，说明《易传》

还存在着一种与义理派格格不入的象数派倾向。

这两种相互对立的易学倾向并存于《易传》之中，有时把义理置于首位，有时又把象数奉为神圣。但是，无论《易传》表现为何种倾向，其中都贯穿着一个核心思想或根本精神，就是所谓的易道。我们曾经指出，这个易道是由思想精髓、价值理想和实用性的操作层面所组成的三位一体的结构，它的根本精神集中体现在"一阴一阳之谓道"这一命题之中，也就是《庄子·天下篇》所概括的"《易》以道阴阳"。如果按照"观变于阴阳而立卦，发挥于刚柔而生爻"的思路，把卦爻结构看作是对阴阳变化的一种摹拟和象征，则就表现为一种义理派的倾向。反之，如果按照"蓍之德圆而神，卦之德方以知"的思路，认为可以根据卦爻结构把天下所有的道理都推演出来，则就表现为一种象数派倾向。由于这两种倾向表现得错综复杂，纷如乱丝，所以后来象数派和义理派的易学都可以在《易传》中找到自己的根据。

《易传》中象数派的倾向在汉易中得到了充分的发展，这种倾向独立成派是从汉易开始的。究竟汉易为什么不顾《易传》中占主导地位的义理派的倾向，而对其中的象数之学感到极大的兴趣？对这个问题如果孤立地从易学本身来看是难以理解的，只有联系到汉代哲学总的发展线索以及时代思潮的演变情况，才能得到合理的说明。魏晋时期，王弼用义理派的易学来取代汉易象数之学，也应该站在宏观的角度，把易学史上的这一转折看作是与当时的玄学思潮取代经学思潮同步进行的过程。

王弼指责象数派易学的根本错误在于"存象忘意"，把形式置于首位，而丢掉了其中的义理。其实汉易象数之学并没有排斥义理，只是象数派易学的义理乃是一种讲阴阳灾异的天人感应论义理，或者是一种反映天象变化的宇宙生成论的义理。这种义理正是汉代延续数百年的经学思潮的本质所在。董仲舒曾说："天人之际合而为一。"（《春秋繁露·深察名号》）汉代的经学思潮依据不同的经典来探讨"天人

之际"，提出的说法虽然各有不同，但都普遍地是以天人感应论和宇宙生成论为义理的。这是一种高层次的思考，是对自然、社会、人生的整体性把握，不仅体现了那个时期人们认识的深化和发展，而且也凝结着那个时期人们对合理的社会存在的理想和期望。

我们曾经指出，汉代的经学思潮致力于阴阳术数与儒家经义相结合的工作。这种结合应该尽可能地满足三个方面的要求：一是立足于儒家的文化价值理想；二是以阴阳五行为间架结构提供一个完整的世界图式；三是推断灾异有数理的根据，能以命中率高取得人们的信服。易学由于所依据的经典具有特殊的优越性，《周易》中的易道本身就是一个三位一体的结构，最能全面地满足这三个方面的要求，所以《周易》的地位也就因此而扶摇直上，跃居为群经之首、六艺之原。就汉易利用象数所建构的卦气说而言，它所提供的世界图式比其他各家更完整，它所蕴含的天人和谐的理想比其他各家更丰满，它在推断灾异方面比其他各家更便于实际的操作，而所有这些又都是建立在对天人感应论和宇宙生成论的更为全面深刻把握的基础之上的。这就是汉易象数之学的义理。如果认为汉易象数之学完全排斥义理而专门从事象数的形式推演，就很难想象这个失去灵魂的僵死的躯壳，何以能成为汉代经学思潮的一个重要组成部分，强而有力地影响了那个时代的精神风貌。

大约从东汉和安之世开始，经学思潮就遭遇到危机了。危机来自两个方面：一方面是人们对它的天人感应论的理论本身感到怀疑；另一方面是由于它通过阴阳灾异调节处理王权矛盾的功能失效，在实际生活中起不到应有的作用。于是人们纷纷进行新的探索，试图构筑一种新的天人之学来取代经学思潮。经过一段相当迂缓而艰难的历史过程，直到曹魏正始年间，才由玄学思潮的天人新义完成了这种取代，《周易》这部经典也就由此成为玄学思潮的一个重要组成部分，象数派的易学也就随之而被义理派的易学所取代了。

　　玄学思潮与经学思潮的不同，只是在哲学的理论形态方面，而不在天人之学的根本精神方面。玄学思潮不讲天人感应及宇宙生成，不再凭借阴阳术数去占验祥瑞灾异，它的理论形态是一种以有与无为基本范畴而构筑起来的本体论哲学。有是指现象，无是指本体，本体高于现象，现象不离本体，二者结成了一对本末体用的关系。根据这条新的哲学思路，玄学思潮把传统的天人之际的问题转化成为自然与名教的关系问题。自然是指天道，也就是宇宙整体深层的本体结构；名教是指人道，也就是人类社会的伦理纲常，属于现象层面。自然统率名教，名教应合乎自然。玄学思潮的这种理论追求和价值取向，其实是和传统天人之学的"推天道以明人事"的根本精神相一致的。由此可见，玄学思潮是否定了经学思潮的理论形态，而继承了它的天人之学。

　　由于玄学思潮本质上也是一种天人之学，是对天、地、人三才之道整体性的把握，所以不能不以《周易》作为自己所依据的重要经典。同时另一方面，由于玄学思潮是站在本体论哲学的高度来探讨天人之际的问题，这种探讨与《周易》原文中的义理派倾向息息相通，而与被汉代易学膨胀发展了的象数派倾向格格不入，所以又不能不进行一番大破大立的扬弃工作，对《周易》重新作出解释。人们通常认为，王弼易学的特点是扫落象数，说以老庄。就前一个判断而言，显然是言过其实，并不准确的。因为王弼的《周易略例》，本身就是对象数形式的一种研究，只是王弼的着眼点与汉易不同，不是把象数奉为神圣，把天象人事的变化用削足适履的办法统统塞进卦气说的象数模式之中，而是通过这种研究，把象数改造成为表现本体论哲学的一种工具。至于后一个判断，则是符合实际的。因为王弼所使用的有与无这一对范畴，就是来源于《老子》，自然范畴也是从老庄那里借用而来的。如果说汉代包括易学在内的整个经学思潮的特点是儒家经义与阴阳术数的结合，那么魏晋玄学思潮的特点就是儒道的结合。王弼的玄学著作除了《周易注》以外，还有《老子注》。《老子注》偏于说无，《周

易注》偏于讲有，有不离无，无不离有，有无互训，《易》、《老》会通，说明王弼所创建的义理派的新易学确实是以儒道兼综、说以老庄为特点的。

魏晋时期，从事《易》、《老》会通的工作已成为一种时代的风尚。比如刘劭的《人物志·八观》说："《易》以感为德，以谦为道。《老子》以无为德，以虚为道。"阮籍的《通老论》说："道者，法自然而为化，侯王能守之，万物将自化。《易》谓之太极，《春秋》谓之元，《老子》谓之道。"在那个特定的时代，人们对以本体论哲学为理论形态的天人新义怀有普遍的期待。为了创建这种天人新义，人们一方面会通《老》、《易》，从中探寻最崇高的概念与最基本的原动力，另一方面又适应当时的理论追求和价值取向，对《周易》和《老子》中本体论思想的异同进行认真的比较，以便确定它们在天人新义中的地位和作用，妥善地处理有与无、儒与道、自然与名教的关系问题。《世说新语·文学》记载："王辅嗣弼冠诣裴徽，徽向曰：'夫无者，诚万物之所资，圣人莫肯致言，而老子申之无己，何耶？'弼曰：'圣人体无，无又不可以训，故言必及有。老庄未免于有，恒训其所不足。'"照王弼看来，"夫无不可以无明，必因于有"，经常讲无的老子"未免于有"，只停留于现象的层次，并没有上升到"体无"的境界，而"言必及有"的孔子反倒是"体无"。因此，王弼极力使《周易》和《老子》这两部经典形成一种互补的关系，在《老子注》中，他着重阐发"以无为本"、"崇本息末"的思想；在《周易注》中，则是着重于阐发六十四卦的卦义所蕴含的必然之理，通过对属于现象层次的卦义的研究，由用以见体，把现象与本体有机地联结起来，创建一个完整的体系。从王弼的《周易注》来看，他的"说以老庄"的义理派新易学完全是围绕着六十四卦的卦义这根主轴而展开的，把汉易对卦象、卦变的研究转变为对卦义的研究。这就是王弼所确立的重新解释《周易》的基本原则。

王弼这一解释学的思想并非他个人的创新，而是直接继承了《易传》而来的。《系辞》指出:"极天下之赜者存乎卦","象者,材也","知者观其象辞,则思过半矣"。《象传》对六十四卦的卦义一一作了具体的论述,并且特别挑选出十几个卦义以明确的警句进行赞叹,比如"豫之时义大矣哉","随之时义大矣哉"等等。但是,《易传》这种重视卦义的思想在汉易象数之学中是完全淹没了。汉易为了编织一个卦气图式,不仅打乱了六十四卦的卦序,作了花样翻新的排列,而且"案文责卦",在象数形式的本身上打主意。遇到说不通的情况,就发明了互体说,把一卦变为四卦,增加卦象以说明之。互体也难以说通,又发明了卦变说来说明。卦变不足,又推致五行来增加卦象。因此,汉易只讲卦象、卦变而不讲卦义。

其实,卦象、卦变的体例也不是汉易的无稽之谈,我们同样可以在《易传》中找到它的原始根据。只是这种象数派的倾向在汉代的数百年间发展为一种定型的易学形态,作为一种习惯的势力和顽固的成见,严重地抑制了《易传》原有的那种义理派的倾向,阻碍着人们去对卦义进行新的研究。如果不在解释《周易》的基本原则上作一番大破大立的工作,破除汉易象数之学的思维模式,把卦义确立为易学研究的重点,要想创建一门义理派的新易学是根本不可能的。由此我们可以看出,王弼的《周易略例》在易学史上的意义,主要在于促进易学研究的革命性变革,为义理派的新易学奠定一个坚实的理论基础。

《周易略例》共有七篇文章,各有重点。《明彖》论卦,《明爻通变》论爻,《明卦适变通爻》论卦与爻的关系,《明象》论形式与内容的关系,《辨位》阐述对"同功异位"的独到见解,《略例下》杂论各种体例,《卦略》列举了十一卦的卦义,是全文的总结。这七篇文章组成了一个有机的序列,总的目的是想通过对《周易》体例和卦爻结构的研究,把象数形式完全改造成为表现义理的一种工具,以恢复《易传》中原有的卦义说。王弼在《周易注》中展开他的天人新义,就是以卦义说为主轴的。而卦义说所依据的解释学原则,就是通过《周易略例》的

研究而后确定下来的。

王弼在《明象》中首先指出，每一卦都有一个中心主旨，这就是一卦之体，而《彖辞》的作用就在于说明这个一卦之体。所以通过卦名和《彖辞》，可以找到贯穿在每一卦中的总体性思想。如果掌握了这种总体性的思想，就可以统宗会元，提纲挈领，从容自如地应付各种错综复杂的变化而不致感到困惑。这个总体性的思想也叫作"理"，"物无妄然，必由其理"。实际上，这个"理"也就是卦义。六十四卦有六十四个卦义，即六十四个具体的必然之理。而所有这些卦义又是与"天下之至赜"，即支配宇宙人生的最高原理相通的。从本体论的角度来看，六十四卦的卦义都属于现象范畴，至于如何把这些卦义归结为"以无为本"，王弼在《明象》中并未涉及这个问题。但是由于他把卦义和"天下之至赜"联系起来，所以就在有与无、具体与抽象之间架设了一道桥梁，为他展开自己多层次的哲学系统打下了理论基础。

王弼在《明象》中接着论述了"一卦之体必由一爻为主"的体例，发挥了一套"以寡治众"、"以一制动"、"统宗会元"、"约以存博"、"简以济众"的本体论思想。这些思想在《易传》中也是存在着的，但却没有概括成如同王弼这样简明的哲学命题。从这个角度来看，王弼对体例的研究，乃是对蕴含于《易传》中本体论哲学的一种反思和创造性发展。

《明象》论卦，《明爻通变》进而论爻。一卦六爻，结成一个整体，有一个中心主旨。《彖辞》的哲学功能在于"统论一卦之体"，阐明卦义。那么爻的功能又是什么呢？《系辞》指出："爻者，言乎变者也。""爻也者，效天下之动者也。"这就是说，爻是表示变化的。汉人的象数派易学也承认爻是表示变化的，但却把这种变化看作是卦气的变化、天象的变化，而不是人事的变化。因而汉易搬用了研究天文历法的数学方法来研究这种变化，然后和人事的吉凶祸福牵强比附，作出神秘的预言。实际上，这是一种天人感应论的宗教巫术，并不是哲学思维。王弼在《明爻通变》中尖锐地批判了汉易的这种爻变观，认为爻象所表示的变化主要是人事的变化、事物的变化，这种变化是由"情伪"所引起的。"情伪"这个名词本于《系辞》"情伪相感而利害生"。"情"即实情，"伪"即虚伪，合起来说，是指支配人们行动的种种矛盾的心理状态，也泛指事物由两个对立的方面所形成的种种复杂的实际情况。这种由"情伪"引起的变化，错综复杂，相互矛盾，"巧历不能定其算数，圣明不能为之典要"，没有固定的格式，不能用数学的方法来计算，也不能用法制度量来整齐划一，但是汉易却极力使内容屈从于形式，绞尽脑汁把爻变本身搞成一种固定的格式，用种种人为的方法"定其算数"，"为之典要"，这就必然圆凿方枘，与人事以及事物的实际变化格格不入。

王弼把人事以及事物的实际变化置于首位，认为这些变化是由"情伪"所引起的，爻只是表示这些变化的，并不是变化的本身，这就从根本上改变了象数学的思维模式，确立了使形式服从于内容的义理派易学的爻变观。王弼列举了一系列的实例，说明那自身等同的却排斥它自身，那自身不等同的东西却包含着同一，虽然变动无常，没有一成不变的格式，但其间却有着一种相反相成的关系。王弼认为，人们不能用数学的方法来研究这种关系，"夫情伪之动，非数之所求也"，但是可以通过体会义理的方法，"能说诸心，能研诸虑"，做到"睽而知其类，异而知其通"，把这种相反相成的辩证规律找出来。

王弼指出，"卦以存时，爻以示变"，卦与爻各有不同的哲学功能。卦是表示时义即卦义的，这是一卦的中心主旨，爻则是表示变化的。就爻所表示的变化而言，有"情伪相感"、"远近相追"、"爱恶相攻"、"屈伸相推"等种种复杂的情况，但总的说来，都是对外物实际变化的一种拟议、效法、模仿。由于天地万物千变万化、神妙莫测，所以爻也就以一阴一阳"范围天地之化"，表示了"天下之至变"。掌握了

这个"天下之至变"，不仅具有认识论的意义，而且可以在实践上发而为作用。王弼论爻以《明爻通变》标题，就包含了这两层意思。"明爻"说的是对变化的认识，"通变"说的是应变，即把这种认识运用于实践。所谓"卦以存时，爻以示变"，其实说的就是卦为体，爻为用，二者结成了一对体与用的关系。

《明卦适变通爻》论述卦与爻的关系，反复阐明了卦为体、爻为用的思想。王弼认为，"夫卦者，时也"。"时"也叫作时用、时义，其实就是卦义。卦义为一卦之体，由时、中、位三者综合而成，代表一种时态，一种由时间、地点、条件所制约的具体情境。所谓"爻者，适时之变者也"，是说爻代表在此具体情境下事物的变化以及人们应变的行为。事物如何变化，行为的后果是吉是凶，并不决定于它们本身，而决定于是否适合于具体情境的规定。这种由卦所代表的具体情境也可以说是一种形势、时机，是总揽全局的。它不是一种抽象之理，不是特殊中的一般，也不是纯思辨的本体；它乃是一种动态的结构，是用中之体，变动无常，处于不断地迁徙流转的过程之中，而且从总体上支配着、决定着事物的变化以及人们的行为。但是从另一方面来看，由爻所代表的事物的变化以及人们的行为，也并不是处于被支配被决定的消极状态，而是可以采取"适时之变"，对总的形势作出全面的估计，确定适当的对策，推动形势朝有利的方面转化。所以王弼认为，"夫时有否泰，故用有行藏；卦有小大，故辞有险易。一时之制，可反而用也；一时之吉，可反而凶也"。《周易》着眼于人们的实践目的，把形势分为两类，一种是有利的，一种是不利的。"泰"为亨通，"大"为君子道长，就总的形势而言，是有利的，但如果行为不当，采取了错误的对策，其后果则是"一时之吉，可反而凶也"；反之，"否"为闭塞，"小"为君子道消，属于不利的形势，在此形势下，人们应该积极去谋求解脱之方，以转凶化吉，所以说"一时之制，可反而用也"。由于卦与爻是紧密联系在一起的，卦的变化决定了爻的变化，所以说

"卦以反对，而爻亦皆变"。卦为体，爻为用。王弼称卦的变化为"一体之变"，反复强调人们必须对这个"一体之变"有一个清醒的认识，认为"存其时，则动静应其用"，"用无常道，事无轨度，动静屈伸，唯变所适"。既然如此，那么如何来认识这个"一体之变"呢？

王弼在《明卦适变通爻》中接着提出了一种由用以求体的方法，认为应从具体分析爻与爻之间的各种错综复杂的关系入手。这些关系包括"应"、"位"、"承乘"、"远近"、"内外"、"初上"等等。所谓"应"是指，一卦六爻，初与四、二与五、三与上，阴求阳，阳求阴，互相感应，得应则志同相和。所谓"位"是指，二、四为阴位，三、五为阳位，柔爻居阴位，刚爻居阳位，谓之当位，否则为不当位。所谓"承乘"是指，以下对上曰"承"，以上对下曰"乘"，柔承刚为顺，刚承柔为逆，柔乘刚为逆，刚乘柔为顺，阴阳柔刚的领导与被领导的地位不能颠倒。远近之说本于《系辞》："二与四同功而异位，其善不同。二多誉，四多惧，近也。柔之为道，不利远者。"所谓"内外"、"初上"是指，内卦是处，外卦为出，初为始，上为终。王弼全面分析了六爻相错所形成的这些体例，总结说："故观变动者，存乎应；察安危者，存乎位；辨逆顺者，存乎承乘；明出处者，存乎外内；远近终始，各存其会；避险尚远，趣时贵近。"所有这些，说的都是人们对客观环境的理性认识，对具体形势的清醒估计。但是王弼并不仅仅停留于此，他的主要目的在于由此而引申出一种涉世妙用，发挥认识的实践功能，汲取人事的智慧，提高人们的应变能力。所以王弼把认识与行动紧密联系起来，反复告诫人们，尽管处于不利的客观环境之中，仍然可以采取合理的决策，变不利为有利。他指出，如果得其应，则虽远而可以动；如果得其时，则虽险而可以处；如果得所据，则虽弱而不惧于敌；如果得所附，则虽忧而不惧于乱；如果得所御，则虽柔而不忧于断；如果应其始，则虽后而敢为之先；如果要其终，则虽物竞而独安于静。总之，王弼所强调的是要高度发挥人的主观能动性，根据对客观形势

的具体分析，把认识转化为行动，以解决人们在社会实践活动中所面临的各种复杂问题。

汉易象数派的卦气说也是把认识与行为紧密联系起来研究的。比如谷永说："王者躬行道德，承顺天地……则卦气理效。……失道妄行，逆天暴物……则卦气悖乱。"（《汉书·谷永传》）这是说，卦气是否正常运转与皇帝的行为直接相关。如果皇帝励精图治，搞好政治，"则卦气理效"；反之，如果倒行逆施，把政治搞坏，"则卦气悖乱"。《易纬稽览图》说："诸卦气温寒清浊，各如其所。"《易纬乾凿度》说："善虽微细，必见吉端；恶虽纤芥，必有悔吝。"这是说，从卦气的温寒清浊可以看出人们行为的善恶吉凶，二者之间存在着一种天人感应的关系。因此，为了找到人们行为的指南，应该仔细观察卦气的变化。但是，汉易所谓的认识是对卦气的认识，是对象数形式的认识，也可以说是对体现在卦气中的神意的认识，带有宗教蒙昧主义的色彩。王弼认为，卦与爻所反映的变化不是卦气的变化和天象的变化，主要是人事的变化，人们应该通过卦爻的变化去汲取人事的智慧而不是作出神秘的预言。这就把认识置于理性主义的基础之上，从根本上改变了象数派的那种思维模式。

《明象》就如何处理内容与形式的关系问题，指出了义理派易学与象数派易学的根本分歧所在。王弼并没有否定象数，他对卦、爻以及卦爻结构体例的研究，都是只涉及象数形式而没有谈义理。他所说的卦以六爻为成而以一爻为主，其中一与多的关系就是数的关系。所谓"卦以存时，爻以示变"，"观爻思变，变斯尽矣"，说明他对卦象、爻象是十分重视的。前面说过，《周易》这部书是中外思想史上的一部极为特殊的图书，它在内容和形式两个方面都应该引起足够的重视。如果研究《周易》而完全排斥其象数形式，它的义理也就空无依傍，失去着落了。只是王弼在处理二者的关系时，是使形式服从于内容，而与汉易的那种使内容屈从于形式的做法不相同。在《明象》中，王弼一方面继承了《易传》的义理派易学倾向，同时也援引了庄子的思想，说明他对象数形式总的看法。

《系辞》曾说，"书不尽言，言不尽意"，指出语言文字有局限，不能完全表达圣人之意；另一方面又说，"圣人立象以尽意"，"系辞焉以尽言"，认为尽管如此，圣人之意不能悬空存在，还是要利用象与辞这种工具才能表达出来。这种说法基本上是一种言尽意的观点，可能是受了庄子的言不尽意观点的启发而发展来的。《庄子·外物》说："筌者所以在鱼，得鱼而忘筌；蹄者所以在兔，得兔而忘蹄；言者所以在意，得意而忘言。吾安得夫忘言之人而与之言哉！"王弼在《明象》中说，"尽意莫若象，尽象莫若言"；"意以象尽，象以言著"。这是根据《系辞》言尽意的观点立论的，强调表达形式与所表达的内容之间的同一。他又进一步指出："故言者所以明象，得象而忘言；象者所以存意，得意而忘象。犹蹄者所以在兔，得兔而忘蹄；筌者所以在鱼，得鱼而忘筌也。"这是根据庄子的言不尽意的观点立论的，强调表达形式与所表达的内容乃是一种手段与目的的关系，二者之间存在着差别。表面上看来，言尽意与言不尽意这两种观点似乎相反，其实并不矛盾，而是相一致的，因为形式与内容本来就是一种既对立又统一的关系，真正的理解就在于从二者的同一中看到差别，又从差别中看到同一。

汉易致命的缺陷在于看不到形式与内容的差别，片面地强调形式与内容的同一，认为形式就是内容，因而倾注全力研究象数，以为圣人之意尽在此象数之中。汉魏之际许多有识之士都立足于破，力求破除汉易象数学的藩篱，比如钟会的"《易》无互体"说就是如此。荀粲更是直接针对着《系辞》言尽意的观点提出了大胆的怀疑。他说："盖理之微者，非物象之所举也。今称立象以尽意，此非通于意外者也，系辞焉以尽言，此非言乎系表者也；斯则象外之意，系表之言，固蕴而不出矣。"（《三国志·魏书·荀彧传》注引《荀粲传》）但是为

了全面地解释《周易》，以便从中引申出一种适合于正始年间时代需要的新的本体论哲学,问题的关键在于立。只有立了义理派易学之新,才能彻底破除象数派易学之旧。这种大破大立的双重任务,是通过王弼《周易略例》的研究最后完成的。

王弼指出,义理派易学的研究目的在于"得意",这个"意"就是《系辞》所说的"圣人之意",也包括荀粲所说的"象外之意"、"系表之言"。象数派易学与此相反,他们误把手段当作目的,因而他们殚思竭虑,却只做了一点"存言"、"存象"的形式主义工作,把最本质的东西忘掉了。但是意也不是离开言与象而悬空存在的,所以必须"寻言以观象","寻象以观意",只是在"得意"之后,应该"忘言"、"忘象",以摆脱形式的束缚,使思维来一次飞跃,去领悟那飘浮游离于言象之外的意义本身。就表现在言象之中的圣人之意而言,这种意在象数派易学中被完全淹没了。至于那尚未表现在言象之中的"象外之意"、"系表之言",更是为象数派易学所忽视。因此,王弼所说的"得意",其着眼点也是双重的,包含着继承与革新两个方面,即不仅恢复那被淹没之意,还要把握那更为深刻的"象外之意"。实际上,这就是一种创造性的理解。这种理解不离开传统,同时又不囿于传统。"尽意莫若象,尽象莫若言",王弼的言尽意论表现了他尊重传统的一面。"得意在忘象,得象在忘言",言不尽意论又表现了王弼锐意革新的突破意识。传统与革新的统一,是理解的本质。

前面说过,王弼的《周易略例》,其总的目的是想通过对《周易》体例和卦爻结构的研究,把象数形式完全改造成为表现义理的一种工具,以恢复《易传》中原有的卦义说。因此,王弼所说的"得意",主要是指对六十四卦卦义的把握。汉易象数学"存象忘意",只注重卦象而忘掉卦义。王弼反其道而行之,认为"忘象以求其意,义斯见矣"。这是义理派易学独立成派的一个显明标志。所谓"忘象"并非完全摈落卦象,但唯有不拘泥于卦象,才能为自由的理解开拓出一个广阔的天地。王弼在《卦略》中，运用他所确立的解释学原则，分析了十一个卦义，虽然带有举例性质，但却是他在《周易注》中结合时代课题全面展开其哲学的理论基础。

就当时的时代课题而言，人们不满足于现实的名教社会，而憧憬一种合乎自然的名教社会；人们也不满足于现实的君主统治，而仰慕一种"用夫自然"、"不伤自然"的君主统治。在那个特定的时代，人们对现实的超越，对理想的追求，在哲学上就上升为对自然与名教关系的探索。这也正是玄学的主题。在《周易注》中，王弼根据这种时代课题的需要，继承了《周易》义理派的易学倾向和天人之学的精神，通过对六十四卦卦义的研究，把自然与名教有机结合起来，推出了一种天人新义，从而完美地表述了那个时代的理想。

《周易》以阴阳学说为核心，以六十四卦、三百八十四爻为框架结构，人们可以利用它们来编制一个关于天象的图式，也可以利用它们来阐述关于人事的变化。李鼎祚《周易集解序》比较了郑玄易学与王弼易学的不同，认为"郑则多参天象，王乃全释人事"。这也是象数派易学与义理派易学的重要区别所在。事实上，郑玄的易学虽然"多参天象"，但也常常比附人事。王弼的易学虽然"全释人事"，但也要以天象的和谐规律作为其理论的前提，只是由于所关注的问题不同，在处理天象与人事的关系时，各有不同的侧重点。

在《周易注》中，王弼根据义理派易学的观点，对阴阳这一对范畴作了一系列的规定，虽然有时也涉及到天象，但主要是说明人事，着重于建立关于人类社会的整体观，描绘一幅合乎自然的名教社会的理想蓝图。王弼认为，阳的性质为刚，阴的性质为柔，阳代表天象与人事中起着创造、施予、主动和领导作用的势力，阴代表起着完成、接受、被动和服从作用的势力。就天象而言，天是最大的阳，地是最大的阴。就人事而言，君臣、父子、夫妇也相应地区分为阴阳。阴阳有尊卑地位之不同，阳为尊，阴为卑。但是，阴与阳的关系是相互依

存、不可分割的，缺少一方，另一方也不能存在，因而必须互相追求，阴求阳，阳求阴。如果这种追求得以顺利实现，则称之为通；反之，则为不通。通是由刚柔相济、阴阳协调所形成的一种畅达的局面，不通是阴阳刚柔形成对立而不配合交往。只有通，才能促进万物化生和社会发展；不通则形成否结，阻碍化生和发展的进程。《泰卦注》说："泰者，物大通之时也。"《大有卦注》说："不大通，何由得大有乎？"《艮卦注》说："凡物对面而不相通，否之道也。"《归妹卦注》说："阴阳既合，长少又交，天地之大义，人伦之始终。"

王弼认为，由阴阳的协调配合作用而形成天地，化生万物，是一个自然的生成。人类社会就是圣人顺应这个自然的生成而建立起来的。《周易》屯卦☳震下坎上，是刚柔始交所产生的第一卦。王弼解释屯卦的卦义，集中阐述了他的社会起源思想。《屯卦注》说："屯者，天地造始之时也。造物之始，始于冥昧，故曰草昧也。处造始之时，所宜之善，莫善建侯也。""屯难之世，阴求于阳，弱求于强，民思其主之时也。初处其首，而又下焉，爻备斯义，宜其得民也。"《周易略例·卦略》解释屯卦说："此一卦，皆阴爻求阳也。屯难之世，弱者不能自济，必依于强，民思其主之时也。故阴爻皆先求阳，不召自往；马虽班如，而犹不废；不得其主，无所冯也。初体阳爻，处首居下，应民所求，合其所望，故大得民也。"

王弼认为，刚柔始交是天地造始之时，不交则否结不通，也就没有自然的生成。造物之始，冥昧混沌，万物萌动，艰难丛生，很不安宁，整个世界呈现出一片紊乱无序的状态。但这恰恰是建立人类社会秩序的大好时机。因为屯难之世，阴求于阳，弱求于强，人民迫切需要一个君主来领导他们，保护他们。如果不得其主，则失去荫庇，无所凭依。从卦体来看，屯卦都是阴爻主动追求阳爻，不召自往，有如马在排班前进。初九为阳爻，在此屯难之世的开始，安静守正，盘桓不进，而且以尊贵的身份甘居于众阴之下，具有谦和的品德，应民所求，合其所望。因此，一方面是阴求阳，另一方面是阳大得民心，受到众阴的衷心拥戴，这两个方面的结合就是人类社会的刚柔始交。虽然总的形势并不安宁，但人类社会君主统治的秩序也就在此天地造始之时得以建立，其发展的前景是大为亨通的。

照王弼看来，由刚柔始交所建立的君主统治是以人民群众的衷心拥戴、自觉服从为基础的，因而是一种合乎自然的君主统治。这种君主统治不依靠武力征服，不仰仗强制手段，而是出于人民群众的主动追求。至于人民群众为什么要追求君主统治的社会秩序而不追求其他类型的社会秩序，则是由于"弱者不能自济，必依于强"，为自身的本性所决定。就作为强者的君主方面而言，"安民在正"，"弘正在谦"，"以贵下贱"，"应民所求"，都是一些必须具备的品德。如果不具备这些品德，也就不能大得民心。因此，人类社会的刚柔始交就是阴求阳、阳求阴的双向追求，虽然阴阳刚柔有尊卑贵贱的不同，有统治与服从的区分，但由此双向追求所建立的君主统治却是人类社会由混沌发展为有序的一个必要起点。

王弼在《老子注》中曾说："始制，谓朴散始为官长之时也。始制官长，不可不立名分以定尊卑，故始制有名也。"（《老子》三十二章注）这就是说，在社会起源阶段，必须创设制度，建立君主统治，确定尊卑名分。在《周易注》中，王弼依据阴阳学说反复论证，全面展开了这一思想。

王弼认为，社会人际关系存在着尊卑之实，这是为阴阳的本性所决定的，按照此尊卑之实来确定尊卑之名，就是社会制度的创设。其所以必须创设制度，是因为不如此，就不能把阴阳固定在其所应处的地位上，建立合乎自然的社会秩序。就阴阳这两大势力的本性而言，既有统一的一面，也有斗争的一面。如果阳尊阴卑，协同配合，统一的一面占了上风，就会有一种合乎自然的社会秩序；反之，如果斗争的一面占了上风，阴阳互相伤害，则就破坏了自然，社会秩序也就解

体了。因此，创设制度的目的在于抑制阴阳互相伤害的斗争一面，充分发挥其相反相成的作用，使社会人际关系和谐稳定，合乎自然。

王弼对节卦的解释集中阐述了他关于制度建设的总体构想。节卦兑下坎上，其卦义为制度之名，节止之义。王弼认为，坎为阳，兑为阴，阳上而阴下，象征刚柔在其各自所应处的地位，尊卑等级有了明显的区分。九二、九五两爻，刚而得中，是制度建设的主体，应该善于发挥主持的作用。关于制度建设，刚柔分、男女别是两件重要的大事。所谓分别，就是确定尊卑贵贱的名分等级，实行某种节制。但是也不能"为节过苦"，如果节制得过于严格，超出了合理的限度，则是人们所不能忍受的，而且纠正偏差也相当困难。因此，初九处于节卦之初，应该结合时机的通塞与人心的险伪作一番全面的研究，拟订出一个切实可行、缜密不失的制度建设方案。只有如此，事情才能获得成功。制度建设的方案既已拟订出来，就应该立即宣告，公之于众，但是九二却把它藏匿起来，则就失去时机，方案也变为一纸空文了。制度建设是在九五的主持下完美实现的。九五"当位居中"，既掌握了九五之尊的权力，又具备正中的品德，是主持制度建设最适当的人选。由九五所主持制定的制度，"不伤财，不害民"，是一种甘美的制度、适中的制度，能够为人民所乐于接受。至于上六，则超出了合理的限度，"过节之中，以至亢极"，限制得过于严格，则是一种痛苦的制度，称之为"苦节"。如果把这种制度强加于人，是人们所不能忍受的，必将带来灾难性的后果。

从王弼的这种总体构想可以看出，其中贯穿着一条根本性的原则，就是制度的建设必须做到既有尊卑贵贱的等级区分，又有二者的和谐统一以及协同配合。符合这一原则的制度被称之为"甘节"，是一种完美的制度；反之，违反这一原则的制度被称之为"苦节"，是一种痛苦的制度。"甘节"为人民所乐于接受，"苦节"则将带来灾难。王弼解释其他各卦，也反复阐述了这一原则。比如恒卦巽下震上，震为刚，巽为柔，震为长阳，巽为长阴，震为动，巽为顺，卦的六爻刚柔皆应。王弼解释说："刚尊柔卑，得其序也。长阳长阴，能相成也。动无违也。不孤媲也。皆可久之道。道得所久，则常通无咎，而利正也。得其所久，故不已也。得其常道，故终则复始，往无穷极。"王弼认为，一个和谐稳定的社会，其内部结构一方面具有刚尊柔卑的等级秩序，另一方面又是协调配合、相辅相成，因而双方紧密联系，团结一致，谁也不感到孤独，阳刚有所动作，必然得到阴柔的支持与拥护，动而无违。这种社会的结构与功能都是健全的，合乎恒久之道，能够终而复始地运转，不会出现偏差。

在《睽卦注》中，王弼把他关于社会整体的思想提炼为一个简明的公式："同于通理，异于职事。"所谓"异于职事"，就是刚柔之分；所谓"同于通理"，就是阴阳之合。如果没有刚柔之分，就没有玄黄错杂的现象世界，因而社会整体是以区分刚尊柔卑为前提的。反过来看，如果没有阴阳之合，社会中刚尊柔卑这两大对立势力就会相互排斥，彼此斗争，两相伤害，无法凝聚为一个和谐稳定的群体。王弼的这一社会整体观，其理论渊源与价值取向实际上来自儒家，而并非来自道家。

先秦时期，儒家曾提出一个礼乐社会的文化理想，受到道家的激烈反对。《老子》说："夫礼者，忠信之薄而乱之首。""五音令人耳聋。"儒家认为，礼的原则是别异，乐的原则是合同，所谓礼乐社会就是这两个原则的完美结合，既能区分上下贵贱的等级秩序，又能使各种不同身份、等级的人相亲相爱，和谐融洽。《礼记·乐记》说："乐者为同，礼者为异。同则相亲，异者相敬。乐胜则流，礼胜则离。合情饰貌者，礼乐之事也。礼义立，则贵贱等矣。乐文同，则上下和矣。"儒家认为，合同和别异这两个方面应该互相制约，相辅而行。因为"乐胜则流，礼胜则离"。如果合同的一面强调得过头，就会上下不分，贵贱不明；反之，如果别异的一面强调得过头，就会激化矛盾，使社会离心离德。

只有把二者有效地结合起来，在异中求同，同中求异，才能把整个社会联结为一个协调的有机体。

王弼所说的"同于通理，异于职事"，也是合同与别异两个原则的结合，这是与儒家礼乐社会的文化理想相通的。王弼是一位玄学家，不是正统的儒家学者。他之所以在文化理想上与儒家的价值取向相通，不是一个纯粹的理论问题，而是以当时普遍奉行的家族制度为其社会基础的。王弼十分重视家族制度的巩固，因为这种以宗法血缘为纽带的家族制度一方面重视骨肉感情，另一方面又区分男女，树立家长的权威。前者可以相爱，起到合同的作用；后者可以相敬，起到别异的作用。这种家族制度是当时人生活于其中的普遍的社会组织形式。王弼适应于这种社会需要，认为只要巩固家族制度，使各个成员既能相爱又能相敬，然后把这种基本精神推广运用到国家政治生活上去，用来处理君民、君臣之间的各种人际关系，就能稳定整个社会秩序。

王弼清醒地认识到，家族制度毕竟是社会整体的一个组成部分，带有很大的局限性。他在《家人卦注》中指出："家人之义，各自修一家之道，不能知家外他人之事也。统而论之，非元亨利君子之贞，故利女贞。其正在家内而已。"但是，王弼认为，尽管如此，这种家族制度却是社会整体稳固的基础，如果统治者明于家道，并且以此教化人民，使他们都能做到六亲和睦，交相爱乐，就可以平定天下。《家人卦·九五》："王假有家，勿恤，吉。"王弼解释说："履正而应，处尊体巽，王至斯道以有其家者也。居于尊位，而明于家道，则天下莫不化矣。父父、子子、兄兄、弟弟、夫夫、妇妇，六亲和睦，交相爱乐，而家道正，正家而天下定矣。故王假有家，则勿恤而吉。"

由此可见，王弼关于社会整体的思想，体现了当时普遍奉行的家族制度的文化理想和价值取向，也与先秦《易传》的本义相吻合。按照王弼的设想，这种由分与合、同与异、爱与敬的原则所组成的社会整体必然是一个和谐的整体，因为其中具有一种自我调节、相互制约的功能。所谓和谐，就是对立的统一，也就是阴与阳、刚与柔的完美结合。二者的统一结合必须合乎中正之道，既不过分，也无不及，总的目的是使社会整体的运行得以畅通无阻，升高发展。《涣卦注》说："凡刚得畅而无忌回之累，柔履正而同志乎刚，则皆亨。"《升卦注》说："纯柔则不能自升，刚亢则物不从。既以时升，又巽而顺，刚中而应，以此而升，故得大亨。"

就这种社会中的男女有别、尊卑有序的名分等级而言，毫无疑问这是一个名教社会。就这种社会中的阴阳协调、刚柔相济的和谐的人际关系而言，又明显地不同于现实的名教社会，而是合乎自然的名教社会。在这种社会中，人们感到甘美舒畅而不以为苦，自满自足，各得其所，任其自然，不假修营。但是由于相互之间的协作配合作用，使整个社会的运转调适畅达，充满生机。所谓合乎自然的名教，其具体的社会学含义就是如此。因而王弼顺理成章地援引了老庄的自然主义思想来解释《周易》。《损卦注》说："自然之质，各定其分，短者不为不足，长者不为有余，损益将何加焉？"《坤卦注》说："居中得正，极于地质。任其自然，而物自生；不假修营，而功自成，故不习焉，而无不利。"

照王弼看来，自然为本，名教为末，自然是名教之所不得不由、不得不依、不得不归的本体。名教中的刚尊柔卑，"各定其分"，是为"自然之质"的本性所决定的。其自生、自成而无不利的蓬勃生机，是由于"不假修营"，"任其自然"，顺应自己的本性。因此，不能就名教之末来看名教，而必须透过名教去深入把握其所依据的自然本体。这个自然本体不仅是人类社会的最高依据，也是天地万物的最高依据。就天地万物而言，其现象层面虽是"雷动风行，运化万变"，其本体层面却是以无为心，以静为本。人类社会亦复如此，其现象层面虽是阳刚阴柔两大势力此消彼长，运转不息，呈现为一种群有的动态结构，但支配此动态结构的本体却是以无为心、以静为本的自然。因此，天

地万物与人类社会都有一个从现象复归于本体的过程。由于天地万物本来是无为无造、因任自然的，所以复归的过程可以顺利进行。至于人类社会，则免不了要造立施化，有恩有为，所以应该效法天地万物而行事，以完成向本体的复归。如果阳刚阴柔两大势力不能做到以无为心而是"以有为心"，就会互相伤害，彼此斗争，协同配合的作用化为乌有，社会整体的和谐也就不复存在了。复卦☲震下坤上，震为雷，坤为地，震为动，坤为静，一阳居下，象征阳气来复。王弼解释说："复者，反本之谓也。天地以本为心者也。凡动息则静，静非对动者也；语息则默，默非对语者也。然则天地虽大，富有万物，雷动风行，运化万变，寂然至无是其本矣。故动息地中，乃天地之心见也。若其以有为心，则异类未获具存矣。"

王弼始终认为，社会整体是一个动态的结构。《谦卦注》说："夫吉凶悔吝，生乎动者也。动之所起，兴于利者也。"如果阳刚阴柔两大势力"任其自然"而动，既有刚柔之分，又有阴阳之合，达成了整体的和谐，这就"得其常道"，尽管从现象层面看是动，从本体层面看却是静的。王弼对恒卦的解释阐述了这一思想。但是恒卦上六在已达成了整体的和谐之后仍然动而不止，这就伤害了自然而导致凶的结果，所以王弼指出："夫静为躁君，安为动主。故安者，上之所处也；静者，可久之道也。处卦之上，居动之极，以此为恒，无施而得也。"在此种情况下，居于最高决策地位的君主应当如何作为呢？王弼指出："居既济之时，而处尊位，物皆济矣，将何为焉？其所务者，祭祀而已。"（《既济卦注》）"改命创制，变道已成。功成则事损，事损则无为。故居则得正而吉，征则躁扰而凶也。"（《革卦注》）

由此可以看出，王弼所说的复归于本体，其社会学的含义就是追求这种无为而治的理想。至于如何实现这种理想，使名教符合于自然，关键在于统治者的决策思想是否正确。于是王弼进一步对《周易》的决策思想展开研究。

　　王弼在《乾卦文言注》中指出："夫识物之动，则其所以然之理皆可知也。龙之为德，不为妄者也。潜而勿用，何乎？必穷处于下也；见而在田，必以时之通舍也。以爻为人，以位为时，人不妄动，则时皆可知也。文王明夷，则主可知矣；仲尼旅人，则国可知矣。"所谓"以爻为人，以位为时"，就是王弼完全着眼于人事的读易法。爻居其位，犹若人遇其时。王弼认为，按照这种读法，可以识其所以然之理。这个理不是抽象的思辨之理，不是对客观世界纯粹理性的认识，而是一种与人们的实践紧密联系在一起的行为模式和准则，一种推动形势朝着有利方面转化的应变之方。人作为一个行为主体，总是有所动作的，但是人也总是受到一定时间、地点、条件的制约，不能随心所欲地妄动。这种情形就如同六爻之动一样，虽然上下无常，刚柔相易，却总是受到位的制约，不能离其位而妄动。爻居其位，人遇其时，这二者的关系就是象与义的关系，爻居其位是象，仅是一种表现的形式；人遇其时是义，这才是所要表现的内容。因此，人们应该按照义理派的读易法，"寻象以观意"，"以爻为人，以位为时"，通过爻与位的关系来看出人与时的关系，领悟人事所应遵循的所以然之理。

　　"卦以存时"之时是就总揽全局的一时之大义而言，"以位为时"之时是就爻居其位的更为具体的处境而言。小局服从大局，整体支配局部，所谓"卦以反对，而爻亦皆变"。人的实践行为不仅要认清总的形势，而且要明了具体的处境。拿乾卦来说，统而举之，乾体皆龙，象征纯刚至健真实无妄的君德，但是何以初九潜龙勿用，九二见龙在田，其行为的模式和准则有很大的不同？王弼认为，这只有联系到具体的处境才能理解，初九之所以潜而勿用，是因为穷处于下，九二之所以见而在田，是因为时运通达。由此也可以理解周文王在殷纣王的黑暗时代何以会蒙受大难，孔子生活于鲁国何以不能安居而到处奔波。

　　在《周易注》中，"时"是一个基本的范畴，不仅卦有卦之时，爻所居之位亦有其时。这种时是由阴阳两爻的错综交织与流转变化而

形成的，象征着社会人际关系状况和势力的消长，因而不是一个单纯的时间概念，主要是表示社会秩序由冲突到和谐或由和谐到冲突的动态过程。就"卦以存时"之"时"而言，是统一时之大义，表示此动态过程的一个特定发展阶段，或者冲突，或者和谐，具有相对的稳定性，从总体上对卦中之六爻起支配作用，除非此卦变为他卦，这种支配作用是不会消失的。虽然如此，爻所居之位却有着特殊的处境。《周易略例·辨位》说："夫位者，列贵贱之地，待才用之宅也。爻者，守位分之任，应贵贱之序者也。位有尊卑，爻有阴阳。尊者，阳之所处；卑者，阴之所履也。"如果阴阳得位，虽在冲突之时，未必凶险；相反，如果阴阳失位，虽在和谐之时，也未必亨通。总之，必须结合总的形势与特殊的处境对时进行全面的考虑，因为这种时是人的行为背景，是决策的依据，顺时而动，必获吉利；逆时而动，将导致灾难。人与时的关系就是主体与客体的关系，行为与环境的关系，主观能动性与客观必然性的关系。人不能摆脱时的支配，这种情形就如同爻不能摆脱卦与位的支配一样。因此，王弼按照义理派易学的观点对六十四卦与三百八十四爻所作的解释，其着眼点在于研究客观形势与主体行为之间的关系，探索如何作出合理的决策，使得社会整体由冲突转化为和谐，使名教符合于自然。

我们以王弼对困卦的解释为例，来说明他的这一思想。困卦☵坎下兑上，坎为水，兑为泽，水在泽之下，象征泽中之水已经枯竭，是困穷之象。卦的六爻，九二被初六、六三所围困，九四、九五又被六三、上六所围困。刚爻不能得到柔爻的支持，反而被柔爻所围困，这是由于阴柔太甚而陷入困境，穷而不能自振。但是王弼认为，"穷必通也，处困而不能自通者，小人也。""泽无水，则水在泽下；水在泽下，困之象也。处困而屈其志者，小人也。君子固穷，道可忘乎！""凡物，穷则思变，困则谋通，处至困之地，用谋之时也。"因此，困境并不可怕，转困为亨的可能性是存在的，关键在于作出合理的对策，

采取正确的行动。

《困卦·九二》："困于酒食，朱绂方来，利用享祀。征凶，无咎。"
王弼解释说：

> 以阳居阴，尚谦者也。居困之时，处得其中，体夫刚质，而
> 用中履谦，应不在一，心无所私，盛莫先焉。夫谦以待物，物之
> 所归；刚以处险，难之所济；履中则不失其宜，无应则心无私恃；
> 以斯处困，物莫不至，不胜丰衍，故曰"困于酒食"，美之至矣。坎，
> 北方之卦也。朱绂，南方之物也。处困以斯，能招异方者也，故曰：
> "朱绂方来"也。丰衍盈盛，故"利用享祀"。盈而又进，倾之道也，
> 以此而征，凶谁咎乎？故曰："征凶，无咎。"

王弼认为，九二以阳刚之质而甘于阴柔之地，具有谦逊的品德，处事
合乎中道，而且上与九五无其应，说明心地坦诚大公，无所偏私，这
是一种正确的处困之道，不仅可以顺利摆脱困境，还可以招致各方的
人前来归附。所以爻辞说它有"困于酒食，朱绂方来，利用享祀"之象。
但是，如果对形势丧失了清醒的认识，已盈满而仍冒进不止，则为倾
败之道，由此而招致凶的后果，是不能抱怨别人而只能责怪自己的。

《困卦·九五》："劓刖，困于赤绂，乃徐有说。利用祭祀。"王
弼解释说：

> 以阳居阳，任其壮者也。不能以谦致物，物则不附。忿物不
> 附而用其壮，猛行其威刑，异方愈乖，遐迩愈叛，刑之欲以得，
> 乃益所以失也，故曰"劓刖，困于赤绂"也。二以谦得之，五以
> 刚失之，体在中直，能不遂迷，困而后能用其道者也。致物之动，
> 不在于暴，故曰徐也。困而后乃徐，徐则有说矣，故曰"困于赤绂，
> 乃徐有说"也。祭祀，所以受福也。履夫尊位，困而能改，不遂

其迷，以斯祭祀，必得福焉，故曰"利用祭祀"也。

王弼的这段解释生动地描绘了一个知错能改、善于根据客观形势调整主体行为的君主形象。九五处于尊位，以阳居阳，用其刚壮，与九二不同，缺乏谦逊的品德。在困穷之时，如果不能谦逊，人民就不会来归附。如果对这种不来归附的现象感到愤怒，而继续用其刚壮，猛行其威刑，采取高压手段，这就必然事与愿违，促使众叛亲离的形势愈来愈严重。九二以谦逊取得民心，九五以刚壮失去民心，二者形成了鲜明的对照。但是九五"体在中直"，犯了错误，能够汲取教训，不是执迷不悟，顽固到底，认识到不能使用暴力强迫人民前来归附，而必须采取一种徐缓宽舒的政策。由于君主"困而能改，不遂其迷"，根据形势调整了自己的行为，终于逐渐摆脱了困境，举行祭祀而享受福泽。

《困卦·上六》："困于葛藟，于臲卼，曰动悔有悔，征吉。"王弼解释说：

> 居困之极，而乘于刚，下无其应，行则愈绕者也。行则缠绕，居不获安，故曰"困于葛藟，于臲卼"也。下句无困，因于上也。处困之极，行无通路，居无所安，困之至也。凡物，穷则思变，困则谋通，处至困之地，用谋之时也。曰者，思谋之辞也。谋之所行，有隙则获，言将何以通至困乎？曰动悔，令生有悔，以征则济矣，故曰"动悔有悔，征吉"也。

王弼的这段解释特别强调了"困则谋通"的思想。人们遇到困境，不能消极无为，坐以待亨，必须"困则谋通"，发挥人们的主观能动性来促成环境朝着有利方面转化。上六居于困卦的最上位，乘凌二刚，下与六三无其应，前无通路，后无退路，行则缠绕，居不获安，处境已经到了穷困的极点了。但是，王弼认为，这正是一个运用谋略思想

的大好时机。处于这种至困之地，应该认真地进行反思，为什么自己动辄有悔，到处碰壁，不断犯错误，怎样才能找到一条摆脱困境的出路？通过这种沉痛的反思，就可以由悔而生悟，作出合理的对策，采取正确的行动，就能转困为亨了。

在王弼所生活的正始年间，一些有识之士，包括政治家和思想家，针对着当时名法之治与名教之治的弊端，正在积极地推行一场改制运动。虽然这场改制运动被司马氏集团所发动的高平陵政变残酷镇压下去了，但是，玄学思潮的天人新义以及义理派的易学却是以这场改制运动为深层的历史动因而孕育成熟的。在《周易注》中，王弼通过对革卦的解释集中阐述了他的变革思想。革卦☲离下兑上，离为火，兑为水，离为中女，兑为少女。王弼认为，这是一种"不合之象"，"火欲上而泽欲下，水火相战"，"二女同居而有水火之性，近而不相得"，因而必须改命创制，进行变革。变革的前途有两种可能，一是"革而当"，取得成功，一是"革不当"，遭到失败。如何避免失败而争取成功，关键在于把握时机，遵循正确的行为准则。王弼在解释革卦卦义时指出：

> 夫民可与习常，难与适变，可与乐成，难与虑始，故革之为道，即日不孚，已日乃孚也。孚，然后乃得元亨，利贞，悔亡也。已日而不孚，革不当也。悔吝之所生，生乎变动者也。革而当，其悔乃亡也。
>
> 夫所以得革而信者，文明以说也。文明以说，履正而行，以斯为革，应天顺民，大亨以正者也。革而大亨以正，非当如何。

王弼认为，人民有一种旧的习惯势力，难以适应新的变革，所以在变革之初，不能立即得到他们的信任理解，只有在变革完成之后，才能为他们所愉快接受。如果变革完成而仍然得不到他们的信任理解，说明变革不得当，政策有错误，矛盾激化的形势尚未消除。因此，顺乎

人心、取信于民，是一个极为重要的问题。这既是判断变革是否成功的唯一标准，也是争取变革成功的必要条件。如何才能做到顺乎人心、取信于民呢？王弼认为，应该"文明以说，履正而行"，遵循正确的行为准则。所谓"文明以说"，是说对形势的发展明若观火，了解得细致周详，能够适应人民的接受程度逐步推行变革，既不急躁盲动，也不坐失良机。所谓"履正而行"，是说领导人的行为要合乎正道，不偏不倚，否则就不会为人民所信服，得不到他们的拥护。

革卦六爻，初爻为变革之始，上爻为变革之终，中间四爻，表示变革渐次进展的不同阶段。由于变革的形势不同，所以也各有相应的对策。

《革卦·初九》："巩用黄牛之革。"王弼解释说：

> 在革之始，革道未成，固夫常中，未能应变者也。此可以守成，不可以有为也。巩，固也。黄，中也。牛之革，坚韧不可变也。固之所用，常中坚韧，不肯变也。

王弼认为，初九处于变革之始，时机尚不成熟，应该耐心等待，暂时维持现状，不可轻举妄动，有所作为。爻辞所说的被坚韧的黄牛革牢固束缚，就是象征这种不可变也不肯变的形势。

《革卦·六二》："已日乃革之，征吉，无咎。"王弼解释说：

> 阴之为物，不能先唱，顺从者也。不能自革，革已乃能从之，故曰"已日乃革之"也。二与五虽有水火殊体之异，同处厥中，阴阳相应，往必合志，不忧咎也，是以征吉而无咎。

六二为阴，每事顺从，不能为发动变革之主，而可以在变革业已发动时顺从赞助。就六二的处境而言，虽与上卦之九五水火殊体，但是二

者均居于中位，而且阴阳相应，如同柔顺中正之臣得遇于阳刚中正之君。九五发动变革，六二前往赞助，志同道合，吉而无咎，变革的时机已经成熟了。

《革卦·九三》："征凶，贞厉。革言三就，有孚。"王弼解释说：

> 已处火极，上卦三爻，虽体水性，皆从革者也。自四至上，从命而变，不敢有违，故曰"革言三就"。其言实诚，故曰"有孚"。革言三就，有孚而犹征之，凶其宜也。

九三以阳居阳，刚而不中，又处于离火之上极，性格躁动，行为莽撞，企图对上卦三爻进行征伐，强迫他们来变革。实际上，上卦三爻，虽为兑水之体，都是"从命而变，不敢有违"，衷心拥护变革的，并且各自取得了成就，所以称之为"革言三就"。在这种形势下，九三仍然躁动莽撞，前往征伐，这就只能导致凶险。

《革卦·九四》："悔亡，有孚改命，吉。"王弼解释说：

> 初九处下卦之下，九四处上卦之下，故能变也。无应，悔也。与水火相比，能变者也，是以"悔亡"。处水火之际，居会变之始，能不固吝，不疑于下，信志改命，不失时愿，是以吉也。有孚则见信矣，见信以改命，则物安而无违，故曰"悔亡，有孚改命，吉"也。处上体之下，始宣命也。

九四的处境与初九不同，初九处下卦之下，革道未成，不可以有为，九四则处上卦之下，正是推行变革的大好时机。其所以如此，是因为九四与初九无应，说明有悔，存在着矛盾，而九四又处于离火兑水二体交接之处，说明矛盾已发展到不可调和，变革的要求十分强烈。九四能够顺应下卦三爻变革的要求，"信志改命，不失时愿"，大力推

行变革，时机既把握得准确，政策又得到人民的信服，所以变革成功，悔恨消亡。九四的这种处境，最宜于宣布变革的命令。

《革卦·九五》："大人虎变，未占有孚。"王弼解释说：

> 未占而孚，合时心也。

王弼不注"大人虎变"而只注"未占有孚"，是为了强调"合时心"的重要性。所谓"时心"，是指一种普遍的社会心理，也叫做"时愿"，是指蕴积在人民心头的普遍要求和愿望。时心或时愿是一种动态的结构，受客观形势的影响，随时而变。在变革的客观形势下，人民当然是普遍地要求变革，但是这种要求时而强烈，时而微弱，随着形势发展的各个阶段而有各种不同的表现。因此，推行变革，必须审时度势，因时制宜，使主观的政策措施符合于客观的时心时愿，以争取人民的信任支持。这是决定变革能否成功的关键。就革卦前四爻而言，初九革道未成，不可以有为；六二形势好转，可以征吉而无咎；九三不合时心，有孚而犹征之，犯了错误；九四信志改命，不失时愿，变革成功。形势发展到了九五阶段，政策措施无须占卜而自然合乎时心，诚信的纽带把君臣上下紧紧地团结在一起，变革所取得的成功已经炳然昭著，有如虎之文彩，光泽耀目，无可置疑了。

《革卦·上六》："君子豹变，小人革面。征凶，居贞吉。"王弼解释说：

> 居变之终，变道已成。君子处之，能成其文，小人乐成，则变面以顺上也。改命创制，变道已成。功成则事损，事损则无为。故居则得正而吉，征则躁扰而凶也。

上六居于变革的终结阶段，变道已成，君子润色鸿业，如豹文之蔚缛，小人改变了原来的消极观望态度，心悦诚服地拥护变革。王弼认为，在这种大功告成的形势下，社会人际关系复归于和谐，应该在策略思想上有一个根本性的转变，顺应自然，无为而治，充分发挥和谐的社会系统内部所固有的自我调节作用。如果不转移到无为的轨道上来，而仍然沿袭变革时期的一套有为的做法，征而不已，无事生非，这只能起一种躁扰的作用，破坏社会的安宁。

鼎卦继革卦之后，革着重于去故，鼎着重于取新，所谓革故鼎新，二者紧密联系，表示改易之时的全过程。鼎卦☲巽下离上，效法于鼎之象，下阴为鼎足，二、三、四阳为鼎腹，五阴为鼎耳，上阳为鼎铉。巽为木，离为火，木上有火，有烹饪之象。王弼解释鼎卦卦义说：

> 革去故而鼎取新。取新而当其人，易故而法制齐明。吉，然后乃亨，故先元吉而后亨也。鼎者，成变之卦也。革既变矣，则制器立法以成之焉。变而无制，乱可待也。法制应时，然后乃吉；贤愚有别，尊卑有序，然后乃亨。故先元吉而后乃亨。

《鼎卦·象传》："木上有火，鼎。君子以正位凝命。"王弼解释说：

> 凝者，严整之貌也。鼎者，取新成变者也，革去故而鼎成新。正位者，明尊卑之序也。凝命者，以成教命之严也。

王弼认为，"革去故而鼎取新"，革着重于推翻旧秩序，鼎着重于创建新秩序。旧秩序之所以必须推翻，是因为阴阳两大势力矛盾激化，不可调和，社会的自我调节机制受到严重破坏，难以有效地运转。但是，变革的根本目的不在于推翻旧秩序，而在于创建新秩序，如果"变而无制"，社会将陷入混乱。因此，在旧秩序既已推翻之后，应该"制器立法"，以巩固变革的成果。只有做到了"法制齐明"，才能获得吉祥。只有获得了吉祥，才能把关系理顺，事事亨通，所以说"先元吉而后

乃亨"。创建新秩序，关键在于"正位凝命"。所谓"正位"，就是"明尊卑之序"，把阴阳两大势力固定在各自所应处的地位上，按照名分来确立一种新的等级秩序。所谓"凝命"，就是"成教命之严"，用一套严整的伦理规范实行教化，进行调节，以巩固这种新建的等级秩序。实际上，"正位凝命"也就是名教。由于这种名教是在推翻旧秩序之后重新建立起来的，所以是一种合乎自然的名教。王弼认为，变革由"去故"发展到了"取新"的阶段，责任重大，任务艰巨，必须"取新而当其人"，如果用人不当，就会把事情办坏，导致凶的后果。

《鼎卦·九四》："鼎折足，覆公悚，其形渥，凶。"王弼解释说：

　　处上体之下，而又应初，既承且施，非己所堪，故曰"鼎折足"也。初已出否，至四所盛，则已洁矣，故曰"覆公悚"也。渥，沾濡之貌也。既覆公悚，体为渥沾，知小谋大，不堪其任，受其至辱，灾及其身，故曰"其形渥，凶"也。不量其力，果致凶灾，信之如何！

九四上承于六五，为近君之大臣，承担重任，下应于初六，倚赖阴柔之小人，用人不当，力不胜任，有"鼎折足"之象。初六之颠趾，已使鼎覆而趾倒，出秽而纳新。到了九四，鼎中所盛，全是洁净的美食，现在鼎足折断，美食倾覆，把鼎器沾濡得一塌糊涂。这就象征着大好的形势全被破坏，变革的成果付之东流。九四知小谋大，委任非人，难以完成变革的大业而导致凶灾，果然是不出所料的。

《鼎卦·六五》："鼎黄耳金铉，利贞。"王弼解释说：

　　居中以柔，能以通理，纳乎刚正，故曰"黄耳金铉，利贞"也。耳黄，则能纳刚正以自举也。以中为实，所受不妄也。

六五以柔居中，下应九二之刚正，象征柔中之君虚心接纳刚正之臣，君臣相得，刚柔相济，因而政策措施通情达理，得其中道，真实不妄，能够承担创建新秩序的重任。这就如同黄色的鼎耳接纳金质的鼎杠，能够托举重鼎，使之发挥烹饪成新之用一样。

《鼎卦·上九》："鼎玉铉，大吉，无不利。"王弼解释说：

> 处鼎之终，鼎道之成也。居鼎之成，体刚履柔，用劲施铉，以斯处上，高不诚亢。得夫刚柔之节，能举其任者也。应不在一，则靡所不举，故曰"大吉，无不利也"。

上九处于鼎卦的终结阶段，创建新秩序的任务业已完成，整个形势是一派太平鼎盛的景象。这种新秩序，其特点是刚柔相济，阴阳协调。上九的行为完全符合新秩序的要求，所以举措得宜，大吉无不利。因为上九以阳居阴，体刚履柔，刚而能柔，有温润玉铉之象，虽处上极，却与乾卦之上九不同，不必告诫以"亢"，其行为正好是"得夫刚柔之节"，足以担当重任。而且上九与九三无应，说明上九心存公正，无所偏私，顾全大局，广应于下，就如同质刚而德柔的玉铉居于鼎上，能够把整个鼎器托举起来。

从以上几个例证，我们可以看出，王弼对《周易》的解释，是严格按照他所提出的"卦以存时，爻以示变"，"以爻为人，以位为时"的原则进行的。这是一种义理派的读易法，即透过卦象的表层去发掘其中所蕴含的义理。他在《姤卦注》中指出："凡言义者，不尽于所见，中有意谓者也。"就姤卦的卦象而言，只是女遇于男，但是姤卦中的意谓却是广大精微，"不尽于所见"，蕴含着"天地相遇，品物咸章"的义理。把这种义理运用于社会，可以使得"化乃大行"。王弼这一解释学的思想实际上是直接继承了《易传》发展而来的，比如《彖传》解释恒卦，认为"观其所恒，而天地万物之情可见矣"；解释咸卦，认为"观其所感，而天地万物之情可见矣"；解释萃卦，认为"观其所聚，

而天地万物之情可见矣"。按照这种读易法，不仅可以从每一个具体的卦象中看出"天地万物之情"，而且可以推天道以明人事，从中引申出一种涉世妙用，来解决人们在社会实践上所遇到的各种难题。

在《论语释疑》中，王弼指出："《易》以几、神为教。颜渊庶几有过而改，然则穷神研几可以无过。明易道深妙，戒过明训，微言精粹，熟习然后存义也。"这是王弼对《周易》的根本理解，也是对他自己的《周易注》总体思想之简明扼要的概括。王弼以为，《周易》教人以"穷神研几"之学，就是教人纯熟地掌握阴阳变化的客观规律，用来指导主体的行为，达到随机应变、应付自如的神化境界，以便在成就天下事务的过程中不犯错误。颜渊仅能做到"有过而改"，孔子晚年学《易》，是为了"穷神研几可以无过"。因此，所谓"《易》以几、神为教"，是说《周易》这部书，其根本之点在于把认识客观规律和人们对这种规律的利用两者结合起来，指导人们根据形势的变化采取正确的决策。其中"微言精粹"，蕴含着丰富的决策思想。王弼在《周易注》中，很少谈有说无，而是着重于结合客观形势与主体行为的关系，研究六十四卦、三百八十四爻变化的规律，目的是为了"穷神研几"，通过对卦与爻的解释来引发出一种不同于先秦而适合于曹魏正始年间时代需要的决策思想。从这个角度来看，王弼的义理派易学是在新的历史条件下对《周易》的一种创造性理解，一方面是忠实地继承了易道的精神，另一方面又结合当时的时代课题作出了新的解释，使易学获得新的生命，具有新的意义，改变了先秦、两汉的旧面貌，成为玄学思潮的一个重要组成部分。

关于王弼的《周易注》，后世学者多半认为是以老庄解《易》，祖尚虚无，但是也有许多的持不同意见者。比如李觏的《易论》十三篇，"援辅嗣之注以解义"，认为王弼的《周易注》盖"急乎天下国家之用"，"君得之以为君，臣得之以为臣"，是文王、周公、孔子思想的继承者。黄宗羲在《象数论序》中指出："有魏王辅嗣出而注《易》，得意忘象，得象忘言，日时岁月，五气相推，悉皆摈落，多所不关，庶几潦水尽寒潭清矣。顾论者谓其以老庄解《易》，试读其注，简当而无浮义，何曾笼络玄旨。故能远历于唐，发为《正义》，其廓清之功，不可泯也。"

平心而论，以上两种看法都有一定的根据，但却失之于片面，只知其一，不知其二。因为正始年间的玄学本身就是儒道兼综、《易》《老》会通的产物，在王弼的思想体系中，《周易注》和《老子注》呈现着一种互补的关系。既然是互补，一方面各有侧重，另一方面又是互相渗透，前者为异，后者为同。就其同者而观之，认为王弼以《老》解《易》，祖尚虚无，不为无据。就其所异而观之，认为王弼何曾笼络玄旨，不违儒家教义，也未尝不是持之有故，言之成理。实际上，王弼构筑自己的玄学思想体系，不像后世的理学家那样，存有狭隘的门户偏见，既非正统的儒家学者，也不是道家学派的忠实信徒。他所生活的汉魏之际，诸子之学油然勃起，思想领域喧闹沸腾，是一个可与先秦相媲美的开放时代。王弼的学术立场是综合总结，融会贯通，根本无意于计较自己的学派归属，像后世的理学家那样去排斥异端，继承道统，而只是力图兼收并蓄，博采众长，为当时的人们提供一种以本体哲学为理论基础的天人新义。

《周易注》与《老子注》的互补关系表现在各个层面上。就本体论的层面而言，《老子注》侧重于说无，《周易注》侧重于谈有，但是前者说无并不离有，后者谈有也必归结到无，二者的思想是互相渗透的。比如王弼在《复卦注》中指出："然则天地虽大，富有万物，雷动风行，运化万变，寂然至无是其本矣。"就价值观的层面而言，《老子注》侧重于道家的自然主义，《周易注》侧重于儒家的名教思想，但是前者的自然主义并不排斥名教思想，后者的名教思想是以自然主义为最高依据，这两种看来似乎矛盾的思想在名教本于自然的命题之中获得了统一。再就谋略思想的层面而言，《老子注》侧重于贵柔守雌，无为而治；《周易注》则侧重于阳刚至健，奋发有为。但是王弼

并没有把二者对立起来，而是反复阐明，有为与无为作为一种策略手段，应该共同致力于维持社会政治秩序的稳定，当各种关系尚未理顺之时，统治者应该有为；业已理顺之后，则应复返于无为，二者实质上是互相结合，完全相通的。

总起来说，王弼的义理派易学代表了易学史上的一个重要发展阶段，它所蕴含的丰富的历史内容与文化意义，是与当时汹涌澎湃的玄学思潮紧密联系在一起的。

十一　宋代伊川易学的形成及发展

（一）伊川易学的形成

伊川易学的形成经历了一个漫长的过程，与程颐毕生的探索紧密相连，大致可以区分为早年、青年、晚年三个重要时期。《程氏粹言》卷一记载："子谓门弟子曰：昔吾受《易》于周子，使吾求仲尼、颜子之所乐。"这说明程颐早在十四五岁受学于周敦颐时，就已经开始研究易学了，周敦颐是他易学的启蒙老师。嘉祐二年（1057 年），程颐二十五岁，在京师与张载论《易》，受到张载高度的赞扬，认为"深明易道，吾所弗及"。这说明程颐的易学思想在青年时期即已成熟，并且卓然成家，能与年长于他的张载相颉颃。推想其《易传》的写作酝酿始于此时。以后随写随改，直到晚年编管涪州时期，才终于定稿成书。朱熹在《伊川先生年谱》中说："绍圣间，以党论放归田里。四年十一月，送涪州编管。……元符二年正月（1099 年，程颐六十七岁），《易传》成而序之。……崇宁五年（1106 年，程颐七十四岁），复宣义郎，致仕。时《易传》成书已久，学者莫得传授。先生曰：'自量精力未衰，尚觊有少进耳。'其后寝疾，始以授尹焞、张绎。大观

元年（1107年）九月庚午，卒于家，年七十有五。"由此可以看出，程颐从早年学《易》，青年论《易》，晚年写成《易传》，书成以后，又过了七年，直到临终前才出以示人，体现在《易传》中的伊川易学凝聚了他毕生探索的成果，前后总共花了六十年的心血。

伊川的弟子尹焞说："先生践履尽《易》，其作《传》只是因而写成，熟读玩味，即可见矣。"又云："先生平生用意，惟在《易传》，求先生之学者，观此足矣。《语录》之类，出于学者所记，所见有浅深；故所记有工拙，盖未能无失也。"（见《遗书》附录）这是认为，程颐的理学思想和人格践履集中体现在《易传》之中，他的理学就是他的易学，他的易学就是他的为人。研究程颐的学术，应该依据他平生用意所在的《易传》，而不能依据学生所记的《语录》。这说的是实情，在程颐亲自撰写的著作中，唯有这部《易传》体大思精，系统完备，可以称得上是他的代表作，其他则只是一些零碎片断的奏疏、杂著和未及成书的经解。程颐本人也十分重视这部著作。他曾说："某于《易传》，杀曾下工夫。如学者见问，尽有可商量，书则未欲出之也。"（《外书》卷五）"某于《易传》，今却已自成书，但逐旋修改，期以七十，其书可出。韩退之称聪明不及于前时，道德日负于初心，然某于《易传》，后来所改者无几，不知如何？故且更期之以十年之功，看如何。"（《遗书》卷十七）

关于伊川易学的思想渊源，可以从思维模式和价值取向两个方面来考察。就其思维模式而言，是对王弼所开创的义理派易学传统的直接继承，但是在价值取向方面，则是与王弼以老庄解《易》的立场相对立，全面继承了儒学的传统。《四库全书总目·易类》论及义理派易学的演变时指出："王弼尽黜象数，说以老庄，一变而胡瑗、程子，始阐明儒理。"这说明伊川易学的特色及其所作出的贡献，在于把义理派的易学从"说以老庄"转移到"阐明儒理"的轨道上来，使思维模式与价值取向形成有机的结合。事实上，这种结合面临着一系列理论上的难题，需要进行艰苦的探索，逐一克服，绝不可能一蹴而就。正是由于这个原因，所以程颐形成自己的易学体系才花费了他毕生的精力，经历了如此漫长的岁月，而他对前人思想的继承，也是以义理派的思维模式与儒学的价值取向作为两个确定的标准来决定取舍的。比如程颐受《易》于周敦颐，一方面继承了他的寻孔颜乐处的儒学传统，另一方面却不取他的"无极而太极"之说，是因为象数与义理判为两途，在思维模式上无法与之调合。再比如他对王弼易学的看法，一方面站在儒学传统的立场，批评"王弼注《易》元不见道，但都以老庄之意解说而已"；另一方面在思维模式上却对王弼作了很高的评价，把王弼置于义理派易学的首位，教人读《易》须先读王弼、胡瑗、王安石三家。

胡瑗著有《周易口义》，其解《易》主义理，也是程颐的易学老师。《四库全书总目·周易口义》条云："考《伊川年谱》，皇祐中游太学，海陵胡翼之先生方主教道，得先生所试，大惊，即延见，处以学职，意其时必从而受业焉。世知其从事濂溪，不知其讲《易》多本于翼之也。"在《易传》中，程颐曾怀着崇敬的心情多次援引业师胡翼之先生的论说。从以义理之学"阐明儒理"的角度来看，胡瑗倡导于前，程颐继成于后，因而胡瑗的易学可以说是伊川易学最为切近的源头，对他后来的探索产生了最为直接的影响。

胡瑗是理学思潮的前驱，庆历年间，他提出了"明体达用"的口号作为儒学复兴运动的基本纲领。其所谓"体"，是指"仁义礼乐，历世不可变者"；其所谓"用"，是指"举而措之天下，能润泽斯民，归于皇极者"。这个基本纲领也是胡瑗易学研究的主旨。熙宁年间，理学思潮正式兴起，北宋五子秉承胡瑗的倡导，归宗于《周易》，把"明体达用"提到天道性命的哲学高度进行探索，从事宇宙本体与价值本体的建构。在这个长期探索的过程中，有人主象数，有人主义理，有人重天道，有人重人事，思路不同，观点各异，但是全部没有脱离"明

体达用"这根主轴。大致说来，周敦颐、邵雍、张载三人取得了阶段性的成果，提出了许多富有启发性的思想。大程子程颢不幸早逝，壮志未酬，没有来得及写成完整的著作。小程子程颐作为北宋五子的殿军，后来居上，终于把"明体达用"的带有意向性的易学思想提炼而为"体用一源"的逻辑严谨的哲学命题，从而形成了自己独具特色的伊川易学体系。由此看来，伊川易学是对北宋理学思潮的全面总结，就对体用范畴的探索而言，也吸取了以周敦颐、邵雍为代表的象数派易学的成果。

在易学史上，把体、用提升成为一对重要的哲学范畴用来解说《周易》，是从王弼开始的。王弼以无为体，以有为用，把《周易》的六十四卦、三百八十四爻看作是一个体用结构，着眼于因有而明无，由用以见体，全释人事之用，而最后归结为"寂然至无是其本矣"。但是，王弼的这种体用思想并没有达到即体即用、体用一源的思辨高度，有与无仍然分为两橛。后来体用范畴在佛学中被广泛地运用。僧肇在《不真空论》中依据佛教的中观思想批评王弼的本无论是一种"好无之谈"。在《般若无知论》中，僧肇指出："用即寂，寂即用。用寂体一，同出而异名，更无无用之寂而主于用也。"禅宗认为，定是慧体，慧是定用，定慧体一不二。华严宗认为，理是体，事是用，体用相即。佛学的这种探索把体用关系推进到了即体即用、体用一源的思辨高度，具有深刻的哲学意义。但是，就价值取向的层面而言，佛学的体用思想的目的在于论证世界的虚幻不实，否定社会人伦，与儒学的价值取向格格不入，存在着根本的抵触。程颐对佛学曾经作过深刻的研究。《遗书》卷十八记伊川之言曰："问：'某尝读《华严经》，第一真空绝相观，第二事理无碍观，第三事事无碍观，譬如镜灯之类，包含万象，无有穷尽。此理如何？'曰：'只为释氏要周遮，一言以蔽之，不过曰万理归于一理也。'又问：'未知所以破佗处。'曰：'亦未得道他不是。百家诸子个个谈仁谈义，只为他归宿处不是，只是个自私。'"

所谓"归宿处"，指的就是价值取向。由此可以看出，程颐在价值取向上批判了佛学，在思维模式上也充分吸取了佛学体用思想的成果。

总起来说，体现在《易传》中的伊川易学有着多方面的思想渊源，综合总结了包括易学、儒学、佛学在内的优秀成果，并且统之有宗，会之有元，不仅在易学史上具有划时代的意义，也是整个中国哲学史上的一部经典之作。

（二）伊川易学的核心思想

程颐在《易传序》中提出了"体用一源，显微无间"的命题。《外书》卷十二记录了两条尹焞与程颐师徒二人围绕着这个命题展开讨论的情况。尹焞怀疑这个命题的提法过于突兀，似乎泄露了"天机"，可能是觉得这个提法与华严宗的体用相即、事理无碍之说类似，露出了偷袭佛教思想的马脚。如果单从抽象的思辨哲学的角度来看，尹焞的怀疑是有道理的。但是，儒学的体用观与佛学的根本区别，关键不在于纯粹的思辨，而在于价值取向与实质性的内涵。虽然儒佛皆言体用，但彼此之间的根本区别并未混淆。所以程颐对尹焞的怀疑不加责怪，反而叹美赞扬，并且强调指出，这是不得已而言之，故意泄露出儒学的"天机"，即令如此分明说破，犹自人不解悟。这就是明确地认为，他的易学思想的核心和总纲可以用"体用一源，显微无间"八个字来概括，只要懂得了这个命题的真正含义，也就解悟了儒学的"天机"。

程颐"体用一源，显微无间"的命题，也可以表述为"理一而分殊"。体者理一，用者分殊。分殊为显，理一为微。在《易传》中，他指出："天下之志万殊，理则一也。君子明理，故能通天下之志。圣人视亿兆之心犹一心者，通于理而已。"（《同人卦传》）"天下之理一也，逢虽殊而其归则同，虑虽百而其致则一。虽物有万殊，事有万变，统之以一，则无能违也。"（《咸卦传》）"散之在理，则有万殊，统之在道，

则无二致。"(《易序》)

"理一而分殊"的命题是程颐在《答杨时论西铭书》中首次提出的。当时他的学生杨时致书伊川，疑《西铭》言体而不及用，恐其流于兼爱。程颐释杨时之疑，立足于儒学的传统，着重于从价值本体的角度阐明这个命题的含义，并且结合孟子对杨墨的批判，指出割裂理一分殊的关系所产生的两种偏向。程颐认为，杨朱为我，片面地强调分殊而不顾理一，使人自私自利而失去了仁爱之心，社会将无法凝聚为一个和谐的整体。墨子兼爱，片面地强调理一而不顾分殊，这种主张否定人际关系中本来就有的亲疏厚薄之分而不合乎事物之所宜，社会将无法建立稳定的秩序。儒家的文化价值理想本于三代的礼乐制度，主张在分殊中见出理一，在理一中见出分殊，知其理一，所以为仁；知其分殊，所以为义。分立而推理一，以止私胜之流，这是为仁之方。如果只见理一而不见分殊，无别而迷兼爱，以致视父如路人，这就是义之贼。按照这种"理一而分殊"的主张，就可以组建成一种既有秩序又有和谐的理想社会，人人相亲相爱，和谐融洽，而又秩序井然，层次分明。程颐根据这一思想，针对杨时"言体而不及用"的疑惑严厉批评说，张载的《西铭》明理一而分殊，"扩前圣所未发，与孟子性善养气之论同功"，"彼欲使人推而行之，本为用也，反谓不及，不亦异乎？"（见《文集》卷九）

伊川易学的这一核心思想也可以概括为"天理"，简称为"理"，也叫作"易理"。他曾说："命之曰易，便有理。""即事尽天理，便是易也。"（《遗书》卷二上）这个易理不是孤悬于世界之上的抽象思辨的逻辑本体，不是殊相中的共相，因而不能用西方哲学的思路来比附，把易理看作是一个洁净空阔的理世界，有真际而无实际，只存有而不活动。照程颐看来，易理的本质特征乃是支配宇宙大化流行的变易之道，生生之理，以"动静无端，阴阳无始"作为其内在的机制和基本的原动力，有显有微，有体有用。圣人作《易》，对这种体用结构作了最为完美的表述。在《易序》中，他指出："故《易》者，阴阳之道也，卦者阴阳之物也，爻者阴阳之动也。卦虽不同，所同者奇偶；爻虽不同，所同者九六。是以六十四卦为其体，三百八十四爻互为其用。""虽然，《易》之有卦，《易》之已形者也；卦之有爻，卦之已见者也。已形已见者可以言知，未形未见者不可以名求。则所谓《易》者果何如哉？此学者所当知也。"因此，程颐认为，易学研究不能停留在形而上的层面，专门在象数上做文章，而应该把自己的思维水平提升到形而上的哲学高度，去着重领会那神妙无方、变化无迹的本体。

在六十四卦中，乾为纯阳，坤为纯阴，乾坤变而为六子，八卦重而为六十四卦，所有卦爻的变化皆由乾坤之相交而来。从这个角度来看，可以把易理解归结为乾坤之道。只要掌握了乾坤之道，也就统之有宗，掌握整个的易理。在《易说·系辞》中，程颐对这一思想作了详尽的阐述。他指出："乾坤之道，易简而已。""天下之理，易简而已。""知乾坤之道者，以为《易》则可也。"所谓"乾坤之道"即天地之道，其实质性的内涵，无非是一个"序"字与一个"和"字。序者言其对待，和者言其交感。天在上，地在下，两两相对，由此而形成尊卑之序。天地相遇，阴阳和洽，由此而形成交感之和。若无对待，则不能交感。若无交感，则不能化育万物。这是一条普遍的原理，平易简直，易知易从，宇宙自然与人类社会中的万事万物皆受此原理的支配，概莫能外。程颐以理解《易》，根本目的就是通过对卦爻象象的具体分析来阐明这条原理，使之明白简易，人人能懂。南宋郑汝谐在《易翼传序》中指出："古今传《易》者多矣，至河南程氏始擿诸家艰深之说，而析之以明白简易之理。一时学者知所师承，如瞽者之明，如聩者之聪，如伥伥于冥途者识其所趋，猗与盛哉！"

这种乾坤之道也叫作"中正之道"。正者阴阳各当其位，合乎秩序的原则；中者刚柔相济，合乎和谐的原则。在《乾卦传》中，程颐把这种秩序与和谐的完美结合称之为"保合太和"。他指出："乾道变

化，生育万物，洪纤高下，各以其类，各正性命也。天所赋为命，物所受为性。保合太和乃利贞，保谓常存，合谓常和，保合太和，是以利且贞也。天地之道，常久而不已者，保合太和也。""太和"即最高的和谐，中和的极至。在这种太和境界中，一方面是万物各得其性命之正，至诚无妄，体现了天地之序；另一方面是刚柔相济，阴阳协调，体现了天地之和。秩序的原则规定了事物的差异性，和谐的原则规定了事物的统一性。差异与统一、秩序与和谐的完美结合，谓之太和。此太和境界必须加以保合之功，使之常存、常和，始能常久而不已，变易而不穷。因此，此序与和非是一事，而是一种两两相对的张力结构，必相须而为用。和谐必以秩序为前提，秩序必以和谐为依归，相互制约，彼此促进，维持一种动态的平衡，这就是所谓中正之道。

照程颐看来，拿中与正相比较，中比正更为重要。他指出："大率中重于正，中则正矣，正不必中也。"(《损卦传》)"不失中，则不违于正矣，所以中为贵也。"(《震卦传》)这是认为，在事物发展的过程中，尽管有时阴阳失位，秩序的原则受到破坏，但是只要守持中道，立足于和谐，就能拨乱反正，使事物朝着有利的方面转化。程颐这种价值论的思想，是以他的宇宙论为依据的。他曾说："天地之间，只有一个感与应而已，更有甚事？"(《遗书》卷十五)天地之间的感应即阴阳之互动，阴必动而求阳，阳必动而求阴，独阳不生，孤阴不长，相求则合，相持则睽，唯有阴阳互动，天地交感，才能成其化育之功，生生相续而不穷，这是宇宙动力学的根本原理。泰卦之所以为吉，是因为天地阴阳之气相交，万物得遂其通泰。否卦之所以为凶，是因为天处上，地处下，天地隔绝，不相交通，万物无生成之理。这种由天地阴阳之交感所形成的互动关系，必归本于和顺。和顺就是阴顺阳，阳顺阴，阴阳两大对立势力协调并济，相辅相成，从而产生互补性的功能。而检验阴阳之交感是否通畅和洽达于和顺的标准就是"中"。中者，无过无不及。比如屯卦，象征艰难险屯之世，是因为阴阳始交不及于中,不能通畅和洽。如果阳刚过头,阴柔太甚,超过了中的尺度,产生了对抗性的局面,其互补性的功能也将化为乌有。比如小过卦,阴强而阳弱,为阴过之卦;大过卦,阳强而阴弱,为阳过之卦,过则必回归于中,阴阳双方都必须以中为尺度来调整自己的行为,以争取对方的互补。由此看来,中是结合阴阳两大对立势力的一个最佳尺度,只有中才能和,不中则不和,天地阴阳之交感皆以中为尺度不相悖害而协调并济,谓之中和。故天下之理莫善于中,莫善于和,易道贵中和。

关于伊川易学的核心思想,程颐在《易传序》中作了总结性的表述。他指出:"易,变易也,随时变易以从道也。其为书也,广大悉备,将以顺性命之理,通幽明之故,尽事物之情,而示开物成务之道也。"所谓"随时变易以从道",这个"道"指的是乾坤之道、天地之道、中正之道,既是宇宙本体,也是价值本体。作为一种本体论的结构,体用一源,显微无间,理一而分殊,是秩序与和谐的完美结合,其最高的理想状态谓之"太和"。但是,由于这个太和境界是一个动态的过程,而不是封闭的体系,在阴阳刚柔不断推移运动的过程中,随时变易,常常出现否塞不通、阳刚过头、阴柔太甚等等复杂的情况,使得秩序转化为动乱,和谐转化为冲突,所以就要求人们必须对现实处境进行清醒的理性分析,采取正确的决策,拨乱反正,随时变易以从道,使现实符合于理想。从这个角度来看,易学的主旨也在于示人以"开物成务之道"。所谓"开物"是开达物理,"成务"是成就事务。人类社会礼乐制度的建设以及政治伦理的运作,莫不受此"开物成务之道"的支配,也莫不以此"开物成务之道"为依归。伊川易学的这一核心思想如同一根红线贯穿于整部《易传》之中。他的学生尹焞所说的"先生践履尽《易》",用意在于强调指出,这部著作凝结了程颐一生从事政治实践和道德实践所积累的经验,蕴含着丰富的智慧,不能简单地看作是一般性的解《易》之作。

（三）朱熹对伊川易学的发展

朱熹是理学的集大成者，他对伊川易学有继承，也有发展，其所继承的是义理之学的精髓，其所发展的是补足象数之学的欠缺。关于程颐的《易传》，朱熹评论说："伊川晚年所见甚实，更无一句悬空说底话。今观《易传》可见，何尝有一句不着实！""《易传》义理精，字数足，无一毫欠阙。他人着工夫补缀，亦安得如此自然！只是于本义不相合。《易》本是卜筮之书，卦辞爻辞无所不包，看人如何用。程先生只说得一理。""《易传》言理甚备，象数却欠在。"因此，朱熹继程颐之后，作《周易本义》，又作《易学启蒙》，目的并不在于取代《易传》，而只是为了编出象数大略以补足伊川易学的欠缺，使二者互相参考，以恢复《易》之本义。他指出："看《易》，先看某《本义》了，却看伊川解，以相参考。""某之《易》简略者，当时只是略搭记。兼文义，伊川及诸儒皆已说了，某只就语脉中略牵过这意思。"（《朱子语类》卷六十七）

朱熹所谓《易》之本义，是指《易》本卜筮之书。卜筮是与象数紧密相连的，象数乃作《易》根本，卜筮是其用处之实。关于象数与义理的关系，朱熹认为，象数在先，义理是随着人类智力的进展根据对象数不断深入的理解逐渐开发出来的。这种开发的过程，"人更三圣，世历三古"。上古时期，伏羲偶然见得一便是阳，二便是阴，从而画放那里。当时人，一也不识，二也不识，阴也不识，阳也不识。伏羲便与他们剔开这一机，然才有个一二，后来便生出许多象数来。尽管这种象数蕴含着天地阴阳的自然之理，但是伏羲也自纯朴，不曾理会，并没有转化为自觉认识的义理。此时只有卦画，并无文字，称之为上古伏羲之《易》。到了中古时期，文王观卦体之象而为之彖辞，周公视卦爻之变而为之爻辞。辞是用语言文字对卦画的一种解释，有了解释，才有了义理。但是，文王、周公之《易》仍然是为卜筮而作，其言皆依象数，以断吉凶，使人居则观象玩辞，动则观变玩占，不迷于是非得失之途。到了近古时期，孔子鉴于当时人们淫于术数，以为《易》止于卜筮而不见圣人设教的义理，于是作十翼之篇，专用义理，发挥经言。虽然如此，孔子仍然是就卜筮上发出许多道理，欲人晓得所以凶、所以吉，随他那物事说，不敢别生说，其所发明的义理并没有完全脱离象数。朱熹根据这一番历史的考查，阐明了象数与义理的关系，认为三圣易学的发展乃是一个由象数逐渐开发出义理的过程，象数中蕴含着义理，讲义理不可脱离象数，就是易学的本旨。

孔子以后，学者不本其初，割裂了象数与义理的关系而分化为两派，使得易学的本旨晦而不明，造成了许多偏失。朱熹对两派都提出了批评，认为汉儒象数之学脱离义理而言象数，王弼的义理之学脱离象数而言义理，都带有很大的片面性。照朱熹看来，虽然象数乃作《易》根本，但是这种象数出于天理之自然而非人为之造作，是一种自然的象数，并不是汉儒附会穿凿所杜撰出的那一套互体、变卦、五行、纳甲、飞伏之法。王弼的义理之学由扫落汉儒的象数进一步否定象数本身，由此而发挥的义理疏略无据，沦于空寂而不适乎仁义中正之归。这两派易学发展到宋代出现了转机。在《周易五赞·原象》中，朱熹指出："邵传羲画，程演周经。象陈数列，言尽理得。弥亿万年，永著常式。"这是说，邵雍的象数之学发明了伏羲画卦作《易》的本旨，程颐的义理之学承传了三圣因时立教的秘意，可以作为这两派易学的典范而垂之久远。但是朱熹又指出："伊川之学，于大体上莹彻，于小小节目上犹有疏处。康节能尽得事物之变，却于大体上有未莹处。"（《朱子语类》卷一百）这是认为，尽管邵雍与程颐在各自的领域内取得了很高的成就，但是由于受到象数与义理判为两途的习惯势力的影响而不能会通整合，所以仍然各有偏失，不能看作是统一完整的体系。因此，为了促进易学的发展，关键在于超越两派而复归于三圣易学，使象数与义理形成一种互补性的结构，言象数者必及于义理，言义理者必落

实到象数，取二者之所长而去其所短。

朱熹根据这条基本思路对伊川易学有所肯定，也有所批评。在《书伊川先生易传版本后》中，朱熹从义理之学的角度对程颐的《易传》推崇备至，认为"求其因时立教以承三圣不同于法而同于道者，则惟伊川先生程氏之书而已"。(《朱文公文集》卷八十一）但是，朱熹又认为，易学不可离却象数，虽然伊川《易传》所言义理极妙，亦有未尽之处，必须以象数之学来补足，才能完整而无偏失。在《答郑可学书》中，朱熹指出："程氏《易传》已甚详细，今《启蒙》所附益者，只是向来卜筮一节耳。若推广旁通，则离不得彼书也。程先生说，《易》得其理，则象数在其中，固是如此。然溯流以观，却须先见象数的当下落，方说得理不走。不然，事无实证，则虚理易差也。"（《朱文公文集》卷五十六）因此，朱熹反复强调，关于义理之学，离不开程氏《易传》，至于其象数之学的欠缺，则须以他所作的《周易本义》与《易学启蒙》来补足，此二者会通整合，可以集象数与义理两派易学之大成，恢复易学的本旨。

朱熹的这一思想对后世易学的发展产生了很大的影响。宋董楷撰《周易传义》，元赵采撰《周易程朱传义折衷》，明胡广撰《周易大全》，都是秉承朱熹的这一思想，把程子《传》与朱子《本义》合为一书，使二者互相参考，寻求象数与义理的互补。清李光地撰《周易折中》，改变了前三书先程后朱的次序，列朱《义》于前，程《传》次之。其《凡例》云："《本义》之作，实参程、邵两家以成书也。后之学者，言理义，言象数，但折中于朱子可矣。"这也是明确地认为，朱熹的易学既是对伊川易学的全面继承，也是进一步的发展。

（四）伊川易学的现代意义

在当今的世界上，存在着一系列的冲突。就全球的范围而言，有各种文明之间的冲突及各个地区之间的冲突。就一个国家的内部而言，有个体与群体之间的冲突及不同利益集团之间的冲突。这些冲突是人们每日每时必须面对的生存的困境和严峻的现实。至于解决这些冲突的方法，可以有两种不同的选择：一种是立足于斗争，把冲突的双方看成是二元对立，采取激烈斗争的方法，进行强制性的控制，建立单向度的统治与服从的关系；另一种是立足于和谐，一方面清醒地面对现实，以忧患之心思忧患之故，对冲突的根源作出理性的分析，同时采取求同存异的方法，进行双向互动的批判调整，尽可能地化解矛盾，增强共识，把冲突的双方纳入一种相反相成的关系之中，使之并行不悖，协调发展。从20世纪以来人类所积累的大量实践经验来看，前一种方法并不能有效地解决冲突，而只能使之更加激化，而后一种方法才是唯一正确的选择。伊川易学对后一种立足于和谐的方法作了系统的研究，并且提到体用一源、理一分殊的本体论高度进行了哲学的论证。虽然形成于九百年以前，却具有超时代的永恒价值。如果我们结合现代人正反两方面的实践经验去仔细玩味其中所蕴含的义理，随时变易以从道，是可以启发我们的智慧，指导我们有效地摆脱困境、解决冲突的。我觉得，伊川易学的现代意义主要表现在这里。

　　照程颐看来，世界上各种事物之间的冲突经常发生，这是一种不可避免的现象。比如睽卦，上离下兑，离火炎上，兑泽润下，二物之性违异，故为睽义。在睽乖之时，阴阳相应之道衰，而刚柔相戾之意胜，决不可采取斗争的方法来激化矛盾，应该立足于和谐，推物理之同，以明睽之时用，按照易学相反相成的合睽之道来进行双向的调整。他论证说："天高地下，其体睽也，然阳降阴升，相合而成化育之事则同也。男女异质，睽也，而相求之志则通也。生物万殊，睽也，然而得天地之和，禀阴阳之气，则相类也。物虽异而理本同，故天下之大，群生之众，睽散万殊，而圣人为能同之。"（《睽卦传》）这种合睽之道，就是理一分殊的易学原理在实际生活中的具体运用。睽乖违异，是事

物的差异性，名之曰分殊；合而同之，是事物的统一性，名之曰理一。分殊者阴阳之分，理一者阴阳之合，分中有合，合中有分，在分殊中见其理一，在理一中见其分殊，不割裂二者的关系而使之相需为用，这就是易学相反相成的合睽之道。这种合睽之道也叫作中正之道。程颐反复强调，把中正之道运用于实际生活，就可以化冲突为和谐，变无序为有序，使得秩序与和谐保持一种动态的平衡，生生不已，相续无穷，永葆其中和之美。

程颐曾说："看《易》，且要知时。凡六爻，人人有用。圣人自有圣人用，贤人自有贤人用，众人自有众人用，学者自有学者用，君有君用，臣有臣用，无所不通。"(《遗书》卷十九）实际上，易学原理不仅对古人具有普遍的指导意义，对现代人而言，也同样是有用的。比如在如何看待当今世界国际关系的问题上，伊川易学的合睽之道就可以为我们提供一条立足于和谐的新思路。前些年，美国哈佛大学教授亨廷顿提出了一个颇有影响的论点，认为自冷战结束以后，各种文明之间的冲突上升为主导地位，其中最重要的是西方的基督教文明与东方的儒教文明和伊斯兰教文明之间的冲突。就客观的事实而言，这种看法自有一定的道理，无可厚非，但是在如何解决冲突的方式上，亨廷顿则是立足于斗争，站在维护基督教文明的立场，主张对儒教文明和伊斯兰文明进行强制性的控制。应该承认，这是一种错误的选择。其所以错误，是因为亨廷顿割裂了事物本来就有的理一分殊、相反相成的关系，片面地强调分殊的一面而不见理一，看不到各种文明虽相反而其实是相成的。如果我们转换一下思路，运用伊川易学的合睽之道来解决冲突，以平等的对话取代激烈的对抗，以和平的交往取代残酷的战争，可以想见，选择这种方式是完全可能在全球的范围内为人类创建一种新型的文明。这种全球文明，理一而分殊，多样而统一，一方面是千姿百态，具有各个民族鲜明的个性；另一方面又有着共同的价值取向，表现了共同的人性本质。

关于一个国家内部的个体与群体、不同利益集团之间的冲突，无论东方和西方、南方和北方，都是普遍存在的，问题的关键不在于冲突之有无，而在于选择何种方式来解决冲突。一般来说，如果立足于斗争，强化各个利益集团之间的不可调和的对立，或者以群体压制个体，或者以个体冲击群体，必然会使整个社会离心离德，动乱失序，纷争不已。反之，如果立足于和谐，合理地调整各个利益集团以及群体与个体的关系，使之形成一种优化的整合，既相互依存，又相互制约，就可以化解矛盾，实现完美的和谐。

　　当然，由于现实生活中的冲突无时不在，无处不在，而产生冲突的原因也是多种多样，十分复杂的，所以运用易学的合睽之道来有效地解决冲突，绝不是一件轻而易举的事。虽然如此，作为一种凝聚着丰富智慧的伊川易学，在现代仍然具有强大的生命力和普遍的指导意义。这是毫无疑义的。

十二　回到轴心时期

——金岳霖、冯友兰、熊十力三先生关于易道的探索

中国哲学家金岳霖先生在20世纪40年代初发表的《论道》一书中曾经指出，每一个文化区有它的中坚思想，每一中坚思想有它最崇高的概念和最基本的原动力。现在这世界的三大文化区，即印度、希腊和中国，它们各有它们的中坚思想，而在它们的中坚思想中有着它们最崇高的概念与最基本的原动力。中国的中坚思想似乎儒道墨兼而有之，其最崇高的概念似乎是道，思想与情感两方面最基本的原动力似乎也是道。

德国哲学家雅斯贝斯在20世纪50年代初出版的《历史的起源与目标》一书中提出了"轴心期"的理论。雅斯贝斯认为，公元前800—前200年，几乎同时在中国、印度和西方三个相互隔绝地区的人类全都开始意识到整体的存在，追求统一的目标，从而打破了古代文化数千年的宁静，创造了喧闹沸腾的轴心期文化。在中国，是以儒道墨为代表的诸子百家；在印度，是从《奥义书》到佛陀的众多学派；在西方，除了希腊的一批哲人，还有伊朗的琐罗亚斯德，以及以色列的先知。尽管这三个地区的哲学家，他们的信仰、思想内容和内在气质迥然不同，但有一点是共同的，就是人证明自己有能力从精神上将

自己和整个宇宙进行对比，他在自身内部发现了将他提高到自身和世界之上的本原。这是历史全景中的共同因素，人类自觉地迈出走向普遍性的步伐，是以轴心期为真正起点的。因此，尔后的人类历史在每一次新的飞跃前，总是要回忆和重新认识轴心期的文化创造，从中寻找精神的原动力。

这两位哲学家对世界文化的看法，有着惊人的类似。首先，他们摆脱了西方欧洲中心论的传统偏见，把中国文化和印度文化置于同西方文化相等的地位，三者并无优劣之分，仅有性质之别。其次，他们都认为，这三个地区的文化虽然各有自己的中坚思想，中国是道，印度是梵或涅槃，希腊是 Logos，以色列是上帝，但在多样性中蕴涵着统一，都是对人与宇宙关系问题的思考，对万事万物之所不得不由、不得不依、不得不归的本原问题的探索。也就是说，人类文化的普遍性就寓于这三个地区文化的特殊性之中。第三，他们都强调指出，这三个地区的中坚思想为以后的文化发展提供了最崇高的概念与最基本的原动力。这是人类的精神家园和文化起源，对这一起源的复归是中国、印度和西方不断发生的事情。

金岳霖和雅斯贝斯是同时代人，亲身经历了第二次世界大战的苦难。在那个苦难的时代，人类的生存受到严重的威胁，包括中国、印度和西方在内的文化普遍发生了危机。这两位哲学家面临着现实的困境，不约而同地回到人类文化的起源发掘重新整合的精神资源，为人类的文化探索一条再生之路。金岳霖先生留学英美，对西方哲学特别是新实在论有很深的造诣，但他在创立自己的哲学体系时，却与"五四"时期那些激烈反传统的人不同，不去走西化的路，而是复归于传统，以道作为中国文化的中坚思想，结合中西，进行创造性的转化。《论道》一书的主题是理想与现实的关系，这个主题也可以说是中国、印度和西方所有哲学的主题。金岳霖为什么选用这个具有中国特色的概念，来论述世界哲学的共同主题？是因为他觉得，只有如此，

才能得到一种情感的满足。这种情感的满足是进行哲学思考的精神原动力，也是把哲学思考化为行动的推动力量。金岳霖尽管十分熟悉西方哲学，思考的对象是当时人类面临的共同主题，但他作为一个中国人，不能不从中国的文化传统中汲取精神的原动力。他的这种做法，实际上是立足于中国的哲学传统，参与世界性的哲学对话，一方面使中国的哲学世界化，另一方面也使世界的哲学中国化。如果世界上的每一个民族以及每一种文化，都能用对话来取代对抗，用相互理解来取代相互敌视，那么人类就可以避免因对抗和相互敌视而陷入自我毁灭的苦难，找到一条重新整合的再生之路。

雅斯贝斯作为一个德国人，以西方文化为自己的精神家园，但他受纳粹的迫害，深深感到西方文化的弊端，因而也和中国的金岳霖一样，希望通过平等对话和相互理解的途径来重新整合人类的文化。雅斯贝斯站在人类良知的立场，在《历史的起源与目标》中满怀激情地指出："从三个地区相逢之际起，它们之间就可能存在一种深刻的互相理解。在初次相遇时，他们便认识到，他们关切同样的问题。尽管相隔遥远，但他们立即相互融合在一起。当然，他们并不共同信奉一种唯一的客观真理，不受这种真理的束缚，但是他们在彼此相遇中耳闻目睹了真实而绝对的真理，即历史上不同血缘的人类所实践的真理。"

从金岳霖和雅斯贝斯说出这番话语到现在，半个多世纪过去了。在全世界各个地区怀有人类良知的人们的共同努力之下，人类历史终于成功地避免了第三次世界大战的威胁，迎来了一个和平与发展的新时代。各个地区的相互交往扩大了，平等对话和相互理解增加了，一种全球眼光和全球意识已经成为当代文化意识的核心，可以预见，人类文化必将形成一种高度完美和谐的多样性的统一。这种新型的人类文化，用中国的语言来表达，是一种"天下同归而殊涂（途），一致而百虑"的文化，一方面是千姿百态、五彩缤纷，具有各个民族鲜明的个性、独特的思路、不同的风格；另一方面，又有着共同的追求目标、共同的价值取向，表现了共同的人性本质，是人类可以优游于其中的共同的精神家园。为了建设人类文化共同的精神家园，每一个地区，每一个民族，都必须回到自己本身文化的起源，根据全球眼光和全球意识重新审视，发掘它的内在潜力，点燃它的精神火焰，掀起一次伟大的文化复兴运动，以便在不同于以往的那种相互隔绝或者相互对抗敌视的新的历史条件下，用自己的独特话语参与世界性的对话。

中国文化的起源发生在先秦，这是一个与印度、西方鼎立而三的轴心期的文化，本身就具有世界性的普遍意义。据金岳霖先生的概括，在这个时期，虽然儒道墨各家有着激烈的精神冲突，但都共同以得道、行道、修道作为自己的追求目标，在中国文化中形成了一个以"道"为最崇高的概念与最基本的原动力的中坚思想。事实上，在自秦以后的二千多年中，各个时代的哲学家几乎毫无例外地都是围绕着"道"这个概念进行思考的。道可以合起来说，也可以分开来说。就分开来说的道而言，有关于自然层面的天道、地道，有关于社会人事层面的人道，此外还有为政之道、为人之道、为学之道、作文之道、用兵之道等等，涉及政治、伦理、教育、美学、军事各个层面。就合起来说的道而言，则道为一，即把天地人三才之道以及各个层面的道囊括而为一个统一的整体。这个"道一"之"一"，其准确的含义就是"天地与我并生，万物与我为一"之一，也就是"天人合一"之一。它是万事万物之所不得不由、不得不依、不得不归的本原，既是外在的宇宙本然的秩序，又是内在的植根于人的本性，把作为主体的整个的人完全包容于其中。因此，中国人对道的思考，实质上是探索整个的人把握世界的方式以及整个的人在世界之中唯一合理的生存方式，蕴含着普遍的哲学意义。如果我们今天能够深入地发掘道的哲学内涵，并且作出现代性的诠释，不仅可以使我们更好地理解中国文化的特质，了解它的鲜明个性和不同于西方、印度的思维模式和价值理想，而且可以更好地确定它在世界文化体系中的地位，使它能在人类共同的精

神家园中作出应有的贡献。

冯友兰先生在 20 世纪 40 年代中期写了一本《新原道》，与金岳霖先生配合默契，也是试图对"道"作出现代性的诠释，从而建立自己的哲学体系。冯友兰先生认为，中国哲学有一个主要的传统，有一个思想的主流。这个传统就是求一种最高的境界。这种境界即世间而出世间，它是最高的，但又不离乎人伦日用，是理想主义与现实主义的完美结合。就其注重现实生活的即世间的一面而言，中国哲学中所谓圣人与佛教中所谓佛以及耶教中所谓圣人，是不在一个范畴中的。但就其追求超世间的精神成就而言，又与印度的佛及西方的圣人是同类的精神成就。中国哲学的这种精神可以用《中庸》的"极高明而道中庸"来概括，也可以用《庄子·天下篇》的"内圣外王之道"来概括。高明与中庸是对立的，内圣与外王是对立的，这种对立其实就是世间与出世间的对立，理想主义与现实主义的对立，也可以表述为天与人的对立，自然主义与人文主义的对立。但是中国哲学既不像西方哲学那样把这种对立激化，也不像印度哲学那样把这种对立消解，而是力求合天人，通内外，把这种对立统一起来。尽管中国历代各派的哲学在探索的过程中往往陷于一偏，并没有做到真正的统一，比如儒家的孔孟偏于中庸而不够高明，道家的老庄高明有余而中庸不足，但是从总体来看，"极高明而道中庸"既是各派哲学追求的目标，也是评判各派哲学得失的标准。冯友兰先生指出，如何把这种对立统一起来，是中国哲学所求解决的一个问题。求解决这个问题，是中国哲学的精神。这个问题的解决，是中国哲学的贡献。

金岳霖先生在《论道》中把至真、至善、至美、至如的理想称为"太极"，根据"无极而太极是为道"这个命题来讨论理想与现实的关系，力求从现实生活中吸取理想而又促使理想化为现实，把二者统一起来。冯友兰先生在《新原道》中也是在做着与此同样的工作。实际上，生活在现代的中国哲学家，包括梁漱溟先生、熊十力先生、贺麟先生，都是在做着与此同样的工作。

现代中国的社会与古代社会不同，正处于转型时期，也就是处于从传统社会向现代社会的改制过渡时期。在这个时期，有着各种各样的对立，除了从古代沿袭下来的那些对立以外，还有传统文化与现代文化的对立，中国文化与西方文化的对立。所有这些对立，综合凝聚为一种具有新的转型期特征的理想与现实的对立，许多应当有的正面的东西呼之不来，不应当有的负面的东西挥之不去，造成了精神的分裂、价值的失落以及文化的危机。人们对这种局面感到焦躁不安，怀着深沉的时代忧患感，在"五四"时期掀起了一场新文化运动。新文化运动所要解决的问题，实质上就是面临现代性的中国文化的走向问题，也就是传统的中国文化在西方文化的挑战面前如何作出有效回应的问题。为了解决这个问题，本来应该回到中国文化的起源，继承发扬轴心期所确定的既有中国特色而又蕴含着普遍历史意义的思想精髓和价值理想，在传统与现代、中国与西方之间建立适当的结合点，通过文化复兴进行创造性的转化。西方文化走向现代化的过程是以16世纪的文艺复兴为起点的。所谓文艺复兴，就是回到西方文化的起源探寻走向现代化的精神资源，在传统与现代之间进行整合。但是中国的知识分子在"五四"时期却没有走这条整合的道路，而是在对立的两极之间往复颠簸。一部分人站在彻底反传统的立场，把现代化等同于西化，主张中国的新文化应该是一种全盘西化的文化。另一部分则站在顽固的维护传统的立场，以国粹派自居，实际上是以孤臣孽子之心抱残守缺，拒绝向现代转化。"五四"时期这种对立的做法根本无助于问题的解决，反而加深了中国文化的困境。许多人清醒过来，开始探索新的出路。到了三四十年代，以金岳霖、冯友兰为代表的一大批现代的中国哲学家，如同雨后春笋一样同时涌现，他们的工作都是试图通过整合的而不是对立的方式，融贯中西，通释古今，为源远流长的中国文化奠定一个新的哲学基础。冯友兰先生在《三松堂自序》

中有一段话，可以表明生活在现代的中国哲学家的共同心态。他说："我生活在不同的文化矛盾冲突的时代。我所要回答的问题是如何理解这种矛盾冲突的性质，如何适当地处理这种冲突，解决这种矛盾。又如何在这种矛盾冲突中使自己与之能适应。"

黑格尔有一句名言："密纳发的猫头鹰要等黄昏到来，才会起飞。"意思是说，哲学总是要落后于时代的，总结一个时代的哲学必须在那个时代的轮廓清晰呈现出来之际才能出现。由于现代中国的社会从传统向现代转型，曲折漫长，步履维艰，进行得不太十分顺利，所以整合式的新文化以及为这种新文化奠定理论基础的哲学至今尚未出现。虽然如此，在老一辈哲学家的努力之下，道路已经打通，整合的而不是对立的思维方式已经确定，他们所诠释的古代哲学的永恒价值已经为人们所认识。只要继承他们的业绩，沿着他们所开辟的道路，经过几代人的努力，中国的哲学家是可以克服转型期所带来的各种矛盾冲突和痛苦惶恐，创造出一种比古代轴心期更加辉煌灿烂的中国文化，为人类的统一作出自己特有的贡献。

为了创造这样一种文化，必须一方面立足于现实，以一种清醒的理性和宏观的全球眼光来审视现实所面临的困境；另一方面必须依附于传统，从传统中吸取民族文化的价值理想，探寻摆脱困境的整合方案。清人龚自珍诗云："何敢自矜医国手，药方只贩古时丹。"所谓"古时丹"，其核心的层次就是由长期的历史发展积淀而成的民族文化的价值理想，就是蕴含于民族机体内部的生机与活力。但是，这种"古时丹"只有对症下药，适应现代化进程的需要，才能变成一股强大的驱动力量，有效地应付现实所面临的困境。因此，就基本思路而言，这是前辈哲学家所确定的融贯中西、通释古今的思路，是一种上下求索的思路，也是一种在传统与现代、中国与西方之间不断地循环往复的思路。每一次的上下求索，每一次的循环往复，都是一次思想的升华和认识的深化。自"五四"以来的七十余年间，面临现代性的中国文化大体上就是沿着这样一条螺旋上升的道路向前发展的。虽然在这个过程中常常出现各种各样的狂热，有打着关注现实的旗号而激烈反对传统的狂热，也有因封闭保守的心态而顽固维护传统的狂热，但是由于这两种狂热不符合中国哲学的精神，违背了植根于广大民众之中的民族文化的价值理想，终于受到了抑制，从而使整合的而不是对立的思路形成为中国文化的主流。

　　究竟什么是中国哲学的精神？什么是中国民族文化的价值理想呢？这个问题永恒而常新。各个时期的哲学家对此有不同的理解，他们的哲学体系也是根据这种不同的理解才得以建立而成的。就他们所建立的哲学体系而言，比如金岳霖、冯友兰等人在20世纪30、40年代所建立的体系，是由抗日战争时期的时代课题所引发，站在个人的角度进行思考所达到的结论，打上了那个时期的历史烙印，带有他们个人气质的特色，如今时过境迁，已经变成昨日黄花，不为人们所看重了。但是，就他们对中国哲学的精神以及中国民族文化价值理想的理解而言，却有着不可磨灭的贡献，为后人提供了进一步思考的借鉴。因为他们对这个问题的理解融会了一种浓郁的现代意识，给古老的哲学命题贯注了新的生命和清新的活力。虽然他们都回到中国文化的起源，看来像古人一样，谈论什么是天人之际，什么是内圣外王，什么是道，但这是一种怀着现代人的焦虑而回归于传统的谈论，目的是为了回答西方文化的挑战而复兴中国民族的文化，因而具有新的内容，是一种旧瓶装新酒的做法。我们作为生活在当下的后辈，继续探索这个永恒而常新的问题，可以超过他们，而决不能绕过他们。所谓"温故而知新"，寻绎旧得，可以开悟新知，仔细研究一下这些前辈哲学家的成果，是会有助于推进我们对这个问题的理解，为面临现代性的中国文化奠定一个新的哲学基础的。

　　中国哲学以"道"为最崇高的概念，中国哲学也可以称之为"道学"，这个道即天地人三才之道、天人合一之道、内圣外王之道。所

有研究中国哲学的人差不多对此持有共识，不会产生异议。因此，中国哲学的精神不同于西方、印度的特色以及所蕴含的永恒价值也就集中体现在关于道的思想之中。这个关于道的思想，它所研究的对象就是天与人的关系，也就是所谓"究天人之际"。"天"指的是自然、宇宙，也指主宰一切的人格神，相当于以色列的上帝、希腊的 Logos 以及印度的梵或涅槃。但是中国的哲学家按照"天人合一"的思路，并没有把天当作一个纯粹外在的超越的对象来进行研究，而总是把天和整个的人联系在一起，研究天与人之间的关系。所谓"天人合一"，并不是说天与人浑然不分，毫无界限，而是指的一种独特的思路，一方面通过人道来看天道，把天道看作一个客观外在而又与人的生存息息相关的自然运行的过程；另一方面又参照天道来看人道，强调人应效法天道，根据对客观外在的自然规律的理解，来谋划一种如同天地万物那样调适畅达的社会发展前景。因此，在中国哲学中，天与人的关系是分中有合，合中有分，其所谓天道往往包含着人道的内容，其所谓人道也往往包含着天道的内容。由此而形成的关于道的思想，既有理智的了解，也有情感的满足。

金岳霖先生在《论道》一书中曾根据情感与理智方面的不同感受对世界上三个文化区的中坚思想进行了宏观的比较。金岳霖先生认为，印度思想中的"如如"最本然，最没有天人的界限。我们既可以随所之而无不如如，在情感方面当然最舒服。中国思想中的道似乎不同，它有由是而之焉的情形。有"是"有"由"就不十分如如。可是道不必太直，不必太窄，它的界限不必十分分明，在它那里徘徊徘徊，还是可以怡然自得。希腊的 Logos 似乎非常之尊严，或者因为它尊严，我们愈觉得它的温度有点使我们在知识方面紧张。我们在这一方面紧张，在情感方面难免有点不舒服。

照金岳霖先生看来，中国思想对由是而之焉的道的追求，在理智与情感方面取其中道。所谓"是"，是指多少带一点冷性的自然律。

为了求得这种自然律，必须以冷静理智的态度对外在于人的整体作一番客观的研究。所谓"由"，是指把这种自然律与整体的人的生存方式联系起来，用以安身立命，作为行道、修道、得道的最高依据，在情感方面多少感到一点自在。因此，中国的道既不像印度的如如那样最没有天人的界限，在情感方面最舒服，也不像希腊的 Logos 那样高踞于人之上，使我们在知识方面紧张，而是介乎二者之间。这也就是说，世界上的这三大文化区虽然讨论的问题都是关于人与宇宙的关系，但是中国思想走的却是一条中间的道路，使偏于情感或偏于理智的倾向都受到一定的抑制，力求从各种对立中找到统一。这大概就是金岳霖先生所理解的中国哲学的精神。

　　冯友兰先生对中国哲学的精神也是作如是观的。冯友兰先生认为，"极高明与道中庸"是一对矛盾。"极高明"属于天地境界，人在这境界中，经虚涉旷，渗透着一种深沉的宇宙意识，偏于理智，对天地不仁的冷性的自然律有一番客观的理解。"道中庸"属于道德境界，人在这境界中，尽伦尽职，洋溢着一种浓郁的人文情怀，偏于情感，以仁爱诚笃之心自觉地承担社会的义务。但是中国哲学所追求的是"极高明而道中庸"，在二者之间取其中道，此"而"即表示高明与中庸虽仍是对立，而已被统一起来。冯友兰先生的《新原道》一书又名为《中国哲学之精神》。按照这种理解，冯友兰先生大概也和金岳霖先生一样，认为中国哲学的特色在于从各种对立中寻求统一，在世界文化体系中走的是一条与西方、印度不相同的中间的道路。

　　我们现在可以进一步追问，中国哲学所追求的统一，有没有一个理想的目标？如果肯定有，那么，这个理想的目标究竟是什么？就处理天人关系的基本思路而言，就理智与情感两方面给人的感受而言，就世间与出世间的哲学路向而言，中国哲学与西方、印度相比较，确实是追求分中有合的统一，显示了它的特色。而这个问题的解决，也确实是中国哲学对世界哲学的贡献。但是，中国哲学为什么锲而不舍

地追求这种统一？为什么是对统一而不是对对立有着如此的偏好？如果我们不作进一步的追问，找出支配这种追求的更为根本的原动力以及它所欲趋向的理想目标，那么我们对中国哲学精神的理解就只能停留于表面的层次，而不能提升到本体论的高度。

关于这个问题，金岳霖、冯友兰两位先生也作了深入的研究。金岳霖先生认为，中国哲学以"太极"作为自己所欲趋向的理想目标。太极是《周易》中的一个名词。宋代哲学家周敦颐作《太极图说》，提出了"无极而太极"的命题。金岳霖先生借用这个命题来讨论起源与目标、现实与理想的关系。无极为混沌，万物之所从生，此为宇宙的起源。太极为综合的绝对的目标，是至真、至善、至美、至如。无极为理之未显，势之未发，由此而展开现实的历程，势归于理，理势合一。在这种情形之下，真就是美，美就是真，而它们也都是善，万事万物莫不完全自在，完全自如，这就是有意志的个体所追求的总目标，就是太极。无极而太极不仅表示方向，而且表示目标，表示价值。无极是道，太极是道，无极而太极也是道。中国哲学以道作为最崇高的概念与最基本的原动力，就是把现实的历程看作是一个有目的有意义的程序，力求使现实符合于至真、至善、至美、至如的理想。（《论道》第八章）冯友兰先生也用《周易》的太极来表述哲学的理想。他说，所有众理之全，即是所有众极之全，总括众极，故曰太极。太极是一个"冲漠无朕，万象森然"的理世界，其中万理俱备，虽然不同于实际的事物光辉地存在那里，却是不生不灭，不增不减，永恒而又真实地存着。冯友兰先生在《新理学》的自序中曾经指出："此书虽不着实际，而当前有许多实际问题，其解决与此书所论，不无关系。"由此可见，冯友兰先生和金岳霖先生一样，也把太极看作是中国哲学所追求的目标，对这个目标的研究，目的是为了从哲学的高度来解决现实与理想、事实与价值的对立，使之能够统一起来。

值得注意的是，熊十力先生在探讨面临现代性的中国文化的困境时，走过一段曲折的道路，由佛返儒，最后归本于大易，也从《周易》中找到了中国哲学所欲趋向的理想目标。熊十力先生更为自觉地从事追本溯源的工作，认为中国文化学术，毕竟当求之于秦以前，也就是说，应当回到中国文化的起源即轴心时期，去寻找它最崇高的概念与最基本的原动力。熊十力先生明确指出："余之学宗主《易经》，以体用不二为宗。"（《体用论》"赘语"）在《乾坤衍》一书中，他发挥乾坤之大义，认为《周易》本以乾阳坤阴相反相成为其根本原则；更有乾阳统坤阴、坤阴承乾阳之最大原则。乾以刚健、中正、纯粹诸德主导乎坤，坤承乾起化，而与乾合德，是谓太和。乾坤之实体是一。乾坤两性之异，乃其实体内部之矛盾，要归于保合太和，乃利贞，此人道所取则也。宇宙万有，从无始以趋于无尽之未来，在这个发展不已的过程中，如果说由乾坤一元实体所构成的太极是万物内在的起源，那么由乾坤合一所达到的太和就是这个过程奋力争取的最高目标。照熊十力先生看来，乾坤本为一元，但有两性之异：乾性健，而坤有惰性；乾主进，而坤喜退；乾主创造，而坤乐因循；乾乃生命心灵，坤乃物质能力。这些都是实体内部之矛盾，而矛盾必归于统一。其所以如此，因为这是一个理想的目标，万物只有达到了和谐统一的太和境界，才能使两性之异协调配合，发挥相反相成之功能，永葆刚健的生机与活力。

　　熊十力、金岳霖、冯友兰这几位先生在 20 世纪 30、40 年代所建立的哲学体系互不相同，但对中国哲学的精神及其所追求的目标的看法却是十分相似，存在着很大的共识。就对中国哲学精神的看法而言，他们都认为是从对立中寻求统一。关于中国哲学所追求的目标，金岳霖先生认为是至真、至善、至美、至如的太极，冯友兰先生认为是万理俱备的太极，熊十力先生认为是"要归于保合太和"，说法不同，意思其实一样，而且都是从先秦的《周易》中找来的理论根据。他们的研究成果，对于我们今天继续探索这些问题，具有极大的启发作用。

　　在中国文化史上，《周易》这部书被尊为群经之首、六艺之原，

没有哪一部典籍能够享有如此崇高的地位。《周易》由《易经》与《易传》两部分所组成。《易传》大约形成于战国末年，这是一个经过长期的精神分裂而走向学术大融合的新时期。《易传》的作者对包括儒道墨在内的诸子百家的文化创造进行了综合总结，提出了太极、太和等概念，因而这些概念也就集中体现了中国哲学的精神，表达了中国民族文化的价值理想。在百家争鸣时期，虽然各家都在追求行道、修道、得道，以道为最终的目标，但各家对道的理解有着很大的分歧，相互之间产生了激烈的冲突。各家都自以为掌握了道之全体，实际上都不免陷于一偏。正如冯友兰先生所指出的，儒家的孔孟偏于中庸而不够高明，道家的老庄高明有余而中庸不足。所谓"中庸"，指的是人伦日用之常，是对社会人际关系的热诚关怀。所谓"高明"，指的是与天地参的宇宙意识，是对自然规律的冷静了解。这也就是说，儒家之所偏在于偏于人文主义而缺少自然主义，道家之所偏在于偏于自然主义而缺少人文主义。用金岳霖先生的话来说，儒家给人情感上的满足多于理智上的了解，道家给人理智上的了解多于情感上的满足。如果套用熊十力先生体用不二的理论，儒家的思想用多于体，道家的思想体多于用。先秦时期，荀子站在儒家的立场批评道家，认为庄子蔽于天而不知人。道家也可以根据同样的标准，批评儒家是蔽于人而不知天。当时各家的这种带有意气用事和学派成见的争辩持续了数百年，由此而逐渐在一些基本问题上达成了共识，到了战国末年，终于造就了一个学术大融合的大好形势。《周易·系辞》说："天下何思何虑？天下同归而殊涂（途），一致而百虑。"《周易》不排斥各家的文化创造，站在一个超越的立场，着眼于中国文化的整体，谋求多样性的统一，认为各家所研究的对象相同，虽百虑而一致，各家所追求的目标相通，所以虽殊途而同归。这是一个豁达大度的宽容的原则，是一个整合的而不是对立的原则。《易传》根据这个原则综合总结了各家的文化创造，把各种各样的对立整合在一起，从而形成了一个博大精深的体系，使中国文化的整体构成了多样性的统一。由于这个原因,所以《周易》这部书受到后世一致的推崇,公认为代表了中国文化的根本精神,它所提出的太极、太和的概念,也被后世的哲学家反复引用,推出新解,一直到了现代,在熊十力、金岳霖、冯友兰这些享有国际声誉的哲学大师的思想中,仍然洋溢着清新的活力。

近几年来,中国兴起了一股研究《周易》的文化热潮。人们称之为寻求中国文化之根。为了探讨中国现代文化的走向问题,驱使着人们不断地向起源复归,而找来找去,总是找到了《周易》这部古老的典籍。这种情形也可以用"殊途同归、一致百虑"那句老话来形容。目前这股研究《周易》之风方兴未艾,尚无法预料是否会出现如同熊十力、金岳霖、冯友兰那样的能够代表一个时代的哲学大师。但有一点是可以肯定的,那就是,通过这种研究,体现在《周易》中的中国哲学的精神以及中国民族的文化价值理想必将为更多的人所认识,薪火相传,为 21 世纪中国文化的复兴奠定一个坚实的基础。

《周易·系辞》说:"一阴一阳之谓道,继之者善也,成之者性也。仁者见之谓之仁,知者见之谓之知,百姓日用而不知。"这个"道"合天人,通物我,既有深沉的宇宙意识,又有浓郁的人文情怀,就其前者而言之是极高明,就其后者而言之是道中庸,是自然主义与人文主义的完美结合,可以使人得到理智的了解,也可以使人得到情感的满足,因而最能全面地代表中国哲学的精神而不陷于一偏。再进一步来看,由于这个"道"和人性的本质息息相通,所以不仅是哲学家理性思辨的认识对象,而且是普通百姓日用而不知的内在根据,有着极为深厚的生活土壤。因而,这个"道"也最能全面地体现中华民族的文化价值理想。

《周易》的"一阴一阳之谓道"这个命题,是说天地万物宇宙整体都是由阴与阳这两大对立势力所构成的,但是这种对立并不像伊朗的琐罗亚斯德所说的那样,使整个世界形成一种善与恶、光明与黑暗

的不可调和的斗争，而是相反相成，协调配合，使整个世界焕发出蓬勃的生机。因此，无论是就整体或者就个体而言，在一阴一阳相互推移激荡的过程中，最终必然趋向于"太和"。所谓"太和"，就是最高的和谐，阴与阳的完美统一，人类所追求的理想目标。这个目标实际上是蕴含于起源之中的。《周易·系辞》说："易有太极，是生两仪。"太极就是宇宙的起源，阴与阳以原始统一的形态潜藏于太极之中，后来经过一番分化的过程，才产生了五光十色林林总总的世界。金岳霖、冯友兰两位先生用"太极"这个概念来表述至真、至善、至美、至如的理想或永恒真实的众理之全，是就起源的意义说的。熊十力先生则着重于趋向目标的意义，认为"要归于保合太和"。总之，"太极"和"太和"这两个概念，其深层的哲学意蕴，都是指称阴与阳两种对立势力所构成的和谐统一。这种和谐统一就是道，既可以合起来说，也可以分开来说。大而言之，是宇宙的和谐、天人整体的和谐、全人类的和谐。小而言之，是国家的和谐、社会的和谐、地区的和谐、家庭的和谐、个人身心的和谐。《周易》把这种和谐的统一提炼而为"太极"、"太和"概念，从哲学的高度进行了论证，使之囊括宇宙，统贯天人，具有本体论的意义，于是中国文化的中坚思想、它最崇高的概念与最基本的原动力才最终定型。

在世界文化体系中，历史悠久、源远流长的中国文化独树一帜，占有不可动摇的地位。这是一个无可置疑的事实，任何人都承认的。只是在近百年来，特别是自"五四"以来的七十余年间，由于不能对西方文化的挑战作出有效的回应，由于不能落实到现实的生活层面摆脱转型时期的困境，一部分人张皇失措，悲观失望，才对传统文化的意义和价值产生了怀疑，主张只有否定传统，抛掉因袭的重担，才能迈开现代化的步伐。实际上，传统与现代是一个连续与中断的统一，如果割断历史，抱着一种民族虚无主义的态度，去彻底铲除中国文化之根，那么中国的现代文化究竟从何处开始就成了问题了。20 世纪

30、40 年代，以熊十力、金岳霖、冯友兰为代表的一大批现代哲学家，融贯中西，通释古今，上下求索，为了建立传统与现代的联结点，延续中国文化的慧命，作了艰苦卓绝的努力。他们怀着现代人的焦虑而复归于传统，根据《周易》中"太极"、"太和"概念，阐发了其中所蕴含的中国哲学的精神以及中华民族的文化价值理想，为陷入困境的中国文化重新点燃了精神的火焰。可以毫不夸大地说，他们在中国文化史上的功绩是不朽的。

按照他们所说的，中国哲学的精神就是一种从对立求统一的精神，是一种从天人之分中把握天人之合的精神，是一种既有宇宙意识又有人文情怀的极高明而道中庸的精神，也是一种洋溢着乾健与坤顺相结合的中和之美的精神。这种哲学所追求的理想目标，就是凝结着真善美的太极，是贯穿着和谐统一的太和。太极和太和作为一种理想的目标，几千年来，一直激励着中国历代的哲学家进行不懈的探索，在苦难卑微的现实中，它如同熊熊燃烧的火炬，如同永不熄灭的理想之光，照亮人们前进的道路，也必将指引现代的中国人走向未来。这些前辈哲学家共同的看法，是他们在各种各样艰难困苦的处境下始终坚持不渝的哲学信念，也是他们经过一番客观的比较研究所发掘出来的中国哲学的永恒价值和全人类的普遍意义。

从他们的探索到现在，历史的车轮走过了半个多世纪，面临现代性的中国文化仍然没有走出困境。问题的关键在于，没有把中国哲学的精神及其价值理想转化为一种适应现代需要的操作程序，使之落实到现实生活的层面。20 世纪 30、40 年代，金岳霖先生曾为此感到极大的困惑，提出了"理有固然，势无必至"的命题。这个命题的意思是说，凡是合理的不一定必然能成为现实。冯友兰先生也有极大的困惑，他区分了真际与实际两个概念，把理想与现实分为两橛，认为哲学只讲真际而不讲实际，最哲学的哲学是一种不切实际的无用之学。他们的困惑也就是我们今天所感到的困惑。但是理与势是不会永远两

截沟分的，真际与实际也不会始终分为两橛，精神的火炬已经重新点燃，和谐的理想已经重新发现，只要我们抱着强烈的忧患意识坚持不懈地去探寻，是可以找到一种有效的操作方法来克服传统与现代、现实与理想的对立，达到历代哲学家梦寐以求的理势合一、真际与实际交相辉映的太和境界的。而在这个有效的操作方法真正找到之日，也就是中国文化以前所未有的崭新姿态复兴之时。